KB215123

오 히 려 위 로

현실
고난의
효능

오히려 위로

전재훈 지음 ☾ 전하영 소설 포함

아르카

오히려 위로

초판 1쇄 발행 | 2020년 8월 5일

지 은 이 | 전재훈
펴 낸 이 | 이한민
펴 낸 곳 | 아르카

등록번호 | 제307-2017-18호
등록일자 | 2017년 3월 22일
주　　소 | 서울 성북구 숭인로2길 61 길음동부센트레빌 106-1805
전　　화 | 010-9510-7383
이 메 일 | arca_pub@naver.com

홈페이지 | www.arca.kr
블 로 그 | arca_pub.blog.me
페이스북 | fb.me/ARCApulishing

ⓒ 전재훈, 이 책은 도서출판 아르카가 저자 전재훈과 맺은 계약에 의해 출판한 것입니다.
저자와의 협약으로 인지는 생략되었습니다.

책　　값 | 뒤표지에 있습니다
I S B N | 979-11-89393-17-5 03230

아르카ARCA는 기독출판사이며 방주ARK의 라틴어입니다(창 6:15).
네가 만들 방주는 이러하니 … 새가 그 종류대로, 가축이 그 종류대로,
땅에 기는 모든 것이 그 종류대로 각기 둘씩 네게로 나아오리니 그 생명을 보존하게 하라 _창 6:15,20

아르카는 (사)한국기독출판협회 회원 출판사입니다.

● 　 적절치 않음을 알면서도 '열등감'이라는 단어를 사용해 봅니다. 누구에게나 몇 개 정도는 열등감을 가지고 있을 텐데, 열등감은 두 종류가 있습니다. '감추고 싶은 열등감'과 '드러내는 열등감'입니다. 감추고 싶어 하는 열등감은 절대 타인이 언급해서는 안 됩니다. 상처를 건드리면 소스라치게 놀라듯 그 열등감은 아프기 때문입니다. 하지만 드러낸 열등감은 이젠 더 이상 열등감이 아니라 에너지이고, 자신의 가치를 증명해내는 보석입니다. 감추고 싶은 열등감을 극복하고 드러내는 사람에게는 당연히 '엄지~ 척!' 들어 올려 칭찬해야 마땅합니다.

전재훈 목사님은 이 책에서 자신의 약점, 그리고 본인이 선택하지 않았음에도 불구하고 겪었던 고난을 솔직하게 털어 놓습니다. 보통의 사람들은 그 안에 갇혀 넘어서지 못한 채 갇혀 있을 만한 한계들을 훌쩍 넘어버린 것입니다.

저는 이 책 속으로 들어가 책의 저자 전재훈이 아닌, 자신의 삶을 격렬하게 극복해나가는 인간 전재훈을 만나 너무 반가웠습니다. 저자의 첫 책인《목사도 사람입니다》로 성육신하신 예수님의 삶을 따르는 목사님을 만난 것이 반가웠는데, 이 책이 더 반가운 것은 삶으로 설교하시는 목사님을 만나기가 쉽지 않은 때인지라 그런 것 같습니다. 이 책에 미리 고맙다는 인사를 하고 싶습니다. '이 책을 통해 전재훈 목사님의 삶을 들여다보는 이들이 얼마나 격려를 받을까? 혹여나 고난이라는 삶의 자리에 놓인 이들은 어떤 응원을 받을까?' 이 책이 일으킬 파장이 사뭇 기대됩니다.

정연수 목사 _효성중앙교회

● 구속받은 자녀는 애굽에서 잘 사는 것이 아니라 광야로 나와야 한다. 광야의 생활은 고난의 연속이었으나, 광야는 교육, 훈련, 연단, 인내, 순종, 성숙을 이루어 약속의 땅인 가나안의 백성으로 인도를 받는 곳이기 때문이다. 전재훈 목사님은 고난의 용광로 속에서 불순물이 다 제거되고 순도 높은 목사로 인도받았다.

세상에서는 지위가 높을수록, 가진 것이 많을수록, 금고가 클수록, 장막이 넓을수록 불안해한다. 전 목사님은 문을 활짝 열어놓고 편히 잠잘 수 있는 사람이다. 하나님께서 지키시는 사람이기 때문이다.

어린 요셉이 우물에서, 보디발의 집에서, 감옥에서 죽을 사람이었으나 그 모든 과정 속에 하나님의 구속의 역사가 있었음을 깨닫고 고난의 답을 알게 되었다. 전 목사님이 그 답을 알았기에 이 책이라는 처방전이 나온 것이다. 이 책이 많은 이들에게 읽혀져서, 광야 인생길에서 고난의 처방전이 되어 치유하기를 기도한다.

유종만 목사 _시온성교회 원로

● 본인이 저자를 알게 된 계기는 팀 켈러 목사의 설교와 목회에 관심을 갖게 되어서다. CITY TO CITY KOREA 이사인 저자를 만나 그와 교제하면서, 저자를 강사로 초청해 본인이 속한 노회 목회자들을 위한 세미나를 열면서부터였다. 저자와 교제를 하면서, 그가 겪었고 지금도 겪고 있는 고난이 만만치 않은 것임을 알게 되었다.

이 책은 그의 고난을 나열하고 있다. 하지만 그 고난 자체를 장황하게 이야기하려는 것이 아니라, 사실은 고난 저편에서 저자를 만들어가시는 하나님을 이야기하려는 것을 알 수 있다.

본인은 이 책을 단숨에 읽었다. 그럴 만큼 은혜가 넘치는 책이기에 감히 일독을 권한다. 단순히 쉽게 읽을 수 있고 감동을 주는 책이기 때문만은 아니다. 이 책에서 하나님께서 그를 만나주신 것처럼, 우리도 특별히 사랑해주시는 사랑의 하나님을 만날 수 있기 때문이다. 이 책을 읽는 모든 이들도 그가 경험한 것과 같이 하나님이 사랑해주심을 경험할 수 있을 것이다.

저자는 우리에게 묻는다. "만약 고난과 함께 하나님을 경험하며 살아가는 것과, 아무런 고난 없이 하나님도 경험하지 못하고 살아가는 것 중에 어느 것이 더 나은 삶일까?"

윤석호 목사 _동춘교회

● 드라마나 영화를 보다가 너무 극적인 전개를 보면 "과연 저런 일이 있을까?" 하는 생각이 듭니다. 그런데 전재훈 목사의 글은 읽으면서 "정말 실제로 인생에 이런 가혹한 고난이 있을 수 있나? 혹시 설정 아닌가?"라는 생각이 들 정도였습니다.

· 추천사 ·

"분명한 것은, 아직은 제게 고난이 필요하다는 것뿐입니다."

이토록 모진 고난을 겪고도 담담하게 내어놓는 그의 고백에 가슴이 뜨거워졌습니다. 저자는 정말 끝이 없는 고난이 지긋지긋하다 느껴질 때 비로소 부활의 주님을 보게 되었다고 고백합니다. 세상 그 어떤 축복보다 하나님 앞에서 겸손하게 순종의 삶을 사는 것이 가장 큰 축복임을 깨달았다고 합니다. 이보다 진정성 있는 믿음의 고백이 있을까요?

이 책은 불완전한 이 땅을 살아가면서 영광스러운 하나님 나라를 바라보며 소망을 갖게 하는 연결 고리가 바로 '고난'이라는 걸 깨닫게 해줍니다. '신이 존재한다면 어찌 세상에 이토록 많은 불행과 고통이 있을 수 있는가'라는 세상의 도전에, 고난은 오히려 하나님을 깊이 만나고 이해하는 축복의 통로가 될 수 있다고 답변합니다.

하나님의 존재 여부를 아는 당위적 근거가 아니라, 논리와 감성을 바탕으로 감동적인 이야기로 느낄 수 있도록 한 점은 이 시대에 필요한 기독교 변증의 정수라고 생각합니다. 오늘도 힘든 하루를 살아가는 그리스도인들에게 예수 그리스도의 고난과 죽으심, 부활에 대한 깊은 묵상과 감격을 맛보게 해줄 귀한 책입니다. 이 책을 통해 부활의 소망으로 주님과 함께 비상하는 은혜가 있길 바라며 추천합니다.

이인호 목사 _ 더사랑의교회

● 　전재훈은 아팠다. 시야가 가려진 부모의 아들이 겪는, 사회적, 경제적, 총체적, 그리고 일상적 아픔이었다. 아팠는데 목사가 되었다. 혹은 아팠기에 목사가 되었다. 아픔을 딛고, 혹은 아픔과 더불어 목회

의 길을 가던 그는 아픈 자녀를 낳았고 그들과 함께 아파했다.

우리는 잔혹하게도 혹은 다행스럽게도, 아픈 사람에게서 안도감을 느끼고 남모르는 위로를 받는다. 전재훈은 기꺼이 누군가의 안도감과 위로의 재료가 되고자 하는 목사다. 동시에 그는 본의 아니게 그것이 우리 모두의 보편적인 사명임을 드러낸다.

전재훈의 딸 중딩 하영이는 기발한 상상력을 동원하여, 그 보편적인 사명에 이미 뛰어들었다. 하영이와 나란히 앉아 밥 먹었던 기억을 더 자세히 기억하고 싶어졌다.

예수의 고통이 나의 위로가 되는 복음이 우리를 통과할 때, 나의 모든 고통이 누군가의 안도감과 위로의 재료가 되는 것을 기꺼워하려는 모든 이들에게 함께 읽기를 권하고 싶다.

정갑신 목사 _예수향남교회

● 　전재훈 목사의 삶은 한 마디로 고난의 백화점이었다. 부모님, 형님, 본인, 자녀들이 겪었던 아픔과 고난은 보통 사람이 상상조차 하기 힘든 것이었다. 그러나 그는 그 고난의 눈물을 진주로 승화시켜냈다. 그래서 그가 전하는 메시지에는 사람의 심장을 뒤흔드는 깊이가 있다.

그는 화성의 시골 교회를 담임하는 목회자이다. 그러나 그에게는 전 세계와 공감할 수 있는 삶의 넓이가 있다. 그는 팀 켈러가 만들어낸 그릇에 자기의 경험을 잘 녹여서 담아낸다. 그래서 그를 통해서 듣는 복음은 팀 켈러가 한국 사람인 것처럼 느껴지게 만든다.

이번에 펴낸《오히려 위로》를 한 자리에서 다 읽었다. 이 책은 단지 자신의 고난을 통해 다른 사람의 눈물을 자극하는 책이 아니다. 고통의 한 복판에 찾아오신 주님을 드러내면서 진짜 복음이 뭔지를 보여준다. 미국 뉴욕에서 전하는 팀 켈러의 메시지와 화성의 시골 마을에서 전하는 그의 메시지가 너무 다른데도 묘하게 조화된다.

이 책을 읽기 전에는 고통의 의미에 대해서 너무 쉽게 말하지 말라. 이 책을 읽기 전에 던지는 위로는 깊은 심해에서 건져 올린 것이 아니라 동네 개울에서 건져 올린 것이 될지 모르니 주의하시라.

이규현 목사 _은혜동산교회

● 이 책을 읽는 동안 계속 마음속에 미안한 마음이 들었습니다. 보통 사람은 상상할 수 없는 고통을 어린 시절부터 경험하며 살아온 저자의 진솔한 이야기를 접하면서 같이 아파하며 눈물 흘리며 읽어야 마땅한데 너무 흥미진진하고 재미있다는 느낌이 드는 거예요. 눈에서는 울컥하며 눈물방울이 주르륵 흐르는데, 입가에는 나도 모르게 환한 미소가 지어지는 묘한 순간들을 여러 번 경험하면서, 우리 시대 크리스천 문학의 대표적 희비극이 될 것 같은 예감을 주는 이 책의 비밀을 특히 책 속의 책 중학교 3학년 전하영 양의 소설 '엘르아살의 증언'에서 확인하게 되었습니다. 인류역사상 최고의 스토리, 희비극의 절정, 십자가의 이야기와 맞닿아 있었기에, 인간으로서는 견디기 힘든 가장 극심한 고난을 겪은 엘르아살도 전재훈 목사도, 그리고 우리가 알고 있는 모든 믿음의 선진들의 이야기도 결국은 승리의 이야기로, 해피엔딩으로 끝날 수밖에 없는 것이지요.

고난이 걸림돌이 아니라 디딤돌이 되게 만드는 복음의 능력을 생생하게 증언하는 이 책을 지금 삶의 무게가 너무 버겁게 느껴져 힘들어하는 모든 분들에게, 에필로그에 쓰여 있는 저자의 바람과 함께 적극 추천하고 싶습니다. "같이 울고 웃으시면 충분합니다."

군이 첨언하자면, 소설 속에 등장하는 엘르아살의 캐릭터에 아빠를 기가 막히게 녹여 넣은 전하영 양의 소설 '엘르아살의 증언'은 제가 기독교 뮤지컬을 주로 공연하는 광야아트센터의 센터장으로서 꼭 뮤지컬화하고 싶은, 강렬한 임팩트를 준 놀라운 작품이었다는 것을 꼭 말하고 싶습니다.

곽수광 목사 _푸른나무교회

● 이 책은 40대 젊은 목회자의 하나님을 향한 '애정 고백서'입니다. 이 애정 안에는 투정과 원망이 있습니다. 애절함과 서러움도 있습니다. 물론 감격과 감사도 듬뿍 담겨져 있습니다.

저자의 삶은 한 마디로 고통거리와 상처거리 투성이입니다. 그리고 성령의 위로와 회복으로 채워지는 간증거리 투성이입니다. 흔히 하는 말처럼, 'Scar Into Star'(상처가 변하여 별이 되다)의 인생을 저자는 지금 살고 있습니다.

인간적으로는 도저히 이해할 수 없는 고난의 날들을 살아오면서 저자는 인간의 생각을 뛰어넘어 역사하시는 하나님의 신비를 알게 되고, 고난을 초월해서 개입하시는 예수님의 동행하심을 깨닫게 됩니다. 이 책을 읽다보면 살아계신 하나님을 만날 수 있고 사랑하시는 하나님을 느낄 수 있습니다. 하나님을 알지만 현재의 상황을 도무지 받아들일 수 없어 갈등하는 크리스천과, 하나님을 모른 채 이리저리 부

평초처럼 떠돌며 방황하는 이 시대의 젊은이들에게 필독서로 권하고
싶습니다.

박태양 목사_CTC코리아 사무총장, TGC코리아 대표

● 　한번은 전 목사님께 안경을 해드린 적이 있었습니다. 이유는 인
상이 별로였기 때문입니다. 사실은 너무 많은 것을 가진 전 목사님이
아까웠기 때문입니다. 이 책도 마찬가지입니다. 너무 귀한 글들로 가
득합니다. 진심을 알려주기 위해 안경을 씌여주고 싶은 마음이 가득
합니다.

　사실 추천사를 쓸 때 대강 읽고 쓰는 경우가 많습니다. 그런데 이번
에는 정독하게 되었습니다. 아니! 정독을 해야만 했습니다.

　저는 이미 전 목사님의 인생은 알고 있었습니다. 그런데 이 책에서
는 저자가 하나님께 치열하게 돌아가는 모습을 보게 됩니다. 한 마디
로 이 책으로 많은 은혜를 받았습니다. 전 목사님의 글을 보면서 성경
구절 하나가 떠올랐습니다.

　"우리가 살아도 주를 위하여 살고 죽어도 주를 위하여 죽나니 그러
므로 사나 죽으나 우리가 주의 것이로다"(롬 14:8).

　저자는 이미 죽었고 이미 살아난, 하나님에게 속한 목사입니다. 읽
다보면 저자와 함께 하나님나라를 그냥 경험할 수 있는 책입니다. 이
귀한 책을 추천하게 되어 참으로 기쁩니다.

장동학 목사_하늘꿈연동교회

● 　저자와 오래전부터 친형제처럼 가깝게 지내는 사이다. 저자의

이야기는 익히 귀로 들었던 바다. 이제 그 이야기를 눈으로 직접 보게 되었다. 읽는 내내 웃음과 울음 가운데서 카타르시스를 맛보았다. 남이 보았으면 조울증 환자인 줄 알았을 일이다.

저자는 글쟁이이기 이전에 말쟁이다. 글이 말의 박진감을 아무리 촘촘히 따라잡으려 해도 그럴 수 없는 법인데, 저자는 말에 방불한 글을 써 내려가고 있다. 난폭한 말의 휘발성을 순박한 글로 포획해서 이렇게도 살포시 우리 앞에 가져다 놓을 수 있는 작가는 흔치 않다. 이제 전 목사님은 그런 작가의 반열에 오른 것 같다.

우리 부부는 그간 저자 부부와 가깝게 지내며 수없이 많은 안타까운 사연들을 함께 목도했다. 그때마다 불감증 환자인가 싶을 정도로 덤덤히 고난을 극복해나가는 저자 부부의 모습 속에서 '오히려 위로'를 받은 건 우리 부부였다. 이 책을 읽는 모든 독자들 또한 '오히려 위로'를 받으리라 확신한다.

이영국 목사_새론사회서비스센터, 길위의교회

● 　전재훈 목사를 알게 된 것은 2013년 PED KOREA에 강연자로 참여하면서다. 강연 중 유독 관심을 끌던 제목이 있었다. '레크부흥회.' '이게 뭐지? 레크리에이션을 이용해서 부흥회를 한다고? 이거 신선한데?'

하지만 강연자가 무대에 나오는 순간 약간 실망했다. 외모부터 남다를 거라 기대했는데, 인상 험악하게 생긴 양복 입은 아저씨가 나오는 것이 아닌가? '저런 비주얼로 레크리에이션을 한다고?' 무너진 기대감에 절로 팔짱이 껴졌다. '뭐라 하는지 들어나 보자.'

스피치 역시 호감형은 아니었다. 그런데 1분 2분 시간이 지나면서 점점 빨려 들어갔다. 14분에 녹여낸 그의 강의에 폭소가 터졌고 가슴을 울리는 감동의 진한 여운이 남았다.

'이야~ 이 사람 물건인데? 숨은 고수를 만났구나!'

그가 궁금했고 알고 싶어 연락을 했고, 그후 우리는 호형호제하게 되었는데, 교제가 깊어지면서 그의 스토리도 알게 되었다. 한 사람의 인생이 이렇게 기구할 수 있을까? 깊은 절망과 통한의 눈물로 얼룩진 영화보다 더 영화 같은 이야기들…. 그럼에도 불구하고 꿋꿋하게 오늘을 살아내는 그가 존경스럽다.

《오히려 위로》에 담은 그의 고백은 끝이 보이지 않는 고난의 터널 속을 걷고 있는 많은 이들에게 큰 위로와 용기를 줄 것이다.

최준식 목사_오떡이어 대표

● 　주체할 수 없는 뜨거운 눈물이 뺨을 타고 주르륵 흘러내렸습니다. 호흡하기 버거울 정도로 마음이, 심장이 쥐어 짜이듯 아팠습니다. 전재훈 목사님의 간증과 설교를 들으며 충격적인 은혜를 받았던 기억이 납니다. 보통 설교를 들은 후에는 '은혜 받았다'라든지 '감동 받았다' 정도의 소감을 말하게 되지만, 저에게는 말 그대로 충격이었습니다. 충격이라는 표현으로도 모자랄 지경이었습니다.

전 목사님께는 죄송하지만, 저는 목사님의 과거 인생사가 너무나도 아름답고 고결하게 다가옵니다. 제가 지금껏 듣고 보고 알았던 그어떤 분의 인생과 비교해보아도 이처럼 아름답게, 고결하게 느낀 적이 없었지요. 언젠가 주님의 나라에 가면 "내가 이 책의 추천사를 썼었다"며 무용담을 늘어놓을 생각에 행복해집니다. 부디 이 책이 더 많은 분들에게, 더 필요로 하는 분들에게 들려져 함께 울고 웃으며, 하나님께서 허락하시는 넘치는 은혜와 사랑을 접하게 되기를 소망해 봅니다.

전재훈 목사님의 사랑스런 딸 하영이의 소설도 너무 멋지고 감동적입니다. 머지않아 세상을 깜짝 놀라게 할 소설가의 등장을 알리는 듯하군요. 할렐루야!

이양수 목사 _세진교회

차례

1부 ──────── 외면하고 싶은 십자가

2부 ──────── 죽음을 주셔도 은혜

3부 ——————— 위로도 거절한 슬픔

4부 ——————— 그러할지라도 오히려 은혜

고난이 없으면
현실세계가 아닙니다

영화 〈매트릭스〉(1999)를 보신 분들이 많으실 것입니다. 저 역시 재밌게 봤던 영화 중에 하나입니다. 특히 네오가 총알을 피하며 이리저리 림보를 하는 장면은 많은 이들이 패러디할 만큼 유명한 명장면이 되었지요.

　〈매트릭스〉는 2199년 AI 컴퓨터가 지배하는 세계를 배경으로 하고 있습니다. 인간들은 태어나자마자 AI가 만든 인공 자궁 안에 갇힌 채 AI가 주입하는 1999년의 가상현실을 살아가게 됩니다. 그러나 가상현실의 꿈에서 깨어난 인간들도 있었는데 그 중의 대장이 모피어스라는 사람입니다. 그는 AI가 만든 가상현실을 파괴하고 인류를 구원할 사람을 찾다가 네오를 발견하게 됩니다. 모피어스의 도움으로 깨어난 네오가 끝내 AI가 지배하는 세상으로부터 인류를 구원하게 된다는 내용이 담긴 영화가 〈매트릭스〉였습니다.

〈매트릭스〉의 명대사 중 하나가 "빨간약을 줄까? 파란약을 줄까?"인데요, 모피어스가 네오에게 가상세계에서 살 것인지 아니면 그 세계에서 벗어날 것인지 선택하라며 다음과 같이 말합니다.

"네가 파란 알약을 선택하면 이야기는 끝나고, 너는 너의 침대에서 일어나 네가 믿고 싶어하는 것들을 믿게 된다. 네가 빨간 알약을 선택하면 너는 '이상한 세계'에 남게 되며, 나는 토끼의 굴이 얼마나 깊은지 보여줄 것이다."

캡슐 실험과 인셉션의 팽이

〈매트릭스〉의 이야기는 1981년에 철학자 힐러리 퍼트넘이 제시한 '통 속의 뇌'라는 사고실험을 떠올리게 합니다. 어떤 사악한 과학자가 인간의 뇌를 몸에서 분리한 후 액체가 가득 담긴 통 속에 집어넣고 뇌에 선을 연결하여 컴퓨터 신호를 통해 가상세계를 살게 하고 있다면, 우리는 지금 현실을 살아가고 있는 것인지 '통 속의 뇌'로서 살고 있는 것인지 증명할 길이 없어진다는 것입니다.

'통 속의 뇌'와 비슷한 사고실험이 많이 있습니다. 그 중에 이런 것도 있지요. 위대한 과학자가 인간의 깊은 갈망을 이뤄줄 캡슐을 만들어냈습니다. 그 캡슐 안에 들어가면 자신이 꿈꾸던 모든 것을 정교하게 만들어진 프로그램을 통해 모두 이뤄줄 수 있다고 합니다. 자신이 원하기만 하면 연예인이 될 수도 있고 대통령도 될 수 있지요. 몸이 아폰 사람은 건강해질 수 있고, 일찍 부모를 잃은 사람은 부모와 행복한 삶을 살 수도 있습니다. 당연히 이 모든 것이 캡슐 안에서 이뤄지고 있는 가짜라는 사실을 전혀 모른 채 말입니다.

제가 만약 그 캡슐 안에 들어간다면 저는 더 이상 심장병으로 고생하지 않아도 되고, 당뇨약부터 시작해서 매일 먹는 서너 가지의 약으로부터 해방될 것입니다. 제 딸은 허리가 펴진 채 건강한 모습일 것이고, 저희 부모님도 두 눈 멀쩡히 뜨고 살아 계시겠지요. 제가 그토록 원했던 유명한 설교자가 되어 전 세계를 다니며 부흥회를 인도하며 살 수도 있습니다.

당신이라면 이 캡슐에 들어가시겠습니까? 저라면 들어가지 않을 것입니다. 캡슐 안에 있는 저는 가장 행복한 상태가 되겠지만 캡슐 밖에서 살아야 하는 가족들은 남편과 아빠가 없는 삶을 살아야 하기 때문입니다.

제가 처음 외국에 설교하러 가려고 비행기를 타던 날 저는 이루 말할 수 없이 큰 기쁨을 느꼈습니다. 어릴 적부터 간절히 원했던 '설교하러 가기 위해 비행기 타기'를 이루게 되었기 때문입니다. 저에게 '세계적인 부흥사'는 '달나라에 가서 살겠다'는 말만큼이나 현실성이 전혀 없어 보였고, 그저 한 번이라도 좋으니 외국 나가서 설교해보고 싶었습니다. 비행기를 타보는 것 자체가 꿈이었던 시절이라 사실 '설교하러 가기 위해 비행기 타기'조차 너무 터무니없는 꿈이긴 매 한가지였습니다. 그런 제 꿈이 현실로 이뤄졌으니 제가 얼마나 기뻤을지 상상이 되실 것입니다.

그러나 이내 저는 캡슐 실험이 떠올랐습니다. 저는 꿈을 이루게 됐다고 신나서 비행기를 타고 먼 나라로 가고 있었지만 우리 가족들은 저 없는 시간을 견뎌야 했던 것이지요. 실제로 제 아이들은 저를 보고 싶어하며 많이 울었습니다. 아내 역시 공장도 다니면서 아이들을 돌봐야 했지요. 매일 등하교를 시켜줘야 하며 치료실도 데리고 다녀야 하는 일이 쉽지 않았을 것입니다. 물론 장인 장모님의 도움으로 감당할 수 있었지만 제가 있을 때와는 전혀 다른 일상을 살아야 했습니다.

캡슐 실험은 자신의 행복을 위해 다른 사람의 행복을 희생해도 되는가에 대한 질문을 던졌지만, 또 다른 질문도 하게 만듭니다. 지금 자신이 캡슐 안에 있는 것인지 아니면 가족들 곁에 살고 있는 것인지를 어떻게 알 수 있냐는 것입니다. 〈매트릭스〉의 네오가 1999년도에 살면서 자신이 AI에 의해 지배되고 있다는 것을 전혀 알 수 없었던 것처럼 말이지요.

꿈의 세계를 마음대로 드나들며 타인의 정보를 빼낸다는 설정으로 만든 영화 〈인셉션〉에서는 자신이 꿈에 있는 것인지 현실에 있는 것인지를 판단하기 위해 팽이를 돌리는 장면이 나옵니다. 팽이가 멈추지 않고 돌고 있으면 자신은 꿈의 세계에 살고 있는 것입니다. 영화의 마지막 장면에서 주인공 역을 맡았던 레오나르도 디카프리오가 모든 미션을 수행하고 집으로 돌아오는데 이것이 꿈인지 현실인지 판단하기 애매하게 그려집니다. 저도 역시 궁금해 하며 보고 있었는데 디카프리오가 팽이를 돌려봅니다. 그런데 나쁜 감독님께서 그 팽이가 멈추기도 전에 영화를 끝내버렸지요.

캡슐 실험에는 '인셉션의 팽이'가 없습니다. 그럼 어떻게 해야 할까요? 고민 끝에 내린 해답이 바로 '고난'이었습니다. 캡슐 안에서는 내가 원하는 대로 삶이 펼쳐집니다. 아무런 어려움도 아픔도 고난도 존재하지 않지요. 하지만 현실세계는 다릅니다. 아무리 노력해도 내가 원하는 삶을 살 수는 없습니다. 언제나 뜻하지 않게 찾아오는 불청객인 '고난'이 존재하기 때문입니다.

저는 캡슐 실험을 통해 '고난이 없으면 현실세계가 아니다'라는 결론에 도달했습니다. 제가 원했던 방향으로 일이 펼쳐지지 않을 때 저는 현실세계에 존재하고 있는 것입니다. 제 딸아이에게 아빠가 있는 세계이고 제 아들에게 친구가 존재하는 세상이지요. 고난이 결코 반갑거나 좋은 것은 아니지만, 제 아내를 홀로 두지 않은 세계라는 점에서는 나름 감사한 이유가 되기도 합니다.

고난 중에도 가장 힘들고 아픈 것

현대 사회는 개인을 가장 중요시하게 여기는 사회이다 보니 이 시대 최고의 가치가 개인의 행복이거나 자유, 존엄성 같은 것들입니다. 이런 사회에서 '고난'이란 개인의 행복을 가로막는 가장 큰 걸림돌이 됩니다. 고난이 닥치면 자신이 하고 싶은 대로 할 수 있는 자유가 사라지고 개인의 존엄성에 큰 상처를 입히고 맙니다. 자연스럽게 고난은 피해야 하는 것이고, 그럴 수 없다면 전문가의 도움을 받아 적절하게 관리해야만 하는 리스크 중에 하나로 취급되지요. 심지어 고난은 인간의 가장 큰 적이나 악으로 간주되기도 합니다.

저도 고난을 싫어합니다. 아마도 이 세상 모든 사람이 고난을 싫어할 것입니다. 그러기에 하나님이 다스리는 완벽한 세상이라면 백 퍼센트 고난이 존재하지 않아야 합니다. 그러나 고난은 부정할 수 없는 세상의 구성요소 중 하나입니다. 하나님을 믿지 않는 사람들은 이 세상에 고난이 존재하는 이상 선하신 하나님이 존재하실 수 없다고 생각합니다. 선하신 하나님이 존재한다면 그는 무능한 하나님일거라고 조롱하지요. 실제로 믿는 사람들조차 고난이 닥치면 하나님을 부정해 버리기도 합니다. 저 역시 같은 경험을 가지고 있습니다.

그러나 성경의 하나님에게는 조금 다른 모습이 보입니다. 하나님의 아들 예수 그리스도께서도 이 땅에 오셔서 살아가실 때에는 우리와 동일하게 고난을 겪으셨습니다. 고난이 만약 악에 불과하기만 하다면 예수님이 그 고난에 무참히 밟히실 리가 없었을 것입니다. 뿐만 아니라 성경에 "내 형제들아 너희가 여러 가지 시험을 당하거든 온전히 기쁘게 여기라"(약 1:2)와 같은 구절이 있어서도 안 되지요. "우리가 잠시 받는 환난의 경한 것이 지극히 크고 영원한 영광의 중한 것을 우리에게 이루게 함이니"(고후 4:17)와 같이 도리어 고난이 유익할 때도 있는 것처럼 묘사하기도 합니다. 바울은 루스드라와 이고니온과 안디옥에 있던 그의 제자들에게 "하나님의 나라에 들어가려면 많은 환난을 겪어야 할 것"(행 14:22)이라고 했습니다.

저는 이 책을 쓰면서 제가 겪은 고난에 대해 주저리주저리 늘어놓았습니다. 오로지 제 기억에만 의존해서 글을 쓰다 보니 '기억의 왜곡' 현상이 나타나는 것을 느낄 수 있었습니다. 기억을 왜곡하거나 전혀 없었던 일을 기억해내는 거짓기억증후군이 있을 수 있겠다는 생각이 들었지요. 이런 기억의 왜곡은 저의 고난을 확대하거나 미화시키는 우를 범했을 수도 있습니다. 어쩌면 제가 현재 캡슐 속에 있는 것인지도 모를 일이지요. 그래서 가급적이면 하나님의 말씀으로 이끌지 못하는 고난들에 대해서는 언급하지 않으려고 노력했습니다.

신음하는 당신을 특별히 사랑하십니다

보통 찬양을 잘 못하시는 분들이 특송을 하실 때 으레 하시는 말씀이 있지요. "제 노래 실력을 보시지 마시고 가사에 은혜 받으시기를 바랍니다." 저 역시 같은 말씀을 드리고 싶습니다. 제가 겪은 고난을 주목하지 마시고 가급적 그 고난을 통해 저를 다루시는 하나님을 보실 수 있기를 간절히 부탁드립니다. 그리고 또 하나 부탁드리는 것은 모든 고난은 '케바케 사바사'라는 사실을 반드시 염두에 두시기 바랍니다. 케바케 사바사는 '케이스 바이 케이스'(case by case)와 '사람 바이 사람'(men by men)을 줄인 말입니다. 고난이란 케이스마다 다르며 같은 고난이라도 사람의 성향이나 기질에 따라 전혀 다르다는 말입니다. "저자도 이런 고난 가운데 살아가는데 내 고난은 별 것 아니구나" 하시거나 "나는 이보다도 더한 고통도 겪어 봤구먼. 뭘 이 정도 가지고 책까지 쓰고 있냐" 하시지 않기를 바랍니다.

　모든 고난 중에 가장 힘들고 아픈 것은 바로 자신이 겪고 있는 고난입니다. 내 손톱 밑에 있는 가시가 남의 십자가보다 훨씬 더 고통스러운 법이지요. 맹자가 말한 "내 터럭 하나를 뽑아 천하에 이익이 되더라도 하지 않겠다"가 이 시대의 진리일 수도 있습니다.

이 책을 읽는 독자 분들 중에 단 몇 분만이라도 자신의 고난이 그저 삶의 걸림돌에 불과하다거나 하나님을 부정하는 증거로 간주되지 않게만 되어도 제게는 이 책을 쓰는 보람이 될 것입니다. 저는 책을 쓰는 내내 기도하기를 더 많은 사람들이 자신의 고난을 통해 하나님께 더욱 가까이 나가게 되며 고난 가운데서도 감사와 찬양을 잊지 않게 되기를 원했습니다. 뿐만 아니라 각자의 고난 속에서 하나님을 만나 "그가 나를 단련하신 후에는 내가 순금 같이 되어 나오리라"(욥 23:10)고 했던 욥과 같은 고백을 할 수 있게 되기를 원합니다.

욥은 심한 고통 속에서 하나님이 "나를 멸하시기를 기뻐하사 하나님이 그의 손을 들어 나를 끊어버리실 것이라"(욥 6:9)고 부르짖으면서도, 바로 이어서 "그러할지라도 내가 오히려 위로를" 받는다고 고백하지요. 그 이유는 "내가 거룩하신 이의 말씀을 거역하지 아니하였음"(욥 6:10)이라고 합니다. 고난은 고통이며 괴로움이지만 말씀을 떠나지만 않는다면 '오히려 위로'가 될 수도 있습니다. 이 책에서 저는 제가 고난 속에서 묵상한 말씀들을 제 이야기와 함께 소개했습니다. 그 말씀이 저를 살렸고 위로하여 새 힘을 준 것처럼, 제 글을 읽으시는 독자에게도 위로와 힘이 되기를 소원합니다.

윌리엄 폴 영의 소설《오두막》(2017)에서 주인공 맥이 하나님의 초대장을 받고 자신의 딸을 죽인 범인이 보낸 것이라는 생각으로 초대에 응합니다. 맥은 거기서 하나님을 만나고 돌아오는 길에 교통사고로 병원에 입원합니다. 맥에게 총을 빌려준 친구가 병문안을 와서 다소 비아냥거리는 말로 "그래. 하나님은 만났나? 하나님이 내게 전하라는 말씀은 없었나?" 하고 묻자 맥이 이렇게 대답합니다.

"하나님이 자네를 특별히 사랑하신다고 전하라 하셨네."

저도 맥의 대사를 빌려 여러분들에게 인사를 전하고 싶습니다. 하나님은 고난 속에서 신음하는 여러분 한 분 한 분을 특별히 사랑하고 계십니다.

전재훈 목사

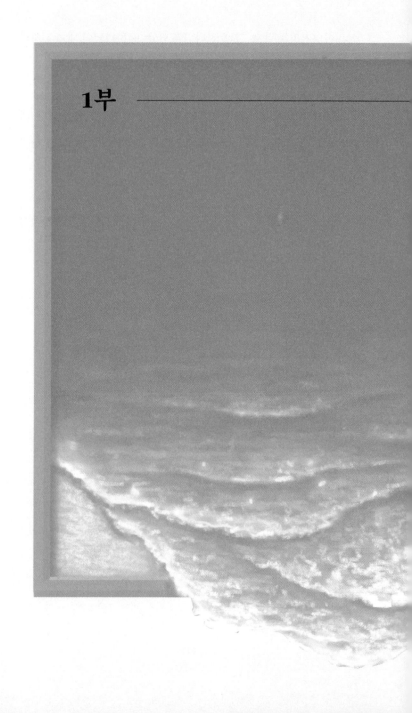

1부

외면하고 싶은 십자가

눈 먼 어머니의 소원

저의 부모님은 두 분 다 앞을 보지 못하는 시각장애인이십니다. 시
각장애인도 등급이 있어서 1급부터 5급까지 있지요. 5급은 그나
마 약간은 볼 수 있는 분들이시지만 제 부모님은 불이 켜졌는지 꺼
졌는지도 모를 정도로 아예 보지 못하는 1급 시각장애인이십니다.
두 분 다 6살 7살 때 열병에 걸려 시력을 잃으셨는데, 아버지는 열
병에 걸렸을 때 안구가 녹아내려, 안구가 없는 채로 눈꺼풀이 위아
래가 붙어버려 눈이 움푹 들어갔습니다. 어머니는 열병에 걸렸을
때 눈의 검은자위가 없어졌습니다. 눈을 뜨면 흰자위밖에 보이지
않으시지요. 그리고 보면 제가 꽤 잘 큰 편입니다. 제가 어릴 적, 자
고 일어나면 눈이 움푹 들어가신 아버지가 "우르르 까꿍" 하시고,

눈을 뜨면 흰자위밖에 없으신 어머니가 "우르르 까꿍" 하셨을 텐데, 경기 안 하고 큰 거 보면 꽤 잘 큰 거지요.

제가 6살 무렵 저는 원인을 알 수 없는 심장병에 걸렸습니다. 초등학교 5학년쯤 되어서야 제 병이 '류머티스 피버'라는 것을 알았습니다. 류머티스(rheumatism)란 원인을 알 수 없다는 뜻이고 피버(fever)는 열을 뜻해서, 원인을 알 수 없는 열이 몸에 있어 심장병, 신장염, 관절염 세 개의 합병증을 일으켰던 것이지요. 병명을 알았다고 해서 치료법이 있는 것은 아니었지만, 병명조차 알 수 없을 때 저희 어머니가 하실 수 있는 일은 하나님께 매달리는 것이었습니다. 어린 저를 데리고 각종 치유집회가 열리는 기도원에 많이 다니셨습니다.

●

"하나님 미워! 엄마 눈 뺏어갔잖아!"

기도원은 어린 저의 눈에 매우 이상하고 무서운 곳이었습니다. 많은 사람들이 찬양을 부르면서 과격하게 박수를 치며 춤을 추기도 하고, 기도를 시작하면 알아들을 수 없는 방언과 괴성을 지르면서 울고불고 하는 모습이 제게는 충격이었지요. 어머니가 저를 붙들고 방언으로 울면서 기도하시면 저도 엄마 붙들고 "제발 이러지 마" 하면서 같이 울었던 기억이 납니다. 그러다가 저도 나중에는 방언을 받아서 엄마와 같이 방언으로 울면서 기도하곤 했습니다.

어릴 적 기도원에 가면 '예수님 찬양, 예수님 찬양, 예수님 찬양합시다'라는 복음성가를 많이 불렀는데 무대에는 북 치는 아저씨가 있어서 그 북소리에 맞춰 해병대처럼 과격하게 박수를 치며 부르곤 했었습니다. 그러다가 후렴구에 '할렐루야, 할렐루야'가 나오면 손을 반짝이며 머리 위로 한 바퀴 돌리곤 했었지요. 저의 어머니는 그것이 이해가 되지 않았습니다. 왜 사람들이 박수를 치면서 찬양을 하다가 '할렐루야'만 나오면 박수를 치지 않는지 궁금해 하셨습니다. 그래서 제가 어머니에게 "사람들이 할렐루야만 나오면 머리 위로 손을 반짝반짝 한다"고 했더니, 그때부터 어머니는 모든 찬양에 할렐루야만 나오면 머리 위로 손을 반짝거리셨습니다. '영광 영광 할렐루야' 찬양을 부르면 수많은 사람들 중에서 저희 어머니만 손을 반짝거리셨지요. 심지어 "강사 목사님을 할렐루야로 맞이하겠습니다"라고 하면 남들은 모두 한 손을 들고 '할렐루야'를 외쳤지만 어머니는 두 손을 머리 위로 들고 반짝이면서 '할렐루야' 하셨습니다.

제가 초등학교 4학년 무렵 어머니에게 "엄마, 소원이 뭐야?" 하고 물은 적이 있습니다. 제가 듣고 싶었던 대답이 있었지요. "응, 엄마는 한 번이라도 좋으니 눈을 떠서 우리 아들 얼굴 보는 게 소원이야"라고 대답하길 원했습니다. 만약 어머니가 그랬다면 목사가 아니라 의사가 되려고 노력했을지도 모르겠습니다. 당시 시각장애인 자녀들 장래 희망 1순위가 안과의사가 되는 것이었습니다.

부모님 눈 고쳐주겠다는 것이지요. 저 역시 할 수만 있다면 그러고 싶었습니다. 하지만 어머니는 "응, 한 번이라도 좋으니 영안(靈眼)이 밝아져서 하나님을 보는 게 소원이야"라고 대답하셨습니다. 저는 어머니의 대답에 맘이 상하고 말았습니다. 어머니의 대답은 저보다 하나님을 더 사랑하신다는 말씀이라고 생각했거든요. 그래서 저는 "나는 하나님이 미워!"라고 해버렸지요.

제가 어머니에게 "왜 엄마 아빠는 앞이 안 보여?" 하고 물으면 "그건 엄마 아빠가 어릴 적에 열병을 앓아서 시력을 잃었기 때문이란다"라고 대답하지 않으시고, 꼭 "하나님이 엄마 아빠 눈을 가져가셨단다"라고 대답하셨습니다. 그래서 어린 제게 하나님은 우리 엄마 아빠 눈 뺏어가신 분이었지요. 어머니가 "하나님이 왜 미워?" 하시기에 저는 "하나님이 엄마 눈 뺏어갔잖아!" 했습니다. 어머니는 제게 "엄마는 하나님이 엄마 눈 뺏어가신 것이 가장 큰 감사란다"라고 하셨습니다. 이 정도면 광신도 중에서도 급이 가장 높은 광신도가 아닐까 싶습니다.

●

삼십일을 못 본다 해도 하나님은 보고 싶어

어머니의 감사에 대한 주장은 이랬습니다. 아버지 성함은 전(全)의(義)자 인(人)자 쓰시는 '전의인'이셨습니다. 할머니가 절에 가서 치성을 드려 낳은 아들이 저희 아버지라고 스님께서 지어준 이름이라고 하셨습니다. 성경은 "의인(義人)은 없나니 하나도 없으며" (롬 3:10)라고 한다지만 저는 "우리 아버지 계신다"고 했었지요. 어머니는 한(韓) 금(金)자 례(禮)자 쓰시는 '한금례'로 전라도 한씨 집안의 맏딸이셨고 외할아버지가 아주 엄한 분이셨습니다. 아버지 집안은 골수 불교 집안이셨고 어머니 집안은 골수 유교 집안이셨지요.

그런데 어머니가 6살 때 시력을 잃으시고 14살 때 광주에 있는 맹학교에 들어가셨는데, 마침 그 학교가 선교사님이 세우신 미션 스쿨이었습니다. 그 덕에 아버지 집안, 어머니 집안 최초의 신앙인이 저희 어머니가 되셨지요. 그 후 아버지랑 결혼하셔서 양가를 다 전도하셨는데, 현재는 외가 쪽에서도 할머니를 비롯하여 훌륭한 신앙인들이 많으시고 아버지 쪽에서도 목사님이 한 분 배출되셨지요. 아 물론, 그 사람이 접니다.

어머니의 주장은 하나님이 어머니 눈을 뺏어가지 않았더라면 우리 가족이 어떻게 예수 믿는 집안이 되었겠냐는 것이었습니다. 어머니는 앞을 보는 것보다 시력을 잃더라도 하나님을 믿는 것이 더 큰 복이라고 생각하셨습니다. 물론 저도 이 말씀에 완전히 동의합니다. 가난하더라도 예수 믿는 것이 복, 병들고 실패해도 예수 믿는 것이 복이라고 고백합니다. 하지만 어릴 때에는 쉽게 이해하고 동의할 수 있는 것이 아니었지요.

저도 어머니 못지않게 하나님을 너무 너무 만나고 싶어했습니

다. 저는 어머니와 달리 하나님을 만나고 싶었던 것이 하나님께 따
져 묻고 싶은 게 있었기 때문입니다. 왜 우리 어머니 눈을 뺏어가
셨는지, 그리고 눈을 가져가셨으면 먹고 살 만큼 돈이라도 주시지
왜 우리를 거지같이 구걸해서 먹고 살게 하셨는지 따지고 싶었습
니다.

아버지는 먹고 살기 위해 모나미 볼펜을 들고 길에서 아무나 붙
잡고 500원에 강매하셨고, 어머니는 저를 등에 업고 지하도 계단
에 엎드려 구걸을 하셨습니다. 저도 한때는 껌팔이 생활을 하기도
했었지요. 하나님을 믿는 백성을 거지처럼 구걸로 먹고 살게 하신
것이 저는 너무나 싫었습니다. 무엇보다 불쌍한 저의 어머니에게
기왕이면 건강한 아들을 주시지 왜 저 같이 병든 아들을 주셨는지
가 가장 화나는 일이었습니다. 그래서 어머니 못지않게 하나님께
만나 달라고 떼쓰는 기도를 많이 했습니다.

언젠가 성경을 보는데, 사도행전 9장에서 사울이 예수 믿는 사
람들을 잡아 죽이러 가는 도중에 예수님을 만나는 장면을 읽게 되
었습니다. 예수님이 사울에게 "사울아, 사울아, 네가 어찌하여 나
를 박해하느냐?" 물으시자 사울이 "주여, 누구시니이까?" 하고 묻
지요. 예수님이 "나는 네가 박해하는 예수라"고 대답하셨습니다.
이 일로 사울은 사흘 동안 보지 못하고 먹지도 마시지도 못했습니
다. 이 말씀을 읽는데 제 마음에 이런 생각이 들었습니다. 하나님
이 제게 "훈아, 훈아, 네가 나를 만나고 싶으냐?" 하고 물으시는 것

같았습니다.

"네가 나를 만나서 사울처럼 삼일 동안 앞을 보지 못하고 먹지도 마시지도 못하게 된다고 해도 나를 만나고 싶냐?"

저는 삼일이 아니라 삼십일이라도 좋으니 만나고 싶다며 울었지요.

●

약골천사만 걸린다면 '야곱 씨름'쯤이야

어느 날은 야곱이 얍복강에서 천사를 만나 씨름을 했다는 설교를 듣고 많은 생각에 잠긴 일이 있었습니다. 왜 하필 밤에 천사가 야곱을 만나 씨름을 했을까, 이해가 되지 않았습니다. 더군다나 97세나 된 야곱을 천사가 이기지 못한다는 것은 더 납득할 수 없었지요. 약골천사일까 싶어 천국 가면 꼭 한 번 찾아서 만나봐야겠다는 생각도 했습니다. 그런데 더 이해하기 어려운 것이, 천사가 야곱의 환도뼈를 쳐서 부러뜨린다는 것입니다. 씨름을 하다가 자신이 질 것 같으니까 상대의 다리를 쳐서 부러뜨리면 그게 천사일까 싶었습니다.

야곱은 다리가 부러졌어도 매달리며 천사를 놔주질 않았습니다. 이에 천사가 하는 말이 "날이 새려 하니 나로 가게 하라"고 합니다. 즉 "해 뜬다. 놔라!" 했다는 것인데, 천사가 해 뜨는 것과 무슨 상관이 있을까 싶었습니다. 귀신이나 드라큘라도 아니고 뱀파이어도 아닐 텐데 해 뜨는 것과 무슨 상관일까요? 어찌 됐건 야곱은 천사를 붙들었고 천사는 그의 이름을 '이스라엘'로 바꿔줍니다. 하나님과 겨루어 이겼다는 뜻이지요.

　제가 사는 동네에서 수원으로 가는 길 이름 중에 '박지성로'가 있습니다. 박지성 선수가 워낙 유명하니까 그가 다니던 학교 인근 도로를 '박지성로'라고 했던 것입니다. 성경에 보면 야베스라는 성이 나오는데 당시 제 생각에 '야베스의 기도'로 유명한 그 야베스의 이름을 따서 야베스성이라고 하지 않았을까 싶었습니다. 역대상 4장 9절과 10절에 야베스의 기도가 나옵니다.

> 9야베스는 그의 형제보다 귀중한 자라 그의 어머니가 이름하여 이르되 야베스라 하였으니 이는 내가 수고로이 낳았다 함이었더라 10야베스가 이스라엘 하나님께 아뢰어 이르되 주께서 내게 복을 주시려거든 나의 지역을 넓히시고 주의 손으로 나를 도우사 나로 환난을 벗어나 내게 근심이 없게 하옵소서 하였더니 하나님이 그가 구하는 것을 허락하셨더라 _대상 4:9-10

　야베스가 태어날 때 "내가 수고로이 낳았다"는 말로 보아 아마도 아빠 없이 사생아로 태어났거나, 태어날 당시 장애를 가지고 있었거나, 아니면 엄마가 아이를 낳고 죽었다고 생각되기도 합니다. 그런 야베스가 하나님께 "나의 지역을 넓혀달라"고 기도하니 하나님이 응답하셔서 그가 많은 사람들에게 선한 영향력을 행사할 수 있게 되었고, 그가 죽은 후 그를 기념하여 그에게 도움을 받은 사람들이 동네 이름을 '야베스성'이라고 하지 않았을까 추측했던 것입니다. 실제로 미국의 많은 도시들 중에는 사람 이름으로 된 도시가 더러 있습니다. 미국의 수도 워싱턴 DC도 초대 대통령 조지 워싱턴에서 따온 이름이지요.

사람 이름으로 된 길이나 도시는 있어도 사람 이름으로 된 나라는 오직 '이스라엘'밖에 없습니다. 저는 이게 매우 놀라운 일이었습니다. 제가 아무리 노력해서 훌륭한 사람이 된다 한들 제 이름으로 된 나라가 세워질 리는 없지요. 하지만 야곱은 이름이 이스라엘로 바뀌고 그의 이름은 한 나라가 되었습니다. 비록 이스라엘 사람들이 야곱의 환도뼈가 부러진 사건으로 인해 이후 짐승의 환도뼈는 먹지 않는다고 하던데, 그래도 다리 하나를 잃고 한 나라의 이름이 되는 축복을 받는다면 손해 볼 장사는 아니라고 생각했습니다.

●

나보다 간절히 나를 보고 싶어하는 분

야곱의 이야기를 묵상하다가 문득 제 마음에 또 이런 생각이 들었습니다. 하나님이 제게 "훈아, 네가 나를 만나면 내가 너의 엄마처럼 눈을 뺏어가 평생 시각장애인으로 살아야 한다" 하시거나 "야곱처럼 다리가 부러져서 남은 인생 쩔뚝거리며 살아야 한다고 해도 나를 만나고 싶냐"하시는 것입니다. 이것은 좀 생각이 필요했습니다. 제가 하나님을 만나고 싶은 것은 정말 간절했습니다. 꼭 묻고 싶은 질문이 너무 많았지요. 하지만 그 대가로 다리나 눈을 내어놓아야 한다는 것은 좀 갈등이 되었습니다. 그러다 문득 오기가 생겨 버렸습니다.

제가 어릴 적 교회 부흥회에서 즐겨 부르던 찬양 중에 '불 속에라도 들어가서'라는 찬양이 있었습니다. 이 찬양은 사우디에 파견 근로를 나갔다가 현지인이 불도저로 밀어버리는 바람에 두 다리를 잃으셨던 분이 만든 노래라고 알고 있었습니다. 그래서 2절 가사가 '탕자를 살려준 주님 말씀에 죄인의 두 다리 묻어 두었네'입니다. 한국에서 치료받고 신학을 공부한 뒤 다시 사우디에 선교사로 떠나시면서, 뜨거운 태양의 나라를 '불 속'이라 표현하고 그곳에 들어가서 주의 사랑을 전하기로 하셨답니다. 그 분이 두 다리가 멀쩡하고 하나님을 모르던 때보다 두 다리를 잃어버리고 하나님을 알게 된 것이 더 큰 축복이라고 했던 말이 떠올라, 저도 정말로 하나님이 내 다리를 부러뜨린다고 해도 하나님을 만나는 것이 더 큰 축복일 수 있겠다고 생각했었습니다.

한편으로는 하나님께 간절히 기도했더니 하나님이 만나주셔서 다리가 부러졌다면, 제가 절뚝거리는 다리로 펄쩍 펄쩍 뛰면서 "하나님이 내 다리 부러뜨리셨다. 할렐루야!" 한다면 과연 하나님께 영광이 되겠는가 하는 생각도 있었습니다. 하나님은 부러진 다리를 낮게 해주실지언정 멀쩡한 다리를 결코 부러뜨리지 않으실 것이라는 생각으로 "제 눈이나 다리를 가져가셔도 좋으니 제발 만나만 주세요" 하고 매달렸습니다.

하나님을 만나고 싶어하는 사람들 중에 그저 하나님이 어떻게 생겼는지 궁금하거나 진짜로 하나님이 계신 것이 맞을까 싶은 사람들은 다리를 걸고 기도하지는 않겠지요. 다리 하나쯤 대가로 내놓고라도 하나님을 만나고 싶어하는 것은 그 사람의 소원이 정말 간절할 때만 가능하겠지요. 내일이라도 죽을 생각이라서, 오늘 하나님을 만나지 못한다면 살아도 사는 것이 아니라고 느낄 때 자신의 다리를 내놓을 수 있을 것입니다. 하지만 누군가가 너무나 간절히 만나고 싶어서, 그 대가로 자신의 목숨이 아닌 너무나도 사랑하는, 하나뿐인 아들의 목숨을 걸고 만나려고 한다면 우리는 그 사람을 미친 사람이라고 할 것입니다.

저는 그토록 깊은 간절함을 가지신 분을 알고 있습니다. 바로 하나님이시지요. 우리를 구원하시기 위해 하나뿐인 사랑하는 아들을 이 땅에 보내어 십자가 위에서 죽게 하신 하나님 말입니다.

내 간절함이 얼마나 크든 결코 하나님의 간절함에 비교할 수 없습니다. 그동안 제가 하나님을 만나고 싶어했지만 하나님은 저의 간절함보다 더 크게 저를 만나고 싶어하셨습니다. 저의 오기나 혈기가 아니라 정말 하나님의 사랑 앞에 엎드려, 그 사랑으로 인해 펑펑 울며 만나게 되기를 하나님은 너무나도 간절히 원하고 계셨지요.

●

나를 구하시려고 그 엄청난 일을

어머니의 말씀처럼 우리 가족을 구원하시기 위해 여섯 살 난 여자 아이의 눈을 잃게 하고 맹학교에 들어와 하나님을 만나게 하신 것이 결국 그 여자 아이에게서 태어나게 될 나를 구원하시고 하나님의 백성으로 삼으셔서 그 사랑을 증거하는 목사로 세우시기 위함이었을지도 모를 일이었습니다. 더 길게 바라본다면, 하나님이 아시아 동쪽 끝자락에 매달린 지구상에 아주 작은 나라 조선이라는 땅에 선교사님을 보내셔서 어머니가 들어가게 될 맹학교를 예비하신 것일 수도 있습니다. 그 선교사님들은 부모와 이별하고 이 땅에 건너와 자녀들마저 잃고, 온 생을 다 바쳐 이 땅의 복음화를 위해 생명을 거셨던 분들이셨습니다. 양화진에 그 증거들이 아직도 생생하게 남아 있지요. 아주 더 길게 돌이켜보면, 하나님께서 오랜 세월을 돌아 한국에 선교사님들을 보내시려고 2천 년 전 유대 땅에 아들 예수님을 보내시고 골고다 언덕 십자가 위에서 비참한 죽음을 겪게 하신 것일 수도 있습니다.

저는 하나님의 간절함과 그 오랜 세월의 기다림을 미처 헤아리지 못하는 죄인에 불과했습니다. 하나님보다 내가 더 정의로운 것 같았고, 내 고통이 더 큰 줄 알았고, 내 기다림이 더 괴로운 줄로만 알았습니다. 하나님은 제 분노에 진노하시거나 외면하시는 것이 아니라 오래 참으심으로 기다리셨습니다. 그리고 그 사랑이 결국 오늘날 복음을 전하는 목회자로서의 기본 바탕이 되게 하셨습니다.

저는 다리를 절거나 눈을 잃어버리진 않았습니다. 그러나 혹여 그런 일이 벌어진다고 해도 어머니의 신앙고백과 동일한 고백을 하게 될 것입니다. 두 눈을 가진 것보다 하나님을 만난 것이 더 큰 축복이라고 말입니다.

저는 이 세상의 삶이 전부가 아니라고 믿습니다. 하나님은 더 크고 아름다운 나라를 예비하시고 그 나라에서 사랑하는 어머니와 다시 만나게 하실 것을 믿습니다. 그때 우리 어머니는 너무나 간절히 만나고 싶어하시던 하나님과 가장 행복한 모습으로 살고 계실 것이며, 저 역시 어머니와 미처 누리지 못했던 깊은 사랑의 교제를 다시 한 번 누리게 될 것이라고 믿습니다.

② 정류장에서 기다리던 아버지

성경에 나오는 이야기 중 너무나 좋아하는 본문이 누가복음 15장에 나오는 탕자의 비유입니다. 예수님이 세리와 죄인들과 더불어 말씀하시는 것을 보고 비난하던 바리새인들과 서기관들에게 해주셨던 동화 같은 이야기입니다.

어떤 사람에게 두 아들이 있었는데 둘째가 어느 날 아버지에게 "아버지여 재산 중에서 내게 돌아올 분깃을 내게 주소서" 합니다. 멀쩡히 살아 있는 아버지에게 재산을 나눠달라는 이야기는 상상하기 힘들만큼 모욕적인 일이었지만, 아버지는 둘째의 몫을 나눠주셨습니다. 둘째는 먼 나라로 가서 그 돈으로 허랑방탕하게 살다가 거지가 되어 아버지에게로 돌아옵니다. 아버지는 그 아들을 사랑으로 맞이하여 송아지를 잡아 잔치를 벌이고 아들의 지위를 회복시켜주십니다.

저는 탕자 이야기를 들으며, 둘째처럼 그렇게 한번이라도 좋으니 허랑방탕하게 살만한 돈이라도 있었으면 좋겠다며 부러워했습니다. 아니면 부자 아빠라도 있어서 송아지 고기 한번 먹어봤으면 좋겠다고도 생각했지요. 때론 농담처럼 둘째가 돌아오는 바람에 송아지가 날벼락을 맞았다고 말하기도 했었습니다.

●

아직도 '상거'가 먼데

탕자 이야기는 잊으려야 잊을 수 없는 목사님들의 설교 레퍼토리였습니다. 특히 부흥회가 많았던 어린 시절에는 부흥강사님들의 필수 본문 같았지요. 우리도 모두 기다리는 아버지에게로 돌아가야 한다며 '천부여 의지 없어서'라는 찬송가를 부르던 기억이 있습니다. 그것도 꼭 두 손 들고 찬양하게 해서 힘들었던 기억이 납니다. 손을 안 들면 믿음이 없어 보일 것 같고 손을 들고 부르자니 팔이 아팠지요. 거기다가 눈치 없으신 목사님들은 3절까지 다 부르신 후 "다신 한 번 더, 천부여 의지 없어서~" 하는 바람에 한동안 이 찬양을 싫어하기까지 했었습니다.

하지만 이제는 제가 목사가 되어 탕자 이야기를 설교할 때가 생겼습니다. 어릴 때와 달리 말씀을 꼼꼼히 살펴보는데, 한 구절이 눈에 거슬렸습니다. 20절 말씀에서 "아직도 거리가 먼데 아버지가 그를 보고"라는 것이었습니다. 개역한글판에서는 "아직도 상거가 먼데 아버지가 저를 보고"라고 기록되어 있습니다.

'상거(相距)'란 서로의 거리를 뜻합니다. '상거가 멀다'라는 것은 서로의 거리가 멀다는 말이지요. 이 말씀을 납득할 수 없었던 것은 둘째가 집을 나갈 때와 들어올 때가 완전히 달라졌기 때문입니다. 나갈 때는 건장한 몸에 좋은 옷을 입고 나갔지만, 돌아올 때는 거지가 되어 피골이 상접하고 옷도 허름했을 것입니다. 실제로 둘째가 돌아와 아버지를 불러도 아버지가 이것저것 물어보며 아들임을 확인해야 하지 않았을까요? 뿐만 아니라 둘째가 아버지 눈치 보며 돌아오는 길이었으니 아버지보다 아들이 먼저 아버지를 먼발치에서 바라보며 갈등하고 있어야 할 것인데, 어떻게 연로하신 아버지가 아들을 먼저 알아보고 뛰어 나갈 수 있었을까 하는 것입니다. 그저 이 말씀을 아버지께 돌아가려는 아들보다 더 간절히 아들을 기다렸던 아버지의 사랑을 묘사한 말이라고 치부해버릴 수도 있었으나, 저는 그렇게 단순히 결론지어버릴 수 없었습니다. 그러다가 오랜 세월 잊고 지냈던 아버지가 생각났습니다.

1986년 아시안 게임을 치르면서, 국가에서는 거리 정화 사업으로 당시 남산 밑에 주로 거주하던 시각장애인들을 상계동에 모여 살게 했던 적이 있었습니다. 정부에서 아파트 비슷한 건물을 짓고 약 10평 남짓한 곳에 온 가족이 살게 했었지요. 지금은 상계동이 부유한 동네이지만, 그 당시만 해도 눈이 닿는 곳까지 전부 배밭이었습니다. 그곳에 몰아넣고 한 달에 일정량의 쌀과 라면과 생활비를 주고는 길에 나오지 못하게 했습니다. 우리나라를 찾는 외국인들에게 보이기 싫은 치부 같은 존재가 되어버렸지요.

하지만 얼마 안 되는 정부미와 호랑이 라면 가지고는 온 가족이 살 수 있는 게 아니었습니다. 맹인촌에 살던 어른들은 수시로 거리에 나가 구걸을 해야 했습니다. 그러다가 붙잡히면 2일이나 3일씩 구류를 살았지요. 철이 없던 우리들은 부모님이 구치소에 들어가면 그 집에 몰려가 밤새 신나게 놀곤 했습니다.

맹인촌에 살던 친구들과 떼를 지어 다니며 패싸움도 자주 했고 필요한 학용품은 주로 훔쳐서 사용했습니다. 학교까지 거리가 먼 탓에 버스도 무임승차했고, 배밭에 들어가 서리해서 허기를 채우기도 했습니다. 그리고 많은 친구들이 껌팔이를 통해 용돈을 벌기도 했는데, 저도 부모님 몰래 껌팔이를 했습니다.

●

껌 판 돈 다 잃고 돌아가던 날

당시 남대문시장에 가면 껌팔이들을 대상으로 껌을 파는 작은 상점이 있었습니다. 오후 4시부터 보통 30분 정도만 문을 열었던 것 같은데, 거기에 가면 많은 아이들이 그 껌을 사기 위해 긴 줄을 서곤 했습니다. 1인당 껌 세 박스를 팔았는데, 한 통에 60원 주고 살 수 있었습니다. 우리는 그걸 사서 다방이나 버스 안에서 3백 원 받고 팔아서 용돈으로 썼지요.

어느 날 저는 껌을 다 팔고 야시장에 갔다가 그날 껌 판 돈을 다 잃은 적이 있었습니다. 당시 야시장에는 도박 같은 것이 종종 있었습니다. 그 중에 물방개를 가운데 떨어뜨려 놓고 헤엄쳐서 들어가는 곳에 돈이 배팅되면 상품이나 돈을 주는 야바위에 빠져 그날 번 돈을 다 날리고 상품으로 받은 서양담배인 말보로 한 갑을 주머니에 넣고 막차를 타고 집에 돌아가게 되었습니다.

집으로 가는 길에 정신 차리고 보니 다음날 껌 살 돈까지 털어먹었고 주머니에는 담배 한 갑이 들어 있으니 집에 들어가면 딱 맞아 죽을 것만 같았습니다. 불안한 마음으로 집에 가고 있는데 버스 정류장에서 아버지가 제 이름을 크게 부르시는 소리가 들렸습니다. 아들이 집을 나가서 밤늦은 시간까지 안 들어오고 있으니 걱정이 되신 아버지가 친구들을 야단쳐서 제가 껌팔이를 나갔다는 사실을 알게 되신 것이지요. 그래서 어머니와 함께 지팡이를 짚고 버스 정류장까지 나와서 기다리고 계셨던 것입니다. 집에서 정류장까지 꽤 먼 거리인데다가 비포장 길이었는데도 집에서만 기다리실 수 없으셨습니다.

아버지는 제가 탄 버스가 정류장에 도착할 때쯤 제 이름을 목청껏 부르셨습니다.

"훈아~! 훈아~!"

저는 '이제 죽었구나' 싶은 마음에 잔뜩 긴장하고 내렸지만 아버지는 별 말씀을 하지 않으셨습니다. 그저 다시는 껌팔이를 나가지 못하게만 하셨지요.

집으로 돌아오는 중에 문득 이런 생각이 들었습니다.

'아버지는 안구가 없으신데 어떻게 내가 탄 차를 알아봤지?'

어릴 때라 더 깊은 생각은 못하고 그냥 저냥 잊고 싶은 기억이 되어 오랜 시간 제 기억에서 없어졌습니다. 하지만 탕자 이야기를 보면서 그때 생각이 소환되었지요.

'아버지는 안구가 없으신데….'

이제는 제게도 아들이 있고, 그때 아버지의 나이만큼 커버렸습니다. 그리고 깨달았습니다.

'내가 껌팔이 하러 나간 것을 모르셨을 리 없었겠구나. 그저 어쩔 수 없는 삶 때문에 모른 척하고 계셨겠구나.'

버스 정류장에서 그 늦은 시간에 아들을 기다리시면서 아버지는 아들이 껌팔이를 해야 하는 자신의 무능함을 얼마나 한탄하셨을까요? 당시 아이들을 잡아다가 앵벌이 시키는 집단이 있었는데 거기 잡혀간 것은 아닐까 걱정도 되셨을 것입니다. 멀쩡히 돌아오기만 해달라고 빌고 또 비셨을 것입니다. 그리고는 언제부터인지도 모를 일이지만, 그 시골 외딴 마을에 자동차 소리만 들리면 그것이 택시인지 자가용인지 버스인지도 모른 채 그저 제 이름을 미친 사람처럼 부르셨을 것입니다. 제가 버스만 타면 멀미로 인해 잘 졸았는데, 그것이 걱정이셨을지도 모르겠습니다. 그래서 집에 버스 타고 오다가 지나치면 어쩌나 싶어서 더 크게 외치고 계셨을 수도 있습니다. 얼마 동안 외치셨을지, 얼마나 크게 외치셨을지, 지금 돌이켜 보면 목울대를 크게 메우고 올라오는 울음이 느껴집니다.

●

살아서 돌아오기만 해다오

둘째가 돌아올 때 서로의 거리가 멀어도 아버지가 그를 먼저 알아보고 뛰쳐나간 것은 어쩌면 그것이 처음이 아니셨을 것입니다. 둘째가 재산을 가지고 먼 나라에 갔을 때부터 아버지는 하루 종일 동구 밖을 내다보고 계셨을 것입니다. 먼 나라에 흉년이 들었다는 소식이 들려올 때부터는 아무 일도 하지 못한 채 매일 동네 입구만 쳐다보고 계셨을 수도 있지요. 저녁이 되기도 전에 사람의 모습이 보이기만 하면 혹시나 둘째일까 싶어 뛰어 나가보기를 아들이 돌아올 때까지 계속하셨을 것입니다. 그러다가 둘째가 아니었을 때 그 상심은 아버지를 점점 더 늙고 야위게 만들었겠지요. 제 상상에서는 아버지가 뛰쳐나가다가 문지방에 걸려 넘어지시는 모습도 보이고, 뾰족한 돌에 발을 다치기도 하시고, 엉뚱한 사람 붙들고 엉엉 울기도 하시는 모습이 보입니다. 아버지의 소원은 오직 하나가 되어갔겠지요.

'어떤 모습이라도 좋으니 제발 살아서 돌아와 다오.'

제 아버지는 저를 법조인으로 키우고 싶어하셨습니다. 아들의 지능을 너무 과신하셨나 봅니다. 시각장애인으로서 워낙에 억울한 일을 많이 당하고 사신 아버지는 아들을 통해 세상에 복수하고 싶어하셨을 것입니다. 아니면 아들이라도 억울한 일 당하지 말고 세상을 살아가길 원하셨을 수도 있겠지요. 하지만 저는 아버지의 기대를 저버리고 신학대학에 입학했습니다. 아버지는 첫 등록금 이외에는 일절 지원하지 않겠다고 하셨지요. 그 말이 씨가 되었던 걸까요? 제가 입학하던 해 5월에 교통사고가 나서 어머니가 식물인간이 되시고 우리 집은 폭삭 망하고 말았습니다. 저는 학교를 그만두고 어머니 병간호를 해야 했고, 아버지는 남은 재산 긁어모으시고 빚도 좀 얻으셔서 파주에 안마시술소를 내셨습니다. 그런데 90년대 말 파주에 대홍수가 2년 연달아 발생하면서 지하를 얻어 안마시술소를 하셨던 아버지는 큰 피해를 입으셨습니다. 아버지는 보상도 제대로 받지 못한 채 빚더미에서 힘들어 하시다가 그만 심장마비로 돌아가셨지요.

아버지가 돌아가신 후 저는 아버지의 빚을 물려받아야 했습니다. 상속포기를 하면 어머니가 살고 계시던 집이 날아갈 처지라 어쩔 수 없이 그 큰 빚을 떠안을 수밖에 없었습니다. 이 일은 제게 큰 원망이 되고 말았습니다. 빚을 다 갚기까지 아버지를 원망하고 또 원망했지요. 이제 철들고 보니 아버지가 먹고 살기 위해 꽤 힘든 삶을 사셨구나 하는 게 느껴집니다. 안마시술소에서 하루에 커피를 10잔 가까이 드셔가며 수많은 사람들을 안마하며 사셨던 것을 저는 외면했었습니다. 그러고도 연달아 홍수피해를 입고 제대로 하소연도 못하시고 법적인 문제 앞에 제대로 된 대처도 못한 채 얼마나 힘드셨을지 뒤늦게 깨달았습니다. 아들이 법조인이 되었더라면 조금은 달라지셨을까요?

탕자 이야기를 통해 아버지의 마음을 다시 헤아리면서, 산소를 찾아가 잘못을 빌며 펑펑 울고 말았습니다. 그리고 둘째를 기다리는 아버지의 마음을 조금은 더 깊게 헤아려 보게 되었지요.

●

우리는 아버지의 심정을 모릅니다

'천부여 의지 없어서'라는 찬송가는 아버지의 눈치를 보며 집에 돌아가는 둘째의 심정을 느끼게 해줍니다. '주 나를 박대하시면 나 어디 가리까' 가사처럼, 우리 믿음의 선조들은 '박대'받을 수 있음을 알고 있었습니다. 내가 돌아오는 것이 결코 잘하는 일이 아니지만, 돌아오지 않는다면 그것은 더 잘못하는 일이 될 것입니다. 그저 아버지가 박대하지만 않으셔도, 그저 아버지 밭에서 일할 수 있는 품꾼 중에 하나만 될 수 있어도, 당장의 허기를 채워만 주셔도 감지덕지하게 느낄 판인데, 아버지는 기다리고 계셨고, 그 나이에 체면도 신경 쓰지 않으신 채 아들을 향해 뛰어오시며 더럽고 냄새 나는 나를 안아주셨고, 내 손에 가락지와 발에 신을 신겨주시며 송아지까지 잡아 잔치를 벌여주셨습니다.

우리는 아버지의 심정을 잘 모릅니다. 제가 비로소 아버지가 되어보니 조금은 알 것 같지만, 아버지 시대와는 또 다른 시대를 살아가고 있으며, 아버지와 달리 장애도 없고 먹을 것 걱정 안 하고 살아가고 있는 저로서는 다 이해할 수 없을 것입니다. 다만 저도 장애를 가진 딸아이를 키우면서 살아보니, 아픈 자녀를 키우시던 아버지가 간혹 제 마음을 휘젓고 갑니다.

우리는 탕자인 둘째의 상황보다 조금 더 나쁜 상황에 놓여 있었습니다. 둘째는 돼지를 치며 쥐엄열매로 배를 채우다보니 아버지 집에 더 맛있는 음식이 있다는 사실을 떠올릴 수 있었지만, 우리는 우리에게 아버지가 있다는 사실마저도 모르고 살아가고 있습니다. 어쩌다가 쥐엄열매를 먹는 듯한 쓴 경험이 있을 때에야 비로소 하나님이 계심을 떠올리게 되지요. 아버지가 매일 동구 밖을 쳐다보며 한숨을 쉬고 있어도, 첫째는 그저 자기 할 일만 할 뿐 아버지의 마음을 헤아리지는 못합니다. 도리어 동생이 돌아왔을 때 그를 환영하며 송아지까지 잡는 아버지를 원망했습니다.

하지만 둘째와 달리 우리에게는 또 다른 좋은 상황도 있습니다. 아버지가 계시며 애타게 우리를 기다리고 계시고, 쥐엄열매와는 비교조차 할 수 없는 더 훌륭한 음식들이 준비되어 있음을 알려주신 이가 계셨습니다. 그분이 바로 우리의 맏형이신 예수님이십니다. 주님은 우리가 이 땅에서 아버지를 잊은 채 고아와 같이 살아갈

· 오히려 위로 ·

때 우리를 찾아오셔서 하늘 아버지를 알려주셨고, 우리가 죄 가운데 깊이 빠져 헤어 나오지 못할 때 대신 그 죄를 뒤집어쓰고 십자가에 달려 죽으심으로 우리가 아버지께로 돌아갈 수 있는 길과 생명을 주셨습니다. 주님이 지신 십자가를 보고서야 비로소 내 처지가 얼마나 비참한지를 알게 되었고, 주님이 알려주신 참 하나님이 우리를 기다리시고 계시는 아버지라는 사실도 알게 되었습니다.

아버지에게로 돌아가기만 하면 나보다 먼저 나를 알아보시고 달려와 안아주실 것입니다. 어쩌면 지금도 버스 정류장에서 우리의 이름을 부르고 계실지도 모르겠습니다. 이젠 죽었다는 생각이 들지도 모르겠으나, 돌아온 것만으로도 잔치가 될 수 있음도 깨닫고 있습니다.

이제 제가 가서 엎드려 울며 죄송하다고 말할 곳이 아버지의 산소가 전부가 아님이 기쁩니다. 우리를 위해 이 땅에 오셔서 내가 돌아가야 할 곳, 아버지가 기다리고 계시는 그곳에서, 이제는 눈이 움푹 들어가신 아버지가 아니라 저를 먼저 알아보고 뛰쳐나와 끌어 안아주실 아버지에게 엎드려 용서를 빌 날을 기다리고 있습니다. 그리고 그것은 두려움이 아닌 기대로 제 마음을 가득 채우고 있습니다. 기쁨으로 회개하고 기쁨으로 회복되며 기쁨으로 잔치하게 될 그날은 십자가 위에서 나 대신 하나님께 버림받으셨던 예수님께서 우리에게 주신 참 선물이었습니다.

3

주님을 외면하고 살았습니다

어릴 적에 주말의 명화를 보면 시작할 때 나오는 인트로 장면 중 벤허의 경주 씬(scene)이 빠지지 않고 등장했었습니다. 벤허가 콜로세움에서 펼쳐진 전차경주에서 우승을 차지하고 로마 황제 앞에 서자 황제는 벤허를 위아래로 훑어보더니 한 마디 합니다.

"배 너!"

벤허는 예루살렘의 대부호였던 유다 벤허를 주인공으로 한 영화입니다. 벤허와 벤허의 친구였던 메살라 사이의 암투를 묘사하고 있지요. 당시 배경이 예수 그리스도의 공생애 기간이라 영화 중간에 예수님이 등장하곤 합니다. 로마 제국의 새 총독이 예루살렘에 입성할 때 벤허와 여동생은 총독의 행진을 옥상에서 구경하고 있었습니다. 흥분한 여동생이 실수로 담장의 기와를 떨어뜨리게 되었고, 그로 인해 총독이 탄 말이 놀라는 바람에 총독은 부상을 입게 되지요. 메살라가 이를 벤허가 꾸민 반역으로 몰아서 벤허는 죄수가 되어 끌려가게 됩니다.

벤허가 갤리선의 노 젓는 노예로 끌려가던 중 나사렛 마을의 우물가에 다다르게 됩니다. 사람들이 나와서 군인들과 말과 죄수들에게 물을 먹이지만, 로마 장교는 벤허에게만은 물을 주지 못하게 합니다. 벤허는 타는 갈증으로 쓰러져 "God, help me!" 하고는 정신을 잃어갑니다. 이때 예수님이 나타나 그의 얼굴에 물을 뿌려주며 물을 마시도록 해줍니다. 이 모습을 보던 장교는 "거기 너! 저 자에게는 물을 주지 말라고 했잖아!"라면서 손에 든 채찍을 펼쳐 들고 때릴 것처럼 예수에게 다가옵니다. 그때 예수님이 일어서며 장교와 마주서게 됩니다. 예수를 바라보던 장교는 침을 한번 삼키고 주춤거리면서 주변을 두리번거리더니 되돌아갑니다.

어느 전도사님이 초등학교 4학년 아들이랑 함께 이 장면을 보고 있었는데 아들이 "아빠, 장교가 왜 예수님은 못 때려?" 하고 묻더랍니다. 아들의 질문에 말문이 막혀버린 전도사님은 "글쎄다" 하고 말았답니다. 그리고는 제게 와서 아들이 했던 질문을 하시더군요.

"목사님, 왜 로마 장교가 예수님은 때리지 못한 겁니까?"

"글쎄요. 아마도 작가가 때리지 말라고 했을 겁니다."

"네?"

"하하! 저도 잘 모릅니다."

전도사님이 가신 후 저는 하루 종일 벤허 생각에 골몰했습니다.

'작가는 왜 예수를 때리지 못하게 설정했던 것일까? 예수님도 사십에 하나 감한 매를 맞으셨는데, 사람들에게 침 뱉음도 당하고 주먹으로 맞고, 하인들에게 손바닥으로 맞기도 하셨는데, 작가의 의도는 무엇이었을까?'

어느 순간 변화산 사건이 떠올라 온 몸에 전율이 느껴졌습니다. 예수님이 베드로와 안드레와 요한을 데리시고 따로 높은 산에 오르셨다가 거기서 모세와 엘리야를 만나시며 변형되시는 장면이 나옵니다. 성경은 "그들 앞에서 변형되사 그 얼굴이 해 같이 빛나며 옷이 빛과 같이 희어졌더라"(마 17:3)고 묘사합니다. 베드로가 이 모습을 보고 놀라서 "주여 우리가 여기 있는 것이 좋사오니 만일 주께서 원하시면 내가 여기서 초막 셋을 짓되 하나는 주님을 위하여, 하나는 모세를 위하여, 하나는 엘리야를 위하여 하리이다"라고 말합니다. 이를 두고 마가는 "이는 그들이 몹시 무서워하므로 그가 무슨 말을 할지 알지 못함이더라"(막 9:6)라고 기록하고 있습니다.

●

로마 장교가 예수님을 못 때린 이유

제가 어릴 적 즐겨보던 만화 중에 '드래곤볼'이라는 만화가 있었습니다. 주인공인 손오공이 7개의 구슬을 모으기 위해 모험을 떠나는 내용이었지요. 손오공은 종종 사이어 인들과 결투를 벌이게 되는데 이때 손오공이 온 몸에 힘을 주면서 "에네르기~!"라고 외치면 광채가 나면서 날아다니며 격한 싸움을 하게 됩니다. 싸움이 끝나면 완전히 탈진해서 쓰러지고 말지요.

예수님이 변화산에서 광채가 나신 것은 손오공처럼 온 몸에 힘을 주고 '에네르기'라고 외쳐야 했던 일일까요? 아니면 주님은 광채를 지니신 분이라서 온 몸에 힘을 풀고 계시면 저절로 광채가 나는 분이셨을까요? 저는 후자라고 생각합니다. 주님 스스로 "나는 세상의 빛이다"(요 8:12)라고 말씀하기도 하셨고 요한도 "말씀이 육신이 되어 우리 가운데 거하시매 우리가 그의 영광을 보니 아버지의 독생자의 영광이요 은혜와 진리가 충만하더라"(요 1:14)고 증언하고 있지요.

'벤허'에서 로마 장교가 예수를 채찍질하지 못했다는 것은 예수님이 장교에게 자신의 영광의 광채를 아주 약간만 보여줘도 가능한 일이라고 생각됩니다. 조폭이 하듯이 짝다리 짚고 고개를 살짝 꺾은 뒤 한쪽 눈을 찡그리며 목에 힘 팍 주고 카리스마 넘치게 "와? 뭔 일 있나? 어쭈, 치게? 아놔… 함 쳐봐라. 잉!" 하는 것이 아니지요. 그저 아무 말 없이 몸에 힘을 풀고 쳐다만 봐도 장교는 감히 예수님께 채찍을 휘두를 수 없었을 것입니다.

베드로가 예수님을 모른다고 세 번 부인할 때도 비슷한 일이 있었습니다. 예수님이 겟세마네 동산에서 기도하시고 대제사장의 집에 끌려가셨을 때 다른 제자들은 모두 도망갔지만 베드로는 그 뜰에까지 따라 들어왔습니다. 예수님은 대제사장에게 심문을 받고 계셨고, 베드로는 뜰 가운데 불 피우고 앉아 있는 무리들 틈에 끼어 들어와 있었습니다. 한 여종이 베드로를 보고 "이 사람도 그와 함께 있었다"고 하자 베드로는 "여자여, 내가 그를 알지 못한다"고 부인합니다. 다른 사람이 또 "너도 그 도당이다"라고 하니 "이 사람아, 나는 아니다"라며 부인하지요. 이번엔 다른 사람이 장담하면서 "이는 갈릴리 사람이니 참으로 그와 함께 있었다"고 하자 베드로는 "나는 네가 하는 말을 알지 못한다"며 세 번째 부인하게 됩니다. 그리곤 닭이 울었지요. 누가는 이때를 다음과 같이 기록하고 있습니다. "주께서 돌이켜 베드로를 보시니 베드로가 주의 말씀 곧 오늘 닭 울기 전에 네가 세 번 나를 부인하리라 하심이 생각나서 밖에 나가서 심히 통곡하니라"(눅 22:61-62).

베드로는 닭이 울자 예수님의 예언을 기억해냈던 것이 아닙니다. "주께서 돌이켜 베드로를 보시니." 그가 주의 말씀을 생각했다는 것이지요. 이것을 연극으로 꾸민다고 해보면 예수님이 베드로를 쳐다보는 눈빛 연기가 쉽지 않습니다. 예수님은 베드로가 자신을 모른다고 세 번이나 부인할 것을 아셨습니다. 그러기에 베드로를 보면서 실망이나 배신감을 나타낼 수는 없었습니다. 혹은 어이없다는 표정이나 미처 몰랐다는 표정 연기도 말이 되지 않습니다.

예수님의 눈빛은 베드로를 긍휼히 여기시거나 여전히 사랑하고 계심을 표현해야 할 것 같습니다. 사고 친 자녀를 안타까운 마음으로 바라보는 어머니의 눈빛이 가장 비슷한 표정 연기가 되겠지요.

주님이 지니신 하나님의 영광은 '은혜와 진리가 충만한' 영광이었습니다. 예수를 부인하지 않으면 죽을 수도 있는 상황에서 막연한 두려움에 사로잡힌 베드로가 차마 떠나지도 못하고 다른 사람들 틈에 껴서 앉아 있을 때 주님이 베드로의 마음을 모르셨을 리가 없지요. 주님은 베드로를 향한 은혜를 거두지 않으셨고 또한 그의 죄를 외면하지도 않으시면서 그 모든 것을 십자가 위에서 다 해결해주실 것이었습니다. 이것이 은혜이고 또한 진리이지요.

●

가족의 교통사고와 '전재훈의 십자가'

제가 신학대학교에 입학하던 해 5월경 형님이 운전하는 차를 타고 어머니와 제가 가르치던 주일학교 학생 한 명과 함께 넷이서 교회를 가던 중에 차가 빗길에 미끄러지는 사고가 있었습니다. 형님은 교회 차량 운전 봉사자였고 어머니는 성가대원이셨으며 저는 주일학교 교사로 아침 일찍 제자 한 명 태우고 교회로 가던 중이었습니다. 아버지는 교회차로 오시기로 되어 있었지요. 우리가 타고 가던 차는 마주오던 차와 심하게 부딪히면서 안전벨트를 하고 있지 않던 제자는 창을 뚫고 길에 떨어졌고 형님은 얼굴에 유리 파편이 박혔으며 어머니는 뇌를 크게 다치시고 말았습니다. 저는 어머니를 들쳐 업고 다른 차를 이용해 가까운 병원으로 급히 모시고 갔습니다. MRI 촬영에 들어간 사이 저는 하나님께 간절히 기도했습니다.

'어머니가 전신마비가 온다고 해도 제가 평생을 모시고 살겠습니다. 그러니 제발 머리만은 멀쩡하게 해주세요.'

MRI 결과 다른 데는 별 이상이 없는데 정수리에 피가 고여 있다고 했습니다. 피가 터졌으면 그나마 다행이었을 텐데 피가 나오지 않아 상태가 아주 안 좋다고 하십니다. 정수리는 칼을 대면 생명에 지장이 생겨서 이대로 피가 마르기를 기다려야 한다고 하더군요. 어머니는 그대로 석 달을 넘게 혼수상태로 지내셔야 했습니다.

제자는 다행히 큰 부상이 아니어서 일주일 만에 퇴원할 수 있었지만, 형님은 8개 조항 위법에 해당하는 중앙선 침범이라는 이유로 병원에서 유리 파편만 제거한 채 감옥에 가야 했습니다. 중앙선 침범은 보험 처리도 되지 않아서 매일 병원비만 100만 원이 넘게 들어가고 있었고, 상대 차주와의 합의도 틀어지면서 가정은 완전히 풍비박산이 나고 말았습니다. 저는 어머니 간병과 아버지 식사, 그리고 형님 옥바라지까지 다 도맡아 해야 했습니다. 다니던 학교는 그만두었고 교회도 다닐 수 없었습니다.

어머니의 교통사고는 제게 하나님을 향한 원망과 분노를 갖게 했습니다. 주일에 놀러가다가 사고가 난 것이라면 회개하겠지만, 도리어 교회 봉사를 위해 일찍 가던 길이었는데 구름기둥, 불기둥은 다 어디가고 이렇게 큰 어려움을 겪게 하시는지 이해할 수 없었습니다. 하나님이 살아 계시다면 멱살이라도 잡고 싶었습니다. 이 때부터 저는 탕자처럼 살았습니다. 주일에 교회 가는 사람들이 다 바리새인으로 보였고, 도리어 교회 다니지 않는 친구들은 쉬는 날이면 병원에서 함께 간병을 도와주었습니다. 저는 기도하기보다 친구들 따라 술과 담배로 제 나름의 반항을 시작하였지요.

병원에서 더 이상 해줄 것이 없다는 말과 함께 강제 퇴원을 당하고 집에서 어머니를 간병해야 했습니다. 아르바이트도 해야 했지요. 간병과 집안일, 그리고 아르바이트는 제 건강에도 매우 안 좋았습니다. 너무 지친 나머지 울면서 지내는 일이 많았지요. 다행히 어머니는 사고 후 석 달 만에 의식을 찾으셨지만, 왼팔과 왼다리에 마비 증세가 왔고 정신연령도 4-5세 수준이었습니다. 그래도 스스로 대소변을 해결하실 수 있게 되자 주일에 대형교회에서 예배 드릴 시간은 낼 수 있었습니다. 하나님에 대한 원망은 극에 달했지만 예배마저 안 드리는 것이 못내 마음을 불편하게 했습니다. 그렇게 다시 예배드리기를 시작하고 몇 달이 지났을 무렵, 저는 특이한 꿈을 꾸게 되었습니다.

제 꿈에 예수님이 빌라도의 재판에서 사형을 언도받고 십자가를 지고 골고다로 걸어가고 있었습니다. 저도 군중들과 함께 울면서 주를 따라 갔습니다. 주님은 십자가를 지고 걸어가시다가 종종 넘어지시곤 했습니다. 그때마다 주위를 둘러 보셨는데 저는 주님의 눈길과 마주할 수 없었습니다. 만약 주님과 눈이 마주치면 그 십자가를 제가 대신 짊어져야 할 것 같은 부담감이 있었기 때문입니다. 주님의 눈길을 애써 외면하며 그 길을 따라가다가 마지막 주님이 넘어지셨을 때는 무릎이 심하게 꺾이셨습니다. 더 이상 십자가를 질 수 없게 되자 로마 군인이 군중들 중에서 한 명을 끌어내 대신 십자가를 지게 했습니다. 저는 제가 끌려가는 줄 알고 너무 놀랐으나 제 옆에 있던 구레네 시몬이 대신 십자가를 지게 되었습니다.

골고다에 오르자 군인들은 예수를 십자가에 못 박았고 십자가는 높이 세워졌습니다. 그리고 그 위에 명패를 달았는데, '유대인의 왕 예수'라고 쓰여 있어야 할 명패에는 '전재훈의 십자가'라고 쓰여 있었습니다. 그걸 본 순간 숨이 멎는 듯한 통증을 느끼며 잠에서 깨어났습니다. 그리고 이내 성경의 한 구절이 떠올랐지요. "누구든지 나를 따라오려거든 자기를 부인하고 자기 십자가를 지고 나를 따를 것이니라"(마 16:24).

●

내가 외면한 십자가

저의 어머니는 기복주의 신앙을 갖고 계셨습니다. 내가 하나님의 일을 하면 하나님은 나의 일을 해주신다고 하셨고, 기도는 외상이 없다고도 하셨으며, 십일조와 첫 열매를 드리면 만복으로 갚아주신다고 믿으셨습니다. 식사기도는 물론이고 차를 탈 때도 기도하셨으며 새벽예배도 철저히 드리셨지요. 저는 아브라함이 믿음의 조상이 된 것과 야곱이 당대에 거부가 된 것, 애굽의 총리대신 요셉, 왕이 된 다윗, 사자 굴의 다니엘 등 주로 하나님을 믿으면 성공한다는 신화에 세뇌교육당하고 있었습니다. 그런 저에게 어머니의 교통사고는 도저히 이해할 수도 용납할 수도 없는 일이었지요.

그러나 예수님의 꿈을 꾼 이후로 가만히 성경을 살펴보니 예수 믿고 돌에 맞아 죽은 스데반도 보이고, 십자가에 거꾸로 매달려 죽은 쿼바디스의 베드로, 끓는 기름 가마에서 죽은 요한, 목이 떨어져 죽은 바울, 죽창에 찔려 죽은 도마의 이야기가 귀에 들어왔습니다. 초대교회의 순교자들과 한국교회를 위해 헌신한 선교사님 등 예수 믿고 그야말로 망한 것 같은 사람들의 이야기가 제 가슴을 뜨겁게 만들었습니다.

예수님이 사십에 하나 감한 매를 맞았던 것은 때리는 자를 쳐다보지 않으셨기에 가능했습니다. 침 뱉음을 당하고 주먹으로 맞고 손바닥으로 맞으셨던 모든 것이 우리를 위해 자신의 광채를 숨기시고 스스로 감당하신 사건들이었습니다. 열두 영도 더 되는 천군을 동원할 필요도 없었으며, 지진이나 기적 같은 능력도 필요 없이 그저 자신을 향해 말도 안 되는 비난과 조롱을 하는 사람들을 쳐다보기만 하셨어도 피하실 수 있는 일들을 '전재훈의 십자가'를 지시기 위해 모두 참아내셨던 것이지요.

만약 십자가의 길에서 제가 예수님과 눈이 마주쳤다고 해도 그 십자가에 제가 매달릴 일은 없었을 것입니다. 그것이 비록 저의 십자가였어도 저는 골고다까지만 지고 가면 되는 일이었어요. 그러나 예수님의 눈빛은 결코 저를 원망하거나 책망하시는 것이 아니었을 것이라고 확신합니다. 더더욱 제게 그 십자가를 지라는 의미도 아니었을 것이지요. 제가 외면한 십자가는 주님의 십자가가 아닌 제 십자가였음에도, 주님은 저를 응원하고 위로하고 격려하며 사랑한다는 눈길을 보내셨을 것 같습니다.

그 일이 있은 후 신학대학교에 복학해 오늘날 목사가 될 수 있었습니다. 그리고 한 번 더 똑같은 꿈을 꾸고 싶었습니다. 저도 구레네 시몬과 같이 예수님의 십자가를 대신 지고 한 손으로 주를 부축하며 아주 잠시라도 주님과 걸어보고 싶었습니다. 그리고 주님께 죄송하다고, 그리고 감사하다고 고백하고 싶었습니다. 무엇보다, 주님을 사랑한다고 말씀드리고 싶었습니다. 그러나 꿈은 반복되지 않았습니다. 제 안에 꼭꼭 담겨진 고백들은 주님 다시 오시는 날 주께 드릴 저의 예배 가운데 고백할 수 있을 것 같습니다.

그래도 고통이 멈추지 않으면

저는 위로 두 살 터울의 형님이 한 분 계십니다. 그러나 제가 태어난 이후 형님과 저를 같이 키우실 수 없으셨던 부모님은 형님을 외가로 보내 키우셨습니다. 그래서 제가 막내임에도 불구하고 많은 이들이 저희 어머니를 '훈이 엄마'라고 부르셨지요. 저희가 상계동의 맹인촌에서 살 때 형님은 학교생활에 적응하지 못했습니다. 당시 중학생이었던 형님은 '장님새끼'라는 소리를 감당할 능력이 부족하셨지요. 결국은 중학교 2학년 때 자퇴를 하고 말았습니다.

부모님은 늘 형님에게 더 많은 애정을 쏟으셨습니다. 어릴 적 같이 키우지 못했던 것과 학교 공부를 끝까지 시키지 못한 것에 대한 안타까움이 있으셨습니다.

저희 형제는 제법 우애가 깊었습니다. 학교를 다니지 않으신 형님은 또래 친구들과 어울리지 못하고 제 친구들과 함께 어울려 놀았습니다. 아버지는 그나마 똑똑했던 저보다 형님 걱정이 많으셔서 재산은 모두 형님 주시겠다고 공언하곤 하셨지요. 형님은 18살이 되던 해에 운전면허를 따게 되었고 아버지는 그런 형님에게 당시 고급 차량이던 '코란도 훼미리'를 사 주셨습니다. 의외로 형님은 운전에 소질이 있으셨고 길치였던 저와는 달리 길눈도 밝으셨습니다.

●

설상가상, 점입가경

형님이 한살이라도 젊을 때 빨리 가정을 만들어주고 싶으셨던 부모님은 이십대 초반이던 형님을 중국교포 여성과 결혼시키셨습니다. 하지만 결국 사기결혼을 당하고 돈만 날리셨지요. 이후 형님이 운전하던 차를 타고 교회로 가던 중 교통사고가 났고 이 일로 형님과 아버지 사이가 틀어지고 말았습니다. 형님이 휠 얼라인먼트(wheel alignment)를 잡아야 한다고 아버지에게 돈을 요구했지만 아버지는 무슨 차가 자꾸만 돈을 먹느냐며 주지 않으셨습니다. 결국 휠 얼라인먼트를 잡지 못한 차가 빗길에 브레이크를 잡으니 중심을 못 잡고 돌아가 버리는 바람에 중앙선을 넘어 마주오던 차와 사고가 났던 것입니다.

아버지는 휠 얼라인먼트가 뭔지도 모르신 채 형님이 안전거리를 유지하지 않아서 사고를 냈다고 생각하셨고 형님은 아버지가 차량 수리비를 주지 않아서 사고가 난 것이라고 우겼지요. 당시 저도 휠 얼라인먼트에 대한 개념이 없을 때라 형님에 대한 원망이 컸었습니다. 그 뒤로 형님은 8개월의 옥살이를 하고 돌아와 중심을 잡지 못하고 자꾸만 겉돌았습니다. 그러던 형님이 어느 날 술집에서 만난 여성을 집에 데려와 결혼하고 함께 살았습니다. 형수님은 앞 못 보는 시아버지와 병든 시어머니를 모실 수 있는 분이 아니셨습니다. 여러 차례 가출을 하곤 했는데 끝내 딸과 아들을 버려두고 집을 나가버리고 말았습니다.

아버지는 파주에서 안마시술소를 하시다가 심장마비로 돌아가시고 형님은 계속 인생을 낭비하느라 어머니와 두 조카는 제가 돌봐야 하는 처지가 되고 말았습니다. 형수님을 찾겠다고 사방을 다니던 형님은 또 다시 술집에서 만난 다른 여성을 집에 데려와 살기 시작했습니다. 다행히도 세 번째 형수님은 앞선 형수님보다 생활력이 강하셨습니다. 고집스런 시어머니를 곧잘 어르고 달래며 잘 지내셨지요. 그런데 이 형수님이 딸을 낳으면서 문제가 발생했습니다. 전처가 낳은 두 자녀와 병든 시어머니를 견디다 못해 자신이 낳은 딸을 데리고 집을 나가버렸습니다. 그리고 형도 같이 데려가 버렸지요.

저는 결혼을 하고 쌍둥이를 낳은 상태에서 아내더러 어머니와 두 조카를 데리고 함께 살자고 할 수 없었습니다. 아내의 삶은 아픈 딸을 돌보는 것만으로도 충분히 힘들었습니다. 어쩔 수 없이 어머니와 두 조카는 따로 살아야 했고 제가 수시로 들여다보며 돌봐주어야 했습니다. 조카들은 부모님의 사랑을 받지 못한 채 심각한 애정결핍 증세를 보였고 정서불안에 시달렸습니다. 다행히 국가에서 어머니와 두 조카를 생활보호대상자로 지정해주어서 일정한 생활비를 받을 수 있었습니다. 두 집을 오가며 가장 노릇을 해야 했던 저는 둘 다에게 늘 못난 아들이자 부족한 아빠일 수밖에 없었습니다.

아버지가 돌아가신 후 명절이 되면 저희 가정은 어머니와 두 조카를 데리고 외갓집에 갔습니다. 그러면 어김없이 외할아버지가 저를 무릎 꿇게 하시고 1시간 가까이 목사가 되기 전에 사람이 먼저 되라며 호통을 치곤 하셨습니다. 병든 어머니에게 두 조카를 맡겨 놓고 무슨 목사가 되겠다고 하느냐며 당장 학업을 그만 두고 노가다라도 해서 먹여 살리라고 하셨지요. 그래서 저는 명절 때만 되면 두려웠습니다.

이런 와중에 저는 개척을 했고 정말 저의 무능을 깊이 절감해야 했습니다. 좋은 아빠도 아니고 그렇다고 좋은 작은아빠도 되지 못했습니다. 국가에서 나오는 생활비를 제가 받아서 어머니 살림을 돌봐드렸는데 돈은 늘 부족했고 아내 몰래 교회 돈을 가져다 써야만 했었습니다. 그러나 어머니는 사회복지사와 친척과 지인들에게 제가 돈을 훔쳐가서 안 준다고 전화를 하셨고 이에 사회복지사가 저를 고발하려고 했습니다. 친척들도 전화하셔서 아무리 개척 교회를 하고 아이가 아프다고 해도 어떻게 어머니 돈에 손을 대느냐며 비난하기 일쑤였습니다. 저는 어머니에게 늘 나쁜 아들이었고, 아내에게는 가정을 돌보지 않는 남편이었으며 교회에서는 무능한 목사였습니다.

어머니는 시간이 지나면서 점점 분노성 치매 증상을 보이셨습니다. 저는 단순히 교통사고 후유증이라고만 여겨서 병원에 모시고 갈 생각도 못했습니다. 어머니는 이삼십 분에 한 번 꼴로 전화를 하셔서 온갖 욕설을 하셨습니다. 예배를 드릴 때도, 잠을 잘 때도 어머니의 전화는 끝을 모르셨습니다. 견디다 못해 예배 시간과 밤에는 전화기를 꺼두었습니다. 그러면 영락없이 수십 통의 부재중 전화가 와 있곤 했습니다.

●

조카에게 일어난 일

정서 불안에 시달리던 작은조카가 웬일로 제게 전화를 해서 병원에 데려가 달라고 했습니다. 거식증이 있던 터라 살이 너무 쪄서 병원에 데려가려고만 하면 도망 다니던 놈이 병원에 데려가 달라니 가슴이 철렁했습니다. 만사를 제쳐두고 병원에 가서 진단을 받으니 아이가 백혈병이라는 것입니다. 소아백혈병은 서울의 성모

병원이 유명하다고 해서 거기로 아이를 데려갔습니다. 병원에 입원하기 전 마지막으로 먹고 싶은 것이 무엇이냐고 하니 생선초밥이 먹고 싶다고 하기에 초밥 뷔페에 데려가 실컷 먹게 했습니다. 그러나 좀처럼 잘 먹지 못하더군요. 나중에 백혈병에는 회가 아주 안 좋다는 이야기를 듣고 엄청 후회했습니다.

성모병원에 입원한 조카는 제게 또 다른 짐이 되고 말았습니다. 딸아이 치료실을 다녀온 후 저녁에는 조카에게 가고 다시 어머니에게 가고 하는 일들은 거리상으로도 버거운 일이었습니다. 발안에서 안산 치료실로 갔다가 다시 발안에서 서초동으로, 그리고 안산 어머니 집으로 매일 뱅뱅 돌아야 했습니다. 이러는 와중에 병세가 더 심해지신 어머니는 집에 불을 내기도 하시고 종종 자해를 하시는 바람에 친척 어른들이 어머니의 안전을 위해서 요양원에 모시자고 제안하셨습니다. 요양원도 직접 알아봐 주셨지요.

어른들이 정하신 요양원은 용인에 위치한 새빛요한의집으로 시각장애인들이 모여 사시는 요양원이었습니다. 어머니는 재산을 정리하신 후 요양원에 들어가셨으나 하루도 지나지 않아 다시 집으로 돌아가겠다고 우기셨습니다. 밤에 다른 사람들 잠도 못 자게 소리를 지르시고 물건을 부수는 일이 생기자 저는 요양원 근처에서 밤새 대기하곤 했습니다. 어머니가 난동을 부리시면 들어가 어르고 달래는 것이 일이었습니다. 견디다 못해 병원에 모시고 갔더니 분노성 치매라는 말을 들었고 신경안정제를 처방해주셨습니다. 결국은 약 기운으로 요양원에 계실 수 있었는데 약이 떨어지면 다시 난리를 피우곤 하셨습니다.

하루는 어머니를 모시고 나와서 제발 가만히 계셔달라고 사정을 하다가 어머니가 차에 그냥 깔려 죽겠다고 내리셔서 찻길에 누워버리시는 바람에 경찰차까지 출동하는 소동이 빚어졌습니다. 저는 끓어오르는 화를 참지 못하고 그만 어머니 등짝을 때려 버리고 말았습니다. 이 일은 제 마음에 큰 화상을 입혔고 지금까지 어버이 주일 설교를 못하는 이유가 되고 말았습니다.

그렇게 어머니가 요양원에 계시는 사이 작은조카는 온 몸이 시커멓게 변해가다가 끝내 죽고 말았습니다. 조카를 지켜내지 못한 제 마음은 갈기갈기 찢어지는데 사람들은 저에게 형님을 위로해 주라는 말을 하곤 했습니다. 장례식을 마치고 형님은 모든 조의금을 챙겨가면서도 영정사진은 못 가져간다며 저에게 주고 가버렸습니다. 그래서 작은조카의 영정사진은 제가 보관하고 있습니다.

어머니는 그 뒤로도 증세가 점점 심해지셨고, 결국 요양병원에 입원해 계시다가 급성 폐렴 증세로 혼수상태에 빠져 서울 보라매병원에 이송되셨습니다. 저는 모든 것을 내려놓고 오직 어머니 병간호에만 집중했습니다. 그것만이 제가 할 수 있는 마지막 속죄라고 생각했습니다. 어머니는 깨어나지 못하신 채 신부전증까지 겹치면서 돌아가셨습니다. 결국 작은조카에 이어 어머니까지 잃어버렸지요.

어머니 장례를 치르고 아버지 산소도 정리해서 함께 발안에 있는 납골당으로 모셨습니다. 이제는 저도 고아가 되어버린 것이지요. 사람들이 제게 위로하며 "이제 좀 편하게 살라"고 하셨지만, 희한하게 "하나님이 너를 크게 쓰시려고 이런 고통을 주시나보다"라고 말씀하셨을 때만큼이나 듣기 싫은 말이었습니다. 어떤 말이 되었건 제가 위로받을 마음의 준비가 안 되어 있었던 것 같습니다.

저보다 더 큰 문제는 이제 혼자가 된 큰조카였습니다. 당시 고등학생이던 큰조카의 아픔을 돌보는 것이 급선무였지만 제게 남아 있는 힘이 별로 없었습니다. 그럭저럭 조카나 저나 서로 자신의 아픔을 삭이던 무렵, 조카가 밤에 배가 너무 아프다며 전화를 했습니다. 부랴부랴 가까운 병원 응급실로 데려갔습니다. 제 판단으로는 맹장염이겠거니 하고 데려갔는데 검사 몇 가지를 하더니 고대병원으로 급히 가라고 했습니다. 결국 고대병원에서 들은 이야기는 아이가 난소암에 걸렸다는 것이었습니다. 큰조카가 배가 많이 나왔는데 정서불안을 겪던 아이니까 단순히 많이 먹어서 배가 나온 줄로만 알았더니, 난소에 물이 3리터가 넘게 차서 배가 부풀었던 것인데 그걸 몰랐냐며 의사에게 야단을 맞았습니다. 아이가 많이 아팠을 거라고 합니다.

전 정말 조카들에게 나쁜 작은아빠였습니다. 작은조카가 백혈병에 걸릴 때까지 전혀 모르고 있었다는 것도 견디기 힘들었는데 결국 큰조카까지 이렇게 아팠다는 것을 몰랐습니다. 그나마 다행스러운 것은 작은조카처럼 말기가 아니라서 난소 하나를 제거하는 것으로 수술을 마칠 수 있었다는 점입니다. 만약 큰조카까지 잃었더라면 아마 맨 정신으로 살기 힘들었을 것 같습니다. 큰조카는 그 뒤로 재발하지 않고 잘 버텨주어서 고등학교를 마치고 지금은 직장인이 되었습니다.

●

하나님과 가까워지는 갈림길

고난은 하나님을 떠나거나 혹은 하나님께 더 가까이 가게 되는 갈림길이 되곤 합니다. 저는 떠나기도 했고 더 가까이 가기도 했습니다. 아버지가 돌아가신 뒤부터는 고난으로 인해 하나님을 원망하기보다 더욱 하나님께 매달리게 되었습니다. '죽음의 문제는 그것으로 끝이 아니다'라는 하나의 희망을 잡고 싶었던 것 같습니다.

어릴 적에 아버지 목마를 타고 남산에 종종 갔었습니다. 아버지 귀를 운전대 삼아 길 안내를 했고 아버지는 그런 저를 많이 예뻐해주셨습니다. 한강공원에서 아버지랑 씨름을 하고 있으면 지나가는 아저씨가 신기하게 보시고 심판을 해주기도 하셨습니다. 아버지가 원하는 법조인이 되지는 못했지만 대학생이 된 아들을 여기저기 많이 자랑하시던 아버지셨습니다.

아버지는 유머감각이 좋으셨습니다. 늘 웃을 일을 만들어주곤 하셨지요. 아버지는 물이 끓는다 하지 않으시고 물이 탄다고 말씀하셨습니다. 우리 집에서 물은 오리방석이었고 얼음은 물 뼈다귀였지요. 아버지는 택시를 타시면 차량 종류를 브랜드까지 다 맞히셨습니다. 기사 아저씨가 신기해서 어떻게 아시냐고 물어보면 아버지는 승차감을 통해 안다고 하셨지만, 제게는 문손잡이를 만져보고 알았다고 알려주셨습니다. 차량들마다 실내 문손잡이 위치와 모양이 다 제각각이었습니다.

아버지는 세상에서 가장 불쌍한 사람이 변비 걸린 장님이라고 하셨습니다. 앞도 못 보는 게 뒤도 못 본다고 하셨지요. 비록 아버지가 제게 큰 빚을 남겨주고 떠나셨고 제가 힘들고 아플 때 곁에 없으셨지만, 아버지를 꼭 다시 만나 아버지만의 유머를 한 번 더 듣고 싶습니다.

큰조카는 남자들뿐이던 우리 가정에 처음으로 태어난 여자 아이였습니다. 그런 만큼 제게는 너무나 예쁜 조카였지요. 반면에 작은조카가 태어나고 자랄 때는 제게도 여유가 없었던 탓에 별로 예뻐해주지 못했습니다. 함께 나눌 작은 추억조차 만들어주지 못했지요. 그렇게 일찍 떠나 버릴 줄 몰랐습니다. 작은조카 기일이 오면 납골당을 찾아갑니다. 거기에는 세월호 사건 때 희생된 학생들도 함께 있습니다. 세월호 기념물들과 각종 포스터가 붙어 있어 많은 이들의 추모가 이어지고 있지요. 그 한편에 쓸쓸히 자리 잡은 조카는 누구 하나 찾아주는 이 없이 여전히 외로움 속에 있습니다. 저는 조카가 거기 있는 것이 아니라 하나님의 품에 안식하고 있기를 간절히 원합니다. 그리고 다시 만나 맘껏 웃으며 아무런 걱정 없이 초밥을 배불리 먹으면 좋겠습니다.

작은 체구에 열병을 앓아 시각장애인이 되신 어머니는 한참 힘든 시기를 구걸과 안마와 침술원을 하시며 자식들을 길러내셨습니다. 겨울이 되면 손수 뜨개질해 입혀주셨고, 맛있는 음식을 만들어 자식들 입에 넣어주셨습니다. 멀리 버스 타고 가야 할 때는 땅콩을 오징어로 싸서 먹여주셨으며, 유난히 초콜릿을 좋아하는 아들에게 아몬드 초콜릿을 사주시고 그 포장지로 예쁜 가방을 만들어주곤 하셨습니다. 깊은 신앙심으로 새벽마다 기도하시던 어머니는 찬송가의 가사처럼 "내가 울 때 어머니는 주께 기도 드리고 내가 기뻐 웃을 때에 찬송 부르"(579장)셨습니다.

아들이 목사가 되겠다고 하자 가장 크게 기뻐하셨던 어머니는 효도 한 번 받아보지 못하시고 교통사고로 인해 정신까지 잃으시며, 20년 넘게 투병만 하시다가 못난 막내아들의 손찌검까지 맞으시고 가셨습니다. 어머니 가실 때 마치 짐 하나 내려놓는 기분을 느낀 것을 아셨다면 얼마나 서운하셨을까요? 그래서인지 어머니는 종종 꿈에 나타나 제게 험한 말을 하시곤 합니다. 그래도 종종 막내아들을 잊지 않고 찾아오셔서 얼마나 감사한지 모릅니다. 어머니를 다시 만나면 아들이 목사가 되었다고 말씀 드리고 어머니에게 꼭 효도하고 싶습니다.

주님은 왜 고통 중에 계실까?

이 모든 것이 결코 헛된 희망이 아님을 오직 주님 안에서만 발견할 수 있습니다. 십자가 위에서 가장 모진 고통을 겪으시고 우리의 죄를 위해 죽으셨던 주님은 결국 다시 살아나셔서 제자들을 찾아와주셨고 낙심 중에 있던 그들에게 새로운 희망이 되어주셨습니다.

사람이 죽었다가 다시 사는 일이 주님에게만 가능한 일이 아님을 저는 믿고 있습니다. 하나님은 주님을 다시 살리심으로 죽음으로 끝나지 않는 영원한 생명이 있음을 보여주셨고, 이 땅의 모든 악한 것들과 각종 질병과 가난이 없는 복된 나라에서 다시 만날 수 있음을 알려 주셨습니다.

만약 하나님을 떠나버린다면 고통 속에서 가장 중요한 것을 잃어버리게 됩니다. 하지만 고통 중에 더욱 하나님께 매달릴 수 있다면 잃어버린 모든 것을 다시 찾게 될 것입니다. 저는 모든 것을 잃어도 하나님만 잃지 않는다면 결국 모든 것을 도로 찾게 될 것을 희미하게나마 느끼고 있었던 것 같습니다.

제가 즐겨 부르는 찬양 중에 "하나님께로 더 가까이 갑니다. 고통 가운데 계신 주님"이라는 가사가 나옵니다. 왜 고통 중에 계실까 고민하던 중, 아마도 내가 고통 가운데서 주님을 찾을 것을 미리 아시고 먼저 고통 가운데 계셨던 것은 아닐까 하고 생각했던 적이 있습니다. 이 말은 결국 내가 그동안 많은 고통 속에 살았지만 달리 표현하면 하나님이 그동안 나와 함께 계셨다는 말이 됩니다. 모든 것을 회복시키실 주님이지만, 그렇다고 우리의 작은 신음을 외면하신 것은 아니었습니다. 주님은 저와 함께 울고 저와 함께 웃고 계셨습니다.

5

그럼 요놈의 나 때문인가요?

어머니는 6살 때 열병으로 시력을 잃으셨지만 지혜롭고 생활력이 강한 분이셨습니다. 언제나 부지런히 일하셨고 집안 살림도 거뜬하게 해내셨지요. 해마다 겨울이 되면 저희들의 조끼를 손수 뜨개질해서 입혀주셨습니다. 손의 감각이 유별나서 바늘에 실을 꿰는 일도 웬만한 사람들보다 잘 하셨습니다. 요리도 곧잘 하셨지요. 어머니는 장한 어머니상을 수상하실 정도로 주변에서 인정받던 분이셨습니다. 어머니는 맹학교에서 직업과목으로 배우신 안마사 일과 침술사 일을 동시에 다 잘하셨습니다. 제가 심장병으로 인해 약골이다 보니 조금만 아프면 제게 침을 놓으셨습니다. 서울 변두리에 국가가 지어준 맹인촌에서 살다가 안산으로 이사 오셔서 침술원을 하실 때는 제법 이름난 침술사셨습니다.

제가 신학대학교에 입학하던 해, 교회 가던 중에 교통사고를 당하신 어머니는 석 달을 혼수상태로 계시다가 깨어나셨습니다. 그러나 왼쪽으로 마비증세가 있어서 왼팔, 왼다리를 움직이는 데 어려움이 많으셨습니다. 정신연령도 4-5세 수준에 머물러 계셨지요. 아들도 잘 기억 못하시는 어머니가 침놓는 것만은 기억하고 계셨습니다. 완벽하게는 아니지만, 생활하는 데 큰 어려움이 없을 정도로 자신의 몸을 혼자 침으로 고치셨습니다. 식사도 혼자 가능하셨고 화장실도 스스로 해결할 수 있으셨지요.

●

기도하면 하나님을 원망할까 봐

어머니가 집안의 주 수입원이셨는데, 더 이상 일을 하실 수 없게 되자 아버지가 파주에 있는 안마시술소를 운영하시게 되었는데 2년 연속 홍수로 큰 피해를 입으시고 화병을 얻어 심장마비로 돌아가셨습니다. 이런 소식을 들은 주변 사람들 중에 어머니에게 침을 맞고 병을 고치셨던 분들이 어머니를 찾기 시작했습니다. 아들인 저도 어머니에게 몸을 맡기기 불안한데도 그 분들은 어머니의 실력을 인정하고 계셨습니다. 일주일에 두세 분의 환자들이 다녀가시더니 이내 하루에 한두 분 정도는 다시 어머니에게 침을 맞곤 하셨습니다.

어머니가 다시 침을 놓기 시작했다는 입소문이 돌면서 예전 단골손님들 말고도 새로운 손님들도 다녀가기 시작했습니다. 그렇게 어머니에게 처음 침을 맞던 손님 중 한 분에게서 침 맞는 도중 사고가 터지고 말았습니다. 허파에 바람이 빠지는 의료사고가 터졌지요. 급하게 119를 불러 병원으로 이송해서 응급수술을 받아 위기는 넘겼지만 손님의 분노는 꽤 컸습니다. 어머니를 불법의료행위로 형사고발과 민사소송을 거시겠다며 거액의 합의금을 요구하셨습니다. 어머니는 자신이 감옥에 가겠다고 우기셨고 그 사이를 제가 중재해야만 했습니다.

이런 사고를 인식한 병원관계자는 반드시 신고를 해야 하는 규정이 있다고 합니다. 저는 어머니가 감옥에 가게 할 수는 없었기에 백방으로 돌아다니며 이를 막아보려고 애를 썼습니다. 다행히 병원장과 친한 목사님을 알게 되었고 그 목사님의 도움으로 병원에서 형사 고발하는 것은 막을 수 있었습니다. 하지만 피해자와 합의를 하는 일은 쉽지 않았습니다. 피해자가 요구하는 합의금은 4천만 원이었으나 제가 가지고 있는 재산은 전세보증금 1800만 원이 전부였지요. 일단 보증금을 빼서 천만 원을 드리겠으니 그걸로 선합의를 해주시고 나머지는 벌어서 갚겠다고 했으나, 그렇게는 절대 합의해줄 수 없다면서 완강하게 버티셨습니다.

저는 이 사고를 처리하는 과정에서 더 이상 하나님께 기도조차 나오지 않았습니다. 하나님을 한 번 떠났다가 다시 돌아오면서 기복신앙을 벗어나 십자가를 지는 제자가 되겠노라고 했지만, 제가 감당할 수 있는 범위를 넘어서면서 다시 하나님이 원망스러웠기에 기도할 수 없었습니다. 기도하면 하나님을 원망하게 될까 봐, 다시 하나님을 떠나버리게 될까 봐 두려웠습니다.

그때 저는 시흥에 있는 교회에서 청년부를 담당하고 있었기에, 설교를 준비하던 중 나사로의 무덤 앞에서 우시는 예수님을 보게 되었습니다. 예수님의 눈물을 본 유대인들 중에는 "보라, 그를 얼마나 사랑하셨는가?" 하는 이가 있었지만, 어떤 이는 "맹인의 눈을 뜨게 한 이 사람이 그 사람은 죽지 않게 할 수 없었더냐?"라고 반응합니다. 이에 예수님이 '다시 속으로 비통히 여기'(요 11:38)셨다고 합니다. 비통하다는 것은 매우 아프고 슬프다는 뜻입니다. 다른 말로는 단장(斷腸)의 고통이라고도 합니다.

●

장이 끊어지는 고통을 느끼신 주님

단장은 창자가 끊어질 정도로 큰 슬픔을 말합니다. 진나라 환온이 촉으로 가다가 장강 중류의 삼협을 지날 때였습니다. 환온이 타고 가던 배를 어떤 원숭이 한 마리가 울면서 한참을 따라오는 것을 이상히 여긴 그는 부하들에게 원숭이가 왜 저러는지 물었습니다. 그러자 한 부하가 원숭이 새끼 한 마리가 보여서 잡았는데 아마도 그 원숭이의 어미인 것 같다고 알려주었습니다. 환온이 배를 세우자 어미 원숭이는 급하게 배 위로 뛰어 오르더니 그 자리에서 죽고 말았습니다. 새끼를 만나게 해주려던 것이었는데, 왜 갑자기 어미 원숭이가 죽은 것인지 이해가 되지 않았던 환온은 어미 원숭이의 배를 갈라보게 했습니다. 원숭이의 창자가 모두 토막토막 끊어져 있었다고 합니다. 이 일을 계기로 매우 큰 슬픔을 비유할 때 단장이라는 말을 사용하게 되었지요.

저는 주님이 왜 이토록 큰 슬픔을 느끼시는 건지 이해할 수 없었습니다. 주님은 나사로가 병들었다는 소식을 들으셨으나 일부러 며칠을 더 지체하신 후 나사로의 집으로 오셨습니다. 이미 그가 죽었다는 것도 알고 오셨지요. 주님이 오신 것은 단순히 마리아와 마르다를 위로하기 위함이 아니었습니다. 마르다에게 "네 오라비가 다시 살아나리라"고 말씀하셨고 "나는 부활이요 생명이니 나를 믿는 자는 죽어도 살겠고 무릇 살아서 나를 믿는 자는 영원히 죽지 아니하리니 이것을 네가 믿느냐"(요 11:25-26)고까지 하셨습니다.

예수님은 야이로의 딸을 살리신 적도 있었고 나인성 과부의 아들도 살리신 일도 있었습니다. 주님은 나사로를 살리실 능력이 충분히 있으셨던 생명의 주인이시지요. 하지만 죽은 나사로의 무덤 앞에서 눈물을 흘리시고 비통히 여기기까지 하신 것은 왠지 앞뒤가 맞지 않아 보였습니다. 제가 어머니의 일로 비통하다고 느낀다면 누구나 이해할 수 있을 것입니다.

저는 피해자의 허파를 정상으로 되돌릴 능력도 없고 어머니가 감옥에 가지 않도록 막을 힘도 부족했습니다. 피해자와 합의할 돈마저 없었던 저는 무능함으로 인해 할 수 있는 일이라는 게 고작 비통함을 경험하는 것뿐이지만, 주님은 전혀 다릅니다. 주님은 제자들에 "우리 친구 나사로가 잠들었도다 그러나 내가 깨우러 가노라"(요 11:11) 하실 정도로 주님에게 죽은 자를 살리는 것은 잠든 자를 깨우는 것에 불과한 일이었기 때문입니다. 저는 주님의 눈물이 마치 가식적이라고 느껴 이상한 배신감마저 들었습니다.

비통함은 인간의 감정이어야 합니다. 아무 것도 할 수 없는 존재인 우리만이 그 아픔의 밑바닥에서 발버둥치며 울 수 있는 존재여야 합니다. 이런 감정을 참 신이신 하나님의 아들이 느끼시면 왠지 우리의 마지막 발악마저 빼앗기는 느낌이 들었습니다. 저는 하나님께 기도하며 주님이 나사로의 무덤 앞에서 비통함을 느끼신 것이 제가 지금 느끼는 비통함과 같은 것인지 묻고 싶었습니다. 최소한 이런 표현이 가능하기라도 하려면 주님은 나사로가 병들었다는 소식을 들었을 때 지체 없이 나사로에게 오셨어야 했습니다. 서둘러 왔으나 이미 나사로가 죽어버린 뒤였다면 그나마 이해해보려는 노력이라도 하겠지만, 주님은 나사로가 죽을 때까지 기다렸다가 나사로가 살던 베다니로 출발하셨습니다. 그것도 이미 죽은 지 나흘이나 지난 뒤에 도착하신 분이 느끼실 감정이 아니라고 생각했습니다.

당장 설교를 해야 하는 중압감에, 나의 감정은 뒤로 하고 말씀을 더 깊이 파고들자 보이는 것이 하나 있었습니다. 예수님은 지금 나사로의 죽음으로 인해 눈물을 흘리시거나 비통해 하신 것이 아니었습니다. 주님은 나사로의 무덤 앞이 아니라 마리아 앞에서 먼저 비통을 느끼셨습니다. 마리아가 예수께 와서 "주께서 여기 계셨더라면 내 오라버니가 죽지 아니하였겠나이다"라며 울자 "예수께서 그가 우는 것과 또 함께 온 유대인들이 우는 것을 보시고 심령에 비통히 여기시고 불쌍히 여기"(요 11:33)셨다고 기록하고 있습니다. 예수님은 나사로의 죽음으로 인해 비통히 여기시는 것이 아니라 오라버니의 죽음으로 슬퍼하고 있는 마리아를 보고 함께 슬퍼해주셨던 것입니다.

●

구름기둥과 불기둥은 어디 갔는지

사람은 저마다 생각과 느낌과 개성이 모두 다릅니다. 쌍둥이로 태어났어도 손의 지문이 다르듯이 성격도 취향도 다 다릅니다. 하지만 우리는 사람의 속마음을 모르기에 어떻게 대할지 몰라서 위로해줘야 하는 사람에게 더 잘하라고 야단치기도 하고, 야단쳐야 할 사람에게 쓸데없이 같이 울어주는 실수를 범하곤 합니다. 하지만 각 사람의 마음을 아시는 주님은 이런 일에 가장 정확하셨습니다. 강하게 나갈 때와 다정하게 보듬을 때를 아시고, 호통을 치셔야 할 때와 함께 눈물을 흘려야 할 때를 헷갈리지 않으셨습니다. 마르다도 마리아와 동일하게 "주께서 여기 계셨더라면 내 오라버니가 죽지 아니하였겠나이다" 했지만 그녀에게는 믿음을 요구하셨고, 마리아에게는 함께 아파해 주셨습니다.

저는 주님이 비통함을 아시는 것에서 갑자기 큰 위로를 경험했습니다. 제가 지금 어머니의 일로 힘들어 하며 괴로워할 때 주님은 제 감정이 어떤 것인지 알고 계셨고 제 곁에서 함께 그 고통을 느끼고 계실 것이라는 사실이 새롭게 다가왔습니다. 더불어 저는 주님이 느끼시는 비통함에 깊은 회개가 나왔습니다. 주님이 나사로의 무덤 앞에서 '다시 속으로 비통히 여기'셨던 이유는 나사로의 죽음 때문이 아니라 어떤 이들이 "맹인의 눈을 뜨게 한 이 사람이 그 사람은 죽지 않게 할 수 없었더냐"라고 말한 것 때문이었습니다. 즉 그들의 불신과 비아냥이 주님을 비통하게 만들었습니다.

이런 불신과 비아냥은 제게도 똑같이 있었습니다. 어머니가 교통사고로 식물인간이 되셨을 때에도 도대체 구름기둥과 불기둥은 어디 가고 안 보이냐고 했었고, 하나님의 능하신 손이 마비라도 됐냐며, 왜 우리 어머니가 식물인간이 되어야만 하냐고 대들기도 했었습니다. 이런 불신과 비아냥은 다시 신학교에 복학하고도 저의 내면 깊숙한 곳에 여전히 남아 있었던 것입니다.

어머니의 의료사고로 인해 피해자에게 매일 엎드려 빌고 사정할 때 너무 힘들고 괴로워서 인생의 맨 밑바닥을 기다 못해 땅을 파고 무덤 속으로 들어가는 기분이었습니다. 하나님이 교통사고에서 지켜주지 않으셨다면 최소한 어머니가 감옥에 가시는 일만큼은 막아주셨어야 한다고 생각했습니다. 피해자의 마음을 돌이켜 원만한 합의에 이르게 하셔야 한다는 것이 아니라 아예 의료사고 자체가 일어나지 않게 지켜주셨어야 옳다고 여긴 것입니다.

●

하나님을 원망한 것이 죄송해서

저는 어머니의 사고 앞에서 하나님의 능력과 성품에 대한 불신과 비아냥을 여과 없이 표출하고 말았습니다. 그러나 주님이 저의 불신과 비아냥을 책망하시고 심판하시는 것이 아니라 저 대신 비통함을 느끼고 계셨다는 생각이 들자, 터져 나오는 울음을 감당할 수 없어 교회 바닥에 엎드려 고래고래 소리 지르며 울었습니다. 원망이 아니라 회개였고 주님을 아프게 한 것에 대한 죄송함의 표현이었습니다.

어머니의 의료사고는 외가쪽 어르신들이 나서서 합의금을 마련해주시고 손수 피해자와 원만한 합의를 이끌어내셨습니다. 저에게는 4천만 원에서 1원도 깎아줄 수 없다던 분이 어른들이 나서자 700만 원에 합의하셨습니다. 이 일을 통해, 어쩌면 어머니의 의료사고는 아직도 하나님에 대한 원망과 비아냥이 남아 있던 저를 다루시기 위해 일어난 사건일지도 모른다는 생각이 들었습니다. 요나가 타고 있던 배에서는 요나 외에 다른 모든 이들이 우상숭배자들이었지만, 정작 폭풍은 하나님의 사람 요나 때문에 발생한 것과 같아 보였습니다. 이 모든 일이 바로 요 '나' 때문에 벌어진 일이었던 셈이지요.

6

아직은 고난이 필요한 때입니다

마태복음 15장을 보면 귀신 들린 딸을 둔 한 여인의 이야기가 나옵니다. 그녀는 두로와 시돈에서 가까운 수로보니게 동네에 살고 있었기에 예수님이 그곳에 오셨을 때 한 걸음에 달려 나와 자신의 딸을 고쳐달라고 애원했던 여인입니다. 저는 이 여인에게서 저희 어머니를 발견했습니다. 어머니는 앞을 보지 못하시는 분이셨지만 눈을 뜨기 원했던 분이 아니라, 심장병 걸린 아들의 병을 고치고 싶어 날마다 하나님께 기도하던 분이셨습니다. 치유집회가 열리는 곳이라면 열심히 쫓아다니셨고 추석이나 연휴 때면 아들의 손을 붙잡고 오산리기도원이나 한얼산기도원을 찾아가곤 하셨습니다.

보통 2박 3일이나 3박 4일 일정으로 기도원을 찾을 경우 본당에서 주무시면서 모든 집회에 아주 열심을 내셨습니다. 그리고 자주 특송도 하셨는데 이때 부르시던 찬송가가 471장 '주여 나의 병든 몸을'이었습니다. 140센티미터도 안 되는 작은 키에 앞도 보지 못하는 여인이 병든 아들을 데리고 와서 기도하는 마음으로 부르시는 찬양에 많은 사람들이 함께 울곤 했었지요.

1. 주여 나의 병든 몸을 지금 고쳐주소서

   모든 병을 고쳐주마 주 약속하셨네

   내가 지금 굳게 믿고 주님 앞에 구하오니

   주여 크신 권능으로 곧 고쳐주소서

2. 주여 당신 뜻이라면 나를 고쳐주소서

   머리 위에 기름 붓고 주 앞에 엎드려

   모든 것을 다 바치고 간구하는 나의 몸을

   지금 주의 약속대로 곧 고쳐주소서

3. 주를 위해 살겠으니 나를 고쳐주소서

   내게 속한 모든 것은 다 주의 것이니

   성령이여 강림하사 능력 있는 손을 펴서

   나의 몸을 어루만져 곧 고쳐주소서

4. 나의 병을 고쳐주심 내가 믿사옵니다

   지금부터 영원토록 주 찬송하겠네

나를 구원하신 말씀 어디든지 전하오리

나의 병을 고쳐주심 참 감사합니다 아멘

　저는 이 찬양을 어머니의 특송으로만 들었습니다. 제가 목사가 된 후에도 단 한 번도 불러보지 못한 찬양이지요. 이 찬양이 어디선가 들려오기라도 하면 눈물이 나서 견딜 수 없었기에 제가 찬양 인도를 하면서는 도저히 부를 수 없는 곡이기도 합니다.

　수로보니게 여인이 예수님께 와서 소리 질러 "주 다윗의 자손이여 나를 불쌍히 여기소서 내 딸이 흉악하게 귀신 들렸나이다" 할 때 마치 저희 어머니가 "하나님 아버지, 나를 불쌍히 여겨 주옵소서. 내 아들이 심장병에 걸려 죽어가나이다" 하는 것 같아 보였습니다. 그러나 저는 이 여인을 대하는 예수님의 모습에 많이 실망하고 괴로워했습니다. 예수님은 '한 말씀도 대답하지 아니하'셨지요. 완전히 무시하고 계신 듯 보였습니다. 시각장애인의 삶이 무시의 연속이라 무시당하는 일상이 익숙하지만, 예수님마저 어머니를 무시하셨을 거라는 생각이 들어 너무 괴롭고 힘들었지요.

　예수님은 제자들이 청하여 "여자가 우리 뒤에서 소리를 지르오니 그를 보내소서"라고 하자 "나는 이스라엘의 잃어버린 양 외에는 다른 데로 보내심을 받지 아니하였노라" 하시며 또 다시 무시하는 발언을 하셨습니다. 더 나아가 "자녀의 떡을 취하여 개들에게 던짐이 마땅하지 아니하니라"는 말씀은 도저히 참고 넘어갈 수 없었습

· 오히려 위로 ·

니다.

유대인들의 정결 예식에 따르면 식사하기 전 빵을 뜯어 손을 문지르고 개에게 던져주는 일이 있었습니다. 부잣집 대문에서 구걸하여 먹고 살았던 거지 나사로도 이 빵을 얻어먹었는데, 왜 이 여인은 그마저도 안 된다고 하셨는지 이해할 수가 없었습니다. 저는 마치 '왜 우리 엄마에게는 개들도 먹고 거지도 먹는 빵조각도 못 주신다는 건가' 싶은 느낌이었습니다. 이 본문을 해결하지 못하면 더 이상 성경을 읽을 수 없을 것 같았습니다. 오랜 시간을 이 본문을 붙들고 울기도 하고 씨름하면서 하나님 앞에 불손한 태도로 원망도 많이 했었습니다.

제가 믿고 싶은 예수님은 불쌍한 이 여인을 만나기 위해 일부러 바알신의 본고장인 두로와 시돈 지방에 오신 것이어야 했습니다. 이 여인이 뒤쫓아 와서 소리를 지르면 달려가 안아주시고 그 눈에서 눈물도 닦아주시는 분이어야 하지요. 이도 저도 아니라면 최소한 개라는 소리는 하시지 말았어야 했습니다. 원문에는 개라는 표현이 강아지로 나옵니다. 문맥의 흐름상 '개새끼'로 표현하신 것 같아 마음에 큰 돌을 얹어 놓은 듯 그냥 지나칠 수 없었습니다.

●

도무지 예수님께 나올 수 없던 여인처럼

많은 자료들과 설교들을 샅샅이 살펴보고 나름대로 연구도 하면서 오랜 묵상 끝에 하나의 탈출구를 발견하게 되었습니다. 두로와 시돈 지방은 아합 왕의 아내였던 이세벨의 고향이었습니다. 그녀의 아버지는 그 지방의 왕이자 바알신의 제사장이었지요. 즉 두로와 시돈 지방은 하나님을 섬기는 곳이 아니었습니다. 지금도 많은 곳에서 지역신의 개념을 찾아 볼 수 있는데 2천 년 전 팔레스타인 지역은 더 심했을 것입니다. 다시 말해 수로보니게 여인은 하나님을 믿는 사람이 아니라 바알신을 믿는 사람이었을 가능성이 훨씬 크지요. 뿐만 아니라 당대의 유대인들은 이방인을 지옥의 불쏘시개로 쓰기 위해 창조된 존재로 취급했던 시절이었고 여자는 사람의 수에도 들지 못했으니, 그런 시기에 이 여인이 유대인이었던 예수님께 나오기란 불가능한 일이었습니다.

바알신을 섬기던 여인의 딸이 귀신 들렸으니 그녀는 분명 바알신에게 오랫동안 기도했을 것입니다. 어쩌면 재산도 바치고 금식도 하고 갈멜산의 바알 선지자들처럼 몸에 자해를 하며 기도했을지도 모릅니다. 그러나 딸에게서 귀신은 떠나가지 않았습니다. 상상을 더해보면 딸을 고쳐보기 위해 무당도 찾아가고 의사도 찾아가고 온갖 효험이 있다고 알려진 별 희한한 방법까지 다 동원해보았을 것입니다. 말하기 좋아하는 동네 아줌마들이 "미친 딸 버려두고 새 살림이나 차려라"고 했을 수도 있습니다.

할 수 있는 모든 것을 다 해봤으나 아무 소용이 없던 이 여인에게 한 소식이 들려옵니다. '지금 유대 땅에는 자칭 하나님의 아들이라는 사람이 있는데 그가 귀신도 쫓아내더라'는 소문이 들려온 것이지요. 이것이 비록 헛소문이라고 하더라도 생수를 아토피에 특효약이라고 속여도 사는 부모들이 있는 것처럼, 이 소식을 들은 여인은 유대 땅에 들어가 예수님을 만나고 싶었을 것입니다. 저도 목사이지만 아픈 딸이 있어, 통일교 교주 문선명이 아이들의 장애를 안수하여 고쳐준다는 소식을 들었다면 아마 갈등하지 않았을까 싶습니다.

하지만 수로보니게 여인은 귀신 들린 딸을 두고 혼자 갈 수도 없고, 데리고 가자니 유대 땅에 들어가자마자 돌에 맞아 죽을 수도 있었기에 이러지도 저러지도 못한 채 속만 태우고 있었습니다. 그런데 마침 자신의 동네에 예수가 오셨다는 이야기를 들었으니 가만히 있을 수가 없었겠지요. 한 걸음에 달려나가 온 동네가 떠나갈 듯이 한 맺힌 소리를 지르게 됩니다.

"주 다윗의 자손이여 나를 불쌍히 여기소서. 내 딸이 흉악하게 귀신 들렸나이다."

예수님은 외면하십니다. 어차피 유대인 남자가 이방인 여자였던 자신을 쉽게 만나줄 거라고 기대하지도 않았습니다. 그렇다고 포기할 일이 아니었지요. 다시 한 번 더 크게 소리를 지릅니다.

"주 다윗의 자손이여 나를 불쌍히 여기소서. 내 딸이 흉악하게 귀신 들렸나이다!"

제자들이 너무 시끄러워서 예수님께 이 여인을 쫓아내달라고 부탁할 때까지 더 크게 소리를 지릅니다.

"주 다윗의 자손이여 나를 불쌍히 여기소서! 내 딸이 흉악하게
귀신 들렸나이다!!"

●

고통 없는 축복은 없습니다

제가 어느 교회에서 집회할 때 앞줄에 앉아 계시던 젊은 여 집사님
에게 수로보니게 여인처럼 세 번 외쳐달라고 부탁을 하고 저는 외
면하는 예수님 흉내를 냈습니다. 그런데 세 번째 외치던 여 집사님
이 갑자기 엎드려 펑펑 우셨지요. 집사님에게는 딱히 아픈 자녀가
있는 것도 아니었습니다. 그럼에도 불구하고 너무 몰입하신 나머
지 울고 말았습니다. 수로보니게 여인의 심정이 여 집사님의 마음
보다 더 힘들고 괴로웠을 것입니다. 이런 상황에서 만약 예수님이
돌이켜 "내가 무슨 퇴마사냐? 귀신을 내쫓게! 이 동네 무서운 동네
구만. 얘들아, 어서 다른 동네로 가자!" 하셨다면 이 여인은 아마도
'헛소문이었구나' 생각하면서 돌아갔을 것입니다. 그러나 예수님
이 하신 말씀은 놀라웠습니다.

"나는 이스라엘 집의 잃어버린 양 외에는 다른 데로 보내심을 받
지 아니하였노라. 자녀의 떡을 취하여 개들에게 던짐이 마땅치 아
니하니라."

이 여인은 그동안 어떤 사람들로부터도 이런 말을 들어보지 못

했습니다. 바알의 제사장들이나 의사 혹은 무당도 "혹시 이러면 낫지 않겠는가?" 하는 말이었을 뿐 확실하게 낫는다는 보장은 아무도 하지 않았지요. 하지만 예수님의 말씀은 자신은 분명 할 수는 있으나 네가 이방인이고 개라서 안 된다는 뜻이었습니다. 주님의 말씀은 혹시나 하고 있던 여인의 믿음을 확 끌어 올려주시는 촉매제가 되었습니다. 그래서 여인은 이렇게 대답합니다.

"주여 옳소이다마는 개들도 제 주인의 상에서 떨어지는 부스러기를 먹나이다."

예수님이 여인의 대답을 듣고 그녀의 딸을 고쳐주시는 방법이 놀랍습니다. 바로 여인의 믿음을 두고 선포하신 것입니다.

"여자여 네 믿음이 크도다. 네 소원대로 되리라."

어쩌면 예수님이 두로와 시돈 지방에 온 것부터가 우연이 아니라 이 여인을 만나주시기 위함이었을지도 모릅니다. 다만 처음부터 '믿음대로 되라'고 선포하셨다면 여인은 원하는 것을 얻지 못했을 것입니다. 뿐만 아니라 그렇게 쉽게 해결되면 바알신의 땅에서 살아가는 여인에게 자녀의 병 고침이 하나님을 믿는 구원으로까지 연결되지 못했을 수도 있습니다. 예수님이 여인을 무시하셨던 것은 여인의 간절함을 더 크게 하시기 위함이었고, 험한 말을 하셨던 것도 여인의 믿음을 키워 구원에 이르게 하시기 위함이었을 수도 있겠다는 생각을 하게 되었지요.

예수님은 우리를 구원하시기 위해 더 심한 모욕을 당하셔야 했습니다. 침 뱉음과 주먹질 정도가 아니라 어떤 이들은 희롱하고 때리며 욕하기도 했습니다.

> 63지키는 사람들이 예수를 희롱하고 때리며 64그의 눈을 가리고 물어 이르되 선지자 노릇 하라 너를 친 자가 누구냐 하고 65이 외에도 많은 말로 욕하더라 _눅22:63-65

> 27이에 총독의 군병들이 예수를 데리고 관정 안으로 들어가서 온 군대를 그에게로 모으고 28그의 옷을 벗기고 홍포를 입히며 29가시관을 엮어 그 머리에 씌우고 갈대를 그 오른손에 들리고 그 앞에서 무릎을 꿇고 희롱하여 이르되 유대인의 왕이여 평안할지어다 하며 30그에게 침 뱉고 갈대를 빼앗아 그의 머리를 치더라 _마27:27-30

물론 예수님도 당하셨으니 우리도 당해야 한다는 말이 아닙니다. 그분이 우리를 너무나 사랑하셔서 그 모든 수모를 견디셨듯이 우리에게 험한 말을 한 것 역시 우리를 사랑하시는 그분의 방식이었다는 말입니다.

우리는 고통 없는 축복을 원합니다. 하지만 그런 축복은 우리를 겸손하게 만들지 못합니다. 도리어 교만해져서 우리의 구원자 되시는 예수님을 붙들 힘을 약하게 만들지요. 어쩌면 더욱 교만해져서 자신이 하나님 위에 있어 무엇이든지 시키면 다 하는 하나님으로 여기게 만들 수도 있습니다. 그런 축복은 축복이 아니라 독약에 불과합니다. 자녀를 키울 때도 아무런 대가 없이 모든 일에 오냐 오냐 키우는 것이 결코 자녀를 위한 일이 아님을 잘 알고 있습니다. 자식이 잘못을 하면 회초리도 들어야 하고, 먹기 싫은 음식이라도 야단쳐가며 먹여야 하며, 쓴 약도 억지로라도 먹여야 자녀가 바르게 자랄 수 있습니다.

　주님이 수로보니게 여인을 외면하신 것은 그녀를 무시해서가 아니었습니다. 또한 제 어머니가 수많은 기도원과 집회를 다니며 "주여 나의 병든 몸을 지금 고쳐주소서" 찬양하며 아들의 병을 고쳐달라고 기도하게 하신 것은 하나님께서 그 모든 과정을 통해 사랑하는 여종에게 더 좋은 것을 주시기 위함이었습니다. 그 아들은 오랜 시간이 지나 목사가 되었습니다.

●

아직 고난이 필요한 이유

저에게는 장애를 가지고 태어난 딸이 있습니다. '저긴장성 척추측만'이라는 병으로 온 몸의 근육이 약해 뼈를 세우지 못하는 병이었습니다. 태어날 때부터 아이가 힘을 쓰지 못하고 축 처져 있었으며 젖병을 빠는 힘조차 약해 애를 많이 먹였습니다.

　저희 부부는 결혼하고 오랜 시간 아기가 생기지 않아 인공수정을 통해 쌍둥이 아기를 가졌습니다. 남녀 이란성 쌍둥이였지요. 두 아이가 각각 양수와 태반을 따로 가지고 있었고 태어날 당시 몸무게가 3킬로그램이 넘었기에 아내의 배는 상상하기 어려울 정도로 컸었습니다. 두 아이 중 딸아이가 엄마 뱃속에서 오랜 시간 눌려 있다 보니 이런 장애를 가지게 되었습니다.

저는 딸이 건강해지기를 바라며 날마다 별의별 기도를 다 했습니다. 예수의 보혈을 뿌리며 기도하기도 하고 여러 목사님들에게 안수를 받기도 했으며 서울대병원과 고려대병원 등 큰 병원들은 물론이고 평택에 있는 용하다는 한의원에 데려가 보기도 했습니다. 할 수만 있다면 제 척추라도 빼서 주고 싶은 심정으로 아이를 위해 기도했지요.

만약 수로보니게 여인처럼 예수님이 제게 오셔서 "네 믿음대로 되라"고 하셨다면 제 딸은 병이 낫지 않았을 것입니다. 제 믿음이 그다지 훌륭하지도 않고 크지도 않기 때문입니다. 부모님도 시각장애인이셨고 저도 심장병 환자였는데, 아무리 기도원이나 치유집회를 다녀도 작은 기적조차 경험하지 못했기에 신유에 대한 불신만 가득했습니다.

평생에 단 한 번 주님이 오셔서 "네 믿음대로 되라"고 말씀하신다면 저는 그 말씀을 하시기 전에 먼저 제 믿음을 키워달라고 기도할 것입니다. 그것이 어떤 모습이 될지 알 수 없으나 제 믿음이 커질 수만 있다면 '개새끼'라는 말이라도 들어야 하겠지요. 어쩌면 지금까지 고난을 겪어야 했던 모든 것이 제 믿음을 키우시기 위한 하나님의 섬세한 손길이었을 수도 있습니다.

어느 날 꿈에 제가 성도님들에게 설교하고 있는데 예수님이 옆에 서서 제게 이런 말씀을 하신 적이 있습니다.

"내가 만약 지금 저들에게 '너희의 믿음이 크도다 너희의 소원대로 되리라' 하면 남북이 통일될 것 같으냐? 이 땅의 가난과 불의가 사라질 것 같으냐? 세계 곳곳에서 벌어지는 전쟁과 기근과 폭력이 사라질 것 같으냐? 청소년 범죄와 아동학대가 멈춰질 것 같으냐? 혹은 저들의 교회가 부흥하거나 예배가 회복될 것 같으냐?"

저는 주님의 말씀에 부끄러움을 느꼈습니다. 저의 소원은 오직 제 딸아이의 건강이었기 때문에 주님이 말씀하신 그 어떤 것에도 자신 있게 대답할 것이 없었습니다. 저는 제 믿음이 커져서 제 딸이 건강해지기를 바란다면 결코 제 믿음을 훌륭하다고 할 것도 없고 믿음이 크다 할 것도 아닐 것입니다. 무엇이 크고 훌륭한 믿음인지에 대해 확신할 수는 없지만, 분명한 것은 아직은 제게 고난이 필요하다는 것뿐입니다. 지금은 하나님의 다루심 앞에 겸손하게 순종하는 것이 가장 큰 믿음이 될 것입니다.

2부

————— 죽음을 주셔도 은혜

7

아프게 하셨으면 크게라도 쓰시지

귀신 들린 딸을 둔 수로보니게 여인은 예수님을 만나 딸이 온전해지는 경험을 합니다. 주님이 "자녀의 떡을 취하여 개들에게 던짐이 마땅하지 아니하니라"고 하셨음에도 "주여 옳소이다마는 개들도 제 주인의 상에서 떨어지는 부스러기를 먹나이다"라고 고백하고 주님으로부터 "네 믿음이 크도다"는 칭찬을 들었지요. 그리고 주님이 "네 소원대로 되리라" 하시자 그때부터 그녀의 딸이 나았습니다.

　수로보니게 여인은 이후로 하나님을 믿는 백성이 되었을 거라 저는 생각합니다. 거짓 신을 섬기다가 참 신을 만났는데 다시 거짓 신으로 돌아갈 수는 없겠지요. 당시 유대인의 종교 문화는 선민사상에 빠져 이스라엘에만 구원이 있다고 믿고 있었기에, 이방인 여자가 하나님의 구원을 받게 되는 일은 평범하지 않았습니다. 예수님의 족보에 등장하는 다말과 기생 라합, 모압 여인 룻 그리고 우리아의 아내 밧세바는 모두 이방여인들이었지만 그래도 유대인과의 결혼을 통해 유대교 문화권에서 살았던 사람들인 반면, 수로보니게 여인은 유대교 문화권도 아닌 이방 문화권에 살면서 구원받은 특별한 케이스라고 할 수 있습니다.

구원이 즉흥적으로 일어나는 것이 아니라 하나님의 계획과 섭리 가운데서 일어나는 사건이라고 한다면 예수님이 두로와 시돈에 간 것도 이 여인을 불러 구원하시기 위함이었고, 이 여인 또한 귀신 들린 딸이 있었다는 것도 주님 앞으로 나와 엎드리게 하기 위한 하나님의 부르심이었다고 할 수 있습니다. 좀 더 깊이 파고 들어가면 딸이 귀신 들린 이유가 딸이 괴한에게 험한 일을 당했거나 아니면 엄마가 험한 일을 당하는 것을 본 것으로 인해 귀신 들렸을 것이라는 추측을 합니다. 하나님이 이 여인을 구원하시기 위해 예수님을 보내셨고, 이 여인도 주님 앞으로 나오게 하기 위해 하나님은 괴한을 통해 여인의 가정이 험한 일을 당하게 허락하셨을 수도 있다는 말이 됩니다. 생각이 여기까지 미치게 되면 자칫 길을 잃고 하나님을 '악의 조성자'로 오해할 수 있습니다. 우리의 관점으로 보면 '최소한 가족은 건들지 말았어야 한다'는 식의 분노를 일으킬 수 있지요.

· 죽음을 주셔도 은혜 ·

아무 쓸모없는 위로

제가 신학대학교에 입학하던 해 어머니가 교통사고로 식물인간이 되시자 많은 분들이 찾아와 위로하시며 "하나님이 우리 훈이를 크게 쓰시려고 이런 시련을 주시나 보다"라는 말씀을 많이 하셨습니다. 이런 식의 위로는 제게 아무런 도움이 되지 못했습니다. 몇 년 후 아버지가 심장마비로 돌아가시자 이런 위로는 오히려 제게 하나님을 향한 분노가 되게 했습니다. "왜 나를 크게 쓰시겠다는 이유로 부모님을 건드리십니까?" 하는 항변의 시간들이 있었지요. 지금은 "그런 아픔을 주시고도 왜 크게 쓰시지 않으십니까?"라는 투정으로 조금 변했습니다.

성경을 살펴보면 이런 예들은 얼마든지 찾아볼 수 있습니다. 요셉이 형들에게서 팔려 온갖 고생 끝에 애굽의 총리가 되었습니다. 그런 요셉을 다시 만난 형들은 두려움에 빠졌지만 요셉은 형들을 위로하면서 하나님의 섭리를 설명합니다.

> 7하나님이 큰 구원으로 당신들의 생명을 보존하고 당신들의 후손을 세상에 두시려고 나를 당신들보다 먼저 보내셨나니 8그런즉 나를 이리로 보낸 이는 당신들이 아니요 하나님이시라 하나님이 나를 바로에게 아버지로 삼으시고 그 온 집의 주로 삼으시며 애굽 온 땅의 통치자로 삼으셨나이다 _창 45:7-8

비단 요셉뿐만이 아닙니다. 하나님은 마귀가 욥을 시험하도록 허락하셨습니다. 이 일로 욥은 전 재산을 잃었고 건강도 잃었습니다. 그리고 자녀들마저 죽었지요. 하나님의 의도가 무엇이었든지 사랑하는 자녀들이 모두 죽는 일은 좀처럼 용납하기 어려운 부분입니다. 하지만 욥은 그 시련의 한 복판에서 "내가 가는 길을 그가 아시나니 그가 나를 단련하신 후에는 내가 순금 같이 되어 나오리라"(욥 23:10)고 고백합니다. 그리고 시험이 끝나갈 무렵에는 "내가 주께 대하여 귀로 듣기만 하였사오나 이제는 눈으로 주를 뵈옵나이다 그러므로 내가 스스로 거두어들이고 티끌과 재 가운데에서 회개하나이다"(욥 42:5-6)라고 고백하지요.

●

회개는 우리의 자리, 용서는 하나님 자리

요셉은 자신의 가족을 구원하는 일 때문에 고난을 겪었고 욥은 더 나은 주의 종이 되기 위한 연단이었다고 할 수 있지만, 나아만의 여종은 원수를 구원하는 일 때문에 고난을 겪어야 했습니다(왕하 5장). 아람 나라와 국경을 맞대고 있던 이스라엘은 변방의 접경지역에서 크고 작은 전쟁이 많았습니다. 이 과정에서 약탈과 납치가 성행했지요. 나아만의 어린 여종 역시 이스라엘의 변방에 살다가 끌려와 나아만의 속옷을 빠는 여종이 되었습니다. 학자들은 이 과정에서 여종의 부모가 살해당했을 것이라고 추측합니다.

나아만은 온 세상을 호령하는 장수였지만 나병에 걸려 죽어가고 있었습니다. 여종은 나아만의 속옷에 묻은 피로 그것을 알았겠지요. 그러나 여종은 나아만의 병을 두고 하나님이 친히 복수해주시는 것이라고 생각하지 않았습니다. 도리어 나아만에게 엘리사를 소개함으로 병이 낫게 해주었습니다. 이스라엘을 괴롭히는 아람의 군대 장관을 구원하시기 위해 하나님은 그에게 나병을 허락하셨지만, 그 나아만을 구원하는 일에 이스라엘 어린 여자 아이의 끔찍한 고통이 있었던 것입니다.

이런 일들은 셀 수 없이 많습니다. 우리는 하나님의 일하심이 이해되지 않지만, 하나님의 지혜는 우리의 지혜를 넘어 크고 광대하고 위대하시기에 우리의 판단으로 옳다 그르다 할 수 있는 것이 아닙니다. 심지어 하나님은 나아만은 물론 이름도 나오지 않는 수로보니게 여인을 구원하시기 위해 당신의 사랑하는 아들 예수 그리스도를 이 땅에 보내시어 가장 끔찍한 십자가의 형벌을 받게 하셨습니다.

이런 고난의 문제를 그나마 조금은 이해 가능한 범주 안에서 생각하기 위해 우리는 구원의 틀을 사용하게 됩니다. 이 모든 것이 우리의 구원을 위한 하나님의 구속사라는 것이지요. 우리를 구원하시는 하나님의 섭리라는 것은 놀랍게도 우리를 회개의 자리로 이끌 뿐만이 아니라 더 나아가 용서하는 자리로 이끌기도 합니다. 회개의 자리는 우리의 자리이고 용서의 자리는 하나님의 자리라

는 것이 십자가의 원리입니다만 하나님은 우리도 용서의 자리에
까지 초청하여 주셨습니다.

십자가에 달려 죽으신 후 삼일 만에 부활하신 예수님은 제자들
을 찾아오셔서 평강을 전하시고 "성령을 받으라" 명하셨습니다. 그
리고는 "너희가 누구의 죄든지 사하면 사하여질 것이요 누구의 죄
든지 그대로 두면 그대로 있으리라"(요 20:23)고 선포하셨습니다.
십자가 위에서 자기를 비웃고 조롱하는 이들을 위해 "아버지 저
들을 사하여 주옵소서 자기들이 하는 것을 알지 못함이니이다"(눅
23:34)라고 기도하신 분이 주님이셨습니다. 그리고 주님을 부인하
고 도망갔던 제자들을 찾아와 책망하시기보다 평안을 전하신 분
이 주님이셨으니 그분의 초대는 우리로 용서하는 삶을 살도록 이
끌어주신 것입니다.

수로보니게 여인의 딸이 귀신 들린 이유가 어떤 괴한의 일로부
터 시작되었다면, 그녀가 이 일로 하나님의 구원을 받게 된 사실
을 가장 큰 기쁨과 감사로 여기기 전에는 언제나 괴한에 대한 복수
심으로 자신을 망치게 되었을 것입니다. 하지만 하나님이 이방인
의 땅에서 하나님을 모르고 살아가던 자신과 자신의 딸을 구원하
시기 위해 그 괴한을 허락하신 것이라고 재해석하게 되는 순간, 그
괴한을 용서하고 더 나아가 그를 불쌍히 여길 수 있는 힘이 생기게
됩니다. 그러나 용서는 어디까지나 하나님의 자리이기에 우리의
능력으로 행할 수 있는 것이 아닙니다. 구원을 받은 우리는 하나님

을 더 철저하게 의존하면서 그분이 주시는 힘으로 용서도 가능하다는 것이지요.

●

용서하지 못한 쓴 뿌리

제 마음에는 용서하지 못한 큰 쓴 뿌리가 있습니다. 상계동 맹인촌에서 살던 우리는 어머니가 꿈을 꾸시는 바람에 안산으로 이사를 오게 되었습니다. 그 당시는 안산이 시로 승격되기 전 반월읍이었던 동네로 어머니가 알 수 있는 동네가 아니었지요. 하지만 어머니는 꿈에 반월읍으로 가라 하시는 음성을 들었다며 막무가내로 이사를 해버리셨습니다. 어머니는 그곳에서 침술원을 운영하셨는데 예상 외로 너무나 많은 환자들이 찾는 유명한 침술원이 되어버렸습니다.

그 당시 맹인들의 침술은 불법이었습니다. 맹인들에게 직업 과목으로 침과 안마를 가르쳤던 교육부에서는 이 문제로 인해 보건복지부와 심한 마찰을 빚고 있었지요. 저희 집은 인근 한의원들과 마찰이 심했습니다. 결국 한의원 쪽에서 어머니를 경찰에 신고하면서 어머니와 아버지가 경찰에 끌려가는 일이 생겼습니다. 그때 제가 고등학교 2학년이었는데 어머니, 아버지에게 젊은 경찰들이 와서 쌍욕을 해가며 수갑을 채워 끌고 가는 모습은 엄청난 충격이 되었지요. 교육부와 보건복지부의 싸움에서 교육부가 이기면서 저희 부모님도 풀려나시긴 했지만, 그 뒤로 저는 경찰만 보면 눈이 예쁘게 떠지지가 않았습니다.

제가 시흥에 있는 어느 교회의 청년부 담당 전도사로 청빙 받았을 때 그 교회 청년부 부장 집사님이 강력계 형사였습니다. 인상이 매우 험악하셨지만 저 역시 인상으로는 누구에게도 지지 않을 정도로 험악했기에 어떤 분들은 우리 둘을 형제로 오해하기도 하셨습니다. 교인들 중에 몇 분은 저와 부장집사님을 헷갈려 하기도 했지요. 하지만 저와 부장집사님 사이는 점점 나빠져 갔습니다. 결국 부장집사님이 담임목사님께 "전재훈 전도사가 있는 한 자신은 교회를 다니지 않겠다"고까지 말하셨고, 저는 목사님께 불려가 꾸중을 듣고는 부장집사님에게 사과해야 했습니다. 하지만 무엇을 어떻게 사과해야 하는지는 알 수 없었습니다. 부장집사님과 어떤 사건이나 다툼이 있었던 것이 아니기 때문입니다. 부장집사님도 어떤 이유로 저를 미워하신 게 아니라 그냥 무조건 밉다고 하셨고, 저 역시 왜 저를 미워하는지 짐작조차 못하고 있었습니다.

그때 저희 교회에 '트레스 디아스'(Tres Dias)라는 프로그램이 유행하고 있었는데 부장집사님이 먼저 다녀 오셨고 저를 다음 기수에 추천하셨습니다. 그걸 천주교 영성프로그램으로 알고 있던 저는 그 프로그램을 싫어하기도 했고, 부장집사님이 콕 짚어 추천하는 것도 못마땅했지만 제게는 선택권이 없었습니다. 분위기상 무조건 가야만 했었지요. 생각보다 프로그램은 너무 좋았습니다.

섬김이들의 헌신적인 수고로 예비천국을 맛보는 기분이었습니다.

이 프로그램의 마지막 날 간증 시간이 있었는데, 부장집사님이 경찰 정복을 입고 나오셔서 저를 미워하신 일에 대해 고백하고 제게 무릎을 꿇고 사과하는 일이 벌어졌습니다. 백여 명이 넘는 사람들 앞에서 공개적으로 벌어진 일에 저는 어찌할 바를 알지 못했습니다. 제 앞에서 눈물을 흘리며 용서를 구하는 부장집사님을 안아드리고 저도 함께 울었습니다. 그때 비로소 제 안에 경찰에 대한 가시가 있어서 내 눈빛과 말투와 분위기로 부장집사님을 괴롭히고 있었다는 것을 알게 되었습니다.

●

해결되지 못한 원망의 기억

시각장애인교회는 전교인이 함께 기도원 집회에 참여하는 일이 많았습니다. 이천석 목사님이 살아계실 때는 한얼산기도원에 가장 많이 갔었지요. 시각장애인의 특성상 예배를 드리다보면 몸이 점점 스피커 쪽으로 돌아갑니다. 그러면 우리들이 강대상을 보고 앉으실 수 있게 자세를 고쳐 드리곤 했습니다.

이천석 목사님의 설교는 재밌기도 하고 은혜로워서 저도 시간 가는 줄 모르고 빠져 들곤 했습니다. 이천석 목사님은 욕도 찰지게 잘하시는 분이셨습니다. 설교 도중 "저런 병신들이 또 스피커 쳐다보고 아멘하고 있네"라고 하시는 바람에 깜짝 놀라 시각장애인들의 자세를 고쳐드린 적이 있습니다. 하지만 이상하게도 그런 욕을 설교시간에 듣는데도 아무도 기분 나빠 하지 않았습니다. 오히려 재밌게 받아들이는 분위기였습니다. 시각장애인 성도님들에게 이천석 목사님은 인기가 좋았습니다.

이천석 목사님이 돌아가신 후 우리들은 유명하다고 알려진 다른 기도원에도 가곤 했습니다. 그 중 어느 여자 목사님이 원장님으로 계시던 기도원에 갔다가 화재가 난 일이 있었습니다. 본당에서 예배가 진행중이었는데 시각장애인들의 숙소에서 화재가 난 것입니다. 숙소에는 몇 분의 시각장애인이 계셨기에 부랴부랴 숙소로 뛰어 들어가 그 분들과 함께 소지품 몇 가지를 들고 나왔습니다. 다행히 불은 보일러실에서 발생했고 크게 번지지 않아 다친 분은 아무도 없었습니다. 하지만 원장님이 예배중에 소동이 발생하니 맹인들이 불을 질렀다고 말해버린 것입니다. 그 말이 큰 상처가 되어 모두들 그날 밤에 기도원을 나와 버리고 말았습니다. 나중에 원장님이 교회에 전화하셔서 사과하셨다고 들었으나 저는 도저히 용서가 되지 않았습니다. 원장님의 사과는 공식적이어야 하고 공개적이어야 한다는 것이 제 주장이었지요. 하지만 그런 일은 일어나지 않았습니다.

기도원 화재사건 이후 저는 그 기도원에 절대로 가지 않게 되었습니다. 그 기도원 이야기만 들어도 마음속에서 울분이 올라오곤 했습니다. 하지만 제가 신학대학교 4학년이 되었을 때 예수전도단

전국 미션 컨퍼런스를 그 기도원에서 한다는 이야기를 들었습니다. 제가 예수전도단 핵심멤버라서 빠질 수 없는 행사였지만, 하필그 기도원에서 한다는 것이 제게 큰 갈등이 되었습니다. 하지만 원장님이 바뀐 뒤였기에 결국 다른 지체들의 설득에 못 이겨 참석하게 되었습니다.

컨퍼런스 첫날 다양한 학교 출신들과 함께 조별 나눔을 진행하게 되었습니다. 먼저 이번 컨퍼런스에 대한 기대를 나누는 시간이었지요. 저는 기도원에 대해 가지고 있던 아픈 기억을 나눴습니다. 여전히 원장님과 기도원을 미워하고 있다고 고백했지요. 그렇게 차례를 따라 자신의 이야기를 나누다가 어느 학생 차례가 되니그 학생이 느닷없이 제 앞에 무릎을 꿇고 엎드렸습니다. 그 학생은동생과 함께 고아였지만 원장님이 입양해주셔서 잘 자랐고 이렇게 대학생까지 되었다고 합니다. 제가 미워했던 원장님이 자신들의 양어머니라고 하더군요. 그리고 자기들도 그 화재 현장에 있었다고 합니다. 그래서 제 마음을 이해한다고 했습니다. 그러나 자기어머니가 실수하시긴 하셨지만 나쁜 분은 아니라며, 자신이 대신용서를 구한다면서 제 앞에서 고개 숙여 울었습니다. 저는 도저히용서를 안 할 수가 없었습니다.

그 뒤로 한참의 시간이 지난 후 저는 교회를 개척했는데 알고 보니 그 기도원과 5분 거리에 있었습니다. 이건 또 무슨 조화일까 싶었지만 개척 후 15년이 지나도록 한 번도 그 기도원에 가지 않았습니다. 여전히 제 안에서 해결되지 못한 채로 남아 있었습니다.

●
용서하는 날이 언젠가 오리

제가 교회를 개척하자 예전 시흥에서 사역할 때 제자였던 한 청년이 놀러왔습니다. 10년 가까이 시간이 흘렀지만 그 청년은 여전한 모습이었습니다. 제가 그 교회에서 좋은 모습을 보여주고 나온 것도 아니고 신대원 졸업 후 전임사역을 약속받고 간 교회였는데, 약속이 지켜지지 못한 것을 비난했다가 잘린 곳이라 제게는 좋은 기억으로 남지 않았지만, 그 청년은 저를 매우 좋게 기억해주었습니다. 청년이 들려준 이야기를 통해 제가 나온 후 교회가 어떻게 되었는지 알게 되었습니다. 빚으로 인해 교회를 이단에게 매각하고 다른 지역으로 이사를 갔다는 것과 그 일로 교회 안에서 갈등이 생겨 많은 분들이 교회를 떠났다는 가슴 아픈 이야기도 들었습니다. 그런데 그 청년이 하는 말이 그때 제가 교회에서 잘린 것이 하나님의 은혜였다고 하네요.

청년이 전해준 바에 의하면, 부장집사님은 형사가 아니었습니다. 형사를 사칭하고 다녔던 것입니다. 더 충격인 것은 그 집사님이 안양환전소 살인사건의 범인이라는 것입니다. 그때 훔친 돈으로 필리핀에 갔다가 거기서도 기업인 납치 살인을 벌여 공개 수배범이 되었다고 합니다. 지금은 무기징역을 선고받고 교도소에 수

감되어 있다고 합니다. 만약 제가 교회에서 잘리지 않았다면 부장 집사님에게 살해당했을 것이라고 하네요. 이야기를 듣는 내내 온몸에 소름이 돋았습니다. 그리고 제 안에서 그 분을 용서한 것이 아니었음을 느끼게 되었습니다. 그 분을 긍휼히 여기지 못하고 내가 옳았다는 생각이 들었기 때문입니다. 그 분에게 사과하라고 하셨던 담임목사님에 대한 미움까지도 올라왔습니다.

우리는 상대가 사과를 하면 용서할 수 있다고 생각하지만, 용서가 결코 쉬운 일이 아닙니다. 아마도 제 마음에는 여전히 경찰을 향한 증오와 원장님을 향한 미움이 남아 있을 것입니다. 하지만 기대하는 것은 하나님이 저의 이런 부족한 모습에도 불구하고 합력하여 선을 이루게 하실 것이라는 믿음이 있습니다. 그리고 저 역시 하나님이 행하신 일들을 보면서 마음의 상처들을 치유하게 되고, 더 나아가 그들을 하나님이 주시는 힘으로 용서하는 날이 올 것입니다. 어쩌면 하나님 나라가 온전히 임하게 되는 날 제가 그 분들 앞에 엎드려 용서를 구하게 될 수도 있을 것 같습니다. 하나님이 부족한 나를 다듬고 훈련하시기 위해 그런 아픔을 주셨건만 믿음이 부족하여 당신들을 미워하고 원망했다며 용서해달라고 할 것도 같습니다. 하나님의 나라는 서로가 그렇게 용서하고 용납하고 사랑하는 나라가 될 것이니까요.

8

내 안에 감춰진 잔인함과 폭력성

저희 부부는 결혼하고 오래도록 아이가 생기지 않았습니다. 아이를 무척 갖고 싶었던 아내는 산부인과를 다니며 과배란 유도 주사를 맞고 임신 가능 날짜를 받아오곤 했습니다. 하지만 당시 학업과 전도사 사역으로 늘 바빴던 저는 그런 아내를 실망시키곤 했습니다. 저희는 여러 번 시도 끝에 안 되겠다 싶어 불임클리닉을 다녔고 인공수정을 통해 쌍둥이를 임신했습니다.

저는 아내가 임신한 기간 동안 잘해주려고 많은 애를 썼습니다. 매일 밤 아내의 배에 살 트지 않게 하는 크림을 발라주며 아이들의 건강과 아내를 위해 기도해주었습니다. 어느 날 입덧을 하던 아내가 '콜렉션'이라는 아이스크림이 먹고 싶다고 해서 온 동네방네 모든 슈퍼를 돌아다닌 적이 있습니다. 아무리 찾아도 콜렉션이라는 아이스크림은 없었습니다. 한 겨울에 딸기나 한 여름에 붕어빵도 아니고 고작 아이스크림 하나 못 구해주나 싶을 정도로 좌절감이 느껴질 때 어느 슈퍼 사장님이 혹시 '셀렉션'이 아니냐고 물으셨습니다. 아내에게 전화해보니 셀렉션이 맞다고 하네요. 셀렉션은 모든 슈퍼에 있었습니다.

●

내 목숨도 줄 수 있겠다

드디어 10달을 채우고 제왕절개를 통해 아이를 낳기 위해 아내는 분당에 있는 대형병원에 입원했습니다. 저는 모든 일정을 비우고 아내 옆을 착실히 지켰지요. 아내가 아이를 낳기 위해 수술실로 들어가자 장모님이 가서 아침 먹고 오라고 하셨습니다. 저는 아내가 아이 낳을 때까지 기다리겠다고 했으나 장모님은 아이가 금방 나오는 게 아니라며 호들갑 떨지 말고 어서 밥이나 먹고 오라고 등 떠미셨습니다. 마지못해 인근 식당에서 아침을 먹는 둥 마는 둥 대충 때우고 수술실로 왔더니 이미 아기들이 태어나 신생아실로 옮겨진 후였습니다. 아내는 이 일로 저에게 두고두고 원망하곤 했습니다.

신생아실에는 40명이 넘는 많은 아기들이 있었지만 저는 쌍둥이를 한 눈에 알아볼 수 있었습니다. 그럴 수밖에 없는 것이 저와 완전 판박이였기 때문입니다. 저는 제 아이들을 보면서 아름다움을 경험했고 이 아이들을 위해선 내 목숨도 줄 수 있겠다는 생각을 했습니다. 제가 잘생긴 얼굴이 아니라서 많은 분들이 아이들을 보며 "아빠가 돈 많이 벌어야겠다"라는 말씀을 많이 하셨습니다. 아빠 닮아서 이 담에 크면 성형 수술해줘야 할 거라며 놀리곤 하셨지요. 저는 못생겼어도 저를 닮은 것이 너무 좋았습니다. 앞집 아저씨가 우리나라 최고의 미남이라도 제 아이들이 앞집 아저씨를 닮으면 전 결코 아름다움을 느끼지 못했을 것입니다.

아내가 산후조리를 하고 있을 때 저는 전임전도사 사역을 시작했습니다. 아내는 친정에서 한 달간 몸조리 한 후에 오기로 하고 저 먼저 사택에 들어가 살았습니다. 아내가 쌍둥이 중 딸만 데리고 처음 교회에 온 날 유아실에서 제 딸아이를 보신 집사님들이 혹시 전도사님 딸이냐고 물었습니다. 아내가 그렇다고 하자 그럼 사모님이시냐며 반갑게 맞아 주셨지요. 제 딸이 아빠를 쏙 빼 닮았다며 어떻게 닮아도 이렇게 똑같이 닮느냐며 신기해 하셨습니다. 묘하게 칭찬인 듯 칭찬 아닌 것 같은 이상한 기분이었습니다. 몇 주 뒤에 아들도 교회에 오자 교인들이 아들을 보는 게 아니라 전도사님을 보는 것 같다며 매우 신기해 하셨습니다. 그러면서도 쌍둥이들이 서로 안 닮았다고 하시네요. 딸도 아빠를 똑같이 닮았다고 난리시고 아들도 아빠 판박이라고 하시면서 어떻게 두 아이는 서로 안닮았다고 하시는지 저는 그게 더 신기했습니다.

· 죽음을 주셔도 은혜 ·

아이들이 돌이 되기도 전에 개척한 저는 아이들에게 제대로 신경 쓰지 못했습니다. 아이들에게 새 옷이나 장난감조차 사 줄 능력이 없었습니다. 다른 아이들과 똑같이 저희 아이들도 뽀로로를 엄청 좋아했습니다. 뽀로로 인형 하나 사 줄 돈이 없던 저는 그림에 전혀 소질이 없음에도 열심히 연습해서 뽀로로 캐릭터를 한 장씩 그려 주었습니다. 밤늦게 퇴근하고 집에 와 보니 아이들이 뽀로로 그림을 품에 안고 자고 있었습니다. 저는 그 모습을 보고 가슴이 먹먹해져 밤새 뒤척이며 울고 말았습니다.

●

사랑하고 기뻐하는 아들을 내어주신 그 마음

아이들이 자라면서 성장 시기에 맞는 장난감을 사 주지 못했습니다. 그런 탓에 아이들이 초등학생일 때 선물을 사러 가면 자꾸만 아기들 장난감을 사 달라고 조르곤 했습니다. 아내는 나이에 안 맞게 무슨 아기 장난감을 사 달라고 하냐며 거절했었지요. 아내는 어린이날에 아이들과 함께 선물을 사러 갔다가 아기 장난감을 조르는 아이들을 적당히 어르고 달래며 스케치북이랑 크레파스를 사 가지고 왔습니다. 아이들은 금세 잊고 스케치북에 그림을 그리며 잘 놀았습니다. 하지만 그것이 제 마음에 짐이 되었는지 그날 밤 안 좋은 꿈을 꾸게 되었습니다. 죽은 아들의 무덤에 로봇 장난감을 사들고 가서 펑펑 우는 꿈이었습니다. 아침에 일어난 저는 아내와

상의도 없이 아들이 사달라고 조르던 그 장난감을 사다가 아이에게 안겨주었습니다.

이후 저는 어린이날이나 애들 생일이면 아내를 두고 애들만 데리고 장난감 가게에 가서 이유 불문하고 애들이 원하는 것을 사 주었습니다. 그러면 영락없이 장모님과 아내에게 군소리를 들어야 했지만 그래도 좋았습니다. 저는 아이들에게 장난감이 아니라 기쁨을 사주고 싶었기 때문입니다.

제가 딸에게는 "네가 평생 잊지 말아야 할 것은 아빠가 널 사랑하고 있다는 거란다"를 세뇌시키지만 아들에게는 "아빠는 너의 지갑이란다"를 세뇌시키고 있습니다. 아들에게 "아빠가 너에겐 뭐지?" 하고 물으면 언제나 "아빠는 나의 지갑"이라고 곧잘 대답하곤 합니다만 좀처럼 아들의 마음에 정착되지는 않는 것 같습니다. 아이들이 어릴 때 잠시 아들을 장모님 손에 키운 것이 맘에 걸리기도 하고 딸아이가 아픈 탓에 저의 모든 역량이 딸에게 맞춰지는 것이 혹시나 아들을 서운하게 할까 싶어 유난히 신경을 많이 썼습니다. 그러나 아빠의 형편이 자기 눈에 뻔히 보여서인지 아들은 뭐 하나 갖고 싶은 것이 있어도 사 달라고 잘 못합니다.

아들은 외모뿐만 아니라 성격도 저랑 많이 비슷하고 심지어 목소리의 분위기까지 똑같다고 합니다. 코로나19로 인해 아들 대신 학교에 마스크를 쓰고 교과서를 받으러 갔었는데 담임선생님이 제 목소리를 들으시자마자 "어머, 하경이 아버님이시군요?" 하셨

습니다. 저는 담임선생님을 그날 처음 뵙는데도 어떻게 아시냐고
했더니 목소리와 분위기가 완전히 아들이랑 똑같다고 하셨습니
다. 주위 사람들에게 아들은 그냥 제 아바타였습니다.

저는 제 아들을 보면서 하나님이 당신의 아들을 십자가에 내어
주셨다는 의미가 무엇일지 조금씩 더 알아가고 있습니다. 하나님
께서 "이는 내 사랑하는 자요 내 기뻐하는 자"라고 하셨던 오직 하
나뿐인 아들을 십자가에 내어주실 때 그 마음이 어떠셨을지 가늠
해보려면 적어도 자신도 그런 아들이 있어야 하겠지요. 저는 제 아
들을 보면서 하나님의 마음을 생각해보곤 합니다.

●

미친 개 살리려고 아들 죽이는 아버지

사람들이 하나님의 사랑을 설명할 때 무엇인가 모를 부족함이 느
껴지곤 했습니다. 어떤 경우에는 하나님의 사랑을 표현한다는 것
이 그냥 신성모독을 하고 있는 것 같기도 했습니다. 가장 흔하게
들었던 비유는 사랑의 원자탄에 나오는 손양원 목사님 이야기였
습니다. 손양원 목사님은 자신의 두 아들을 죽인 공산당원을 용서
하고 양아들로 삼으셨습니다. 손양원 목사님의 이런 놀라운 용서
와 사랑의 모습은 본받을 만한 것이지만, 아들을 우리에게 주신 하
나님의 사랑에는 비교할 수 없다고 여겼습니다. 손양원 목사님은
아들을 죽인 원수를 용서하신 것이고 하나님은 원수 되었던 우리

를 살리시려고 친히 아들을 내어주신 것이 달랐습니다. 굳이 비슷하게 비유를 들자면 차라리 이런 것이 낫습니다.

저의 앞집에 심장병 걸린 아이가 있었는데 그 아이를 살리기 위해선 누군가가 심장을 공여해주어야 했습니다. 제가 앞집 아이를 너무나 사랑해서 제 심장을 주었다면 많은 사람들이 저를 훌륭한 목사라고 추앙할 것입니다. 그러나 제 아이들도 저를 훌륭한 아빠라고 할까요? 더 나아가 아이에게 심장을 공여해주려고 검사를 했더니 저와는 안 맞고 제 아들과 맞는다고 합니다. 앞집 아이를 너무나 사랑한 나머지 제 아들의 심장을 공여해주었다면 사람들이 저를 훌륭한 목사라고 할까요? 아마도 미치광이 사이코패스라고 할 것입니다. 하나님의 사랑은 이런 미치광이 사이코패스에 더 가깝지요. 그러나 이마저도 하나님의 사랑과 다릅니다. 제 아들이랑 앞집 아이는 같은 사람이지만 하나님의 아들과 우리는 서로 다른 존재입니다. 그분은 창조주이시고 우리는 피조물이니 설정이 조금 달라져야 합니다.

제가 어느 날 우연히 육교 밑에서 병아리 파는 것을 보고 어릴 적 학교 앞에서 사왔던 병아리 얄리가 생각나서 한 마리 사 가지고 집에 왔습니다. 그러나 길에서 파는 병아리들이 대개 그렇듯이 이 병아리도 일주일 후쯤 시들시들 죽어가고 있었습니다. 저는 병아리를 너무 사랑해서 동물병원에 데려가 거금 50만 원을 주고 MRI를 찍었습니다. 그 결과 의사 선생님 말씀이 이 병아리는 살릴 수 있는 방법이 전혀 없다고 포기하라고 하셨지만 저는 그럴 수 없었습니다. 의사 선생님을 설득해서 살릴 수 있는 방법을 알게 되었는데, 아들을 죽여서 아들의 심장 일부를 병아리에게 먹이면 병아리를 살릴 수 있다는 것입니다. 하지만 세상 어느 아버지가 한줌도 안 되는 병아리 살리겠다고 자신의 아들을 죽일까요? 오직 하나님만이 그렇게 하셨습니다.

그러나 이것도 하나님의 사랑과 다릅니다. 우리는 하나님의 마음을 아프게 하고 떠나버린 죄인들이었습니다. 그저 예쁘고 사랑스럽기만 한 노란 병아리와는 비교가 될 수 없지요. 그래서 생각했던 것을 《목사도 사람입니다》라는 저의 첫 번째 책에 1번으로 실었습니다. 그 내용은 다음과 같습니다. 제목은 '다시 찾은 강아지'입니다.

제가 예전에 키우던 강아지가 있었습니다. 잡종이기는 했지만 너무 예쁘고 사랑스러운 강아지였습니다. 아람이라는 이름도 지어주고 개집도 만들어주었지요. 날마다 산책도 같이하고 음식도 나눠 먹곤 했습니다.

제가 교회 다녀온 사이 아람이가 무엇을 잘못 먹었는지 저를 보는 눈초리가 이상했습니다. 아람이를 부르며 안았는데 제 손을 피가 나도록 물었습니다. 그리고는 밖으로 나가버렸습니다. 저는 그날 고열에 시달리다가 병원에 가서야 광견병 때문임을 알았습니다. 아람이가 광견병에 걸렸던 것입니다. 3일 정도 아무것도 못하고 꼬박 입원해 있어야 했습니다.

퇴원하고 집에 와보니 아람이가 없어졌어요. 동네를 다 찾아봤는데도 없어요. 아람이가 너무 그리워서 사진도 붙이고, 시설에 전화도 해보고, 잠도 못 자고, 출근도 못 하고, 미친 듯이 여러 날을 찾아다녔습니다.

그러던 어느 날 아람이를 찾았는데 몰골이 너무 엉망진창이어서 눈물이 쏟아졌어요. 이름을 불러도 못 알아봐요. 다리는 절고, 몸에서는 고름과 함께 악취가 나고 있었죠. 저를 보면서도 이를 드러내며 으르렁거리기만 했습니다. 아람이를 끌어안으니 저를 물려고만 해요. 아람이를 부르며 끌어안으니 사람들이 아는 개냐고 물어요. 제가 사랑하는 강아지라고 했더니 느닷없이 저를 붙잡고 손해 배상을 하랍니다. 우리 아람이가 그동안 많은 사람을 다치게 한 모양이에요. 병원비며 수리비가 너무 많이 나와서 대출을 받아 갚아주어야만 했습니다. 아람이를 집에 데려가려고 하니까 사람들이 못 가게 막아요. 미친개는 때려서 죽여야 한답니다. 사람들의 분노를 막을 수가 없었어요.

제겐 아들이 하나 있습니다. 아들도 저만큼이나 아람이를 사랑했어요. 저는 아들에게 모든 상황을 설명하고 아람이를 살릴 방법을 찾아보았지요. 저는 아들에게 사람들이 아람이를 죽이지 못하게 끌어안고 있으라고 했어요. 아들도 동의했습니다. 아들은 악취가 풍기는 아람이를 끌어안고 있었습니다. 사람들은 그런 내 아들에게 욕을 해댔고 침을 뱉기도 하다가 급기야 돌을 던지는 사람들도 있었습니다. 분노가 극에 달했던 사람들은 제 아들을 두들겨 패다가 끝내 죽이고 말았습니다.

아들이 죽자 사람들은 흩어졌고, 그제야 저는 아람이를 집에 데려올 수 있었습니다. 아람이는 지금 치료 중에 있습니다. 여전히 제게 이를 드러내며 으르렁거리지만, 저는 아람이의 치료를 멈출 수가 없습니다.

《목사도 사람입니다》는 ISBN 넘버를 받고 싶은 욕심에 제가 페이스북에 쓰던 글들을 모아 자비량으로 출판한 저의 첫 번째 책입니다. 인터넷에 이름을 치면 책이 검색되는 작가가 되고 싶었지요. 페이스북에서 제 글을 좋아해주시던 분들에게 선구매를 부탁해 제작할 수 있었습니다. 몇몇 분들은 100권씩 사 주시기도 하셨지요. 《목사도 사람입니다》를 천부 찍어서 지인강매용으로 처분했습니다. 그랬더니 몇몇 지인들께서 '다시 찾은 강아지' 편을 읽으신 후 제가 아들을 잃은 줄 아시고 놀라서 전화해주셨습니다. 그럴 때마다 하나님의 사랑을 표현하고 싶어서 지어낸 이야기라고 말씀드려야 했습니다.

아들이 개에 물리다

저희 교회에서 진행하는 선교세미나에 참석하고 있을 때 아들 친구의 아버지라는 분이 전화를 하셨습니다. 제 아들이 그 분의 개에게 물려 병원으로 가고 있다는 소식이었습니다. 저는 별로 대수롭지 않게 생각하고 "네 알겠습니다" 하고 끊으려니 친구 아버지께서 저도 좀 와야 할 것 같다며 어느 병원으로 가고 있는지 알려주셨습니다. 저는 '좀 심하게 물렸나?' 생각하면서 병원에 가봤더니 제 아들이 머리에서부터 어깨와 다리까지 피로 흥건했습니다. 의사 선생님께서는 이 병원에서는 감당할 수 없으니 안산 고대병원으로 빨리 데려가라고 했습니다. 고대병원에 가서 자세히 살펴보니 아들의 머리가 심하게 물려서 살이 찢어져 있었고 피를 많이 흘렸습니다. 어깨에도 물린 흉터가 있었으며 왼쪽 다리에는 무릎 안쪽이 너덜해질 만큼 깊은 상처가 나 있었습니다.

아들이 중학생이 되어 새롭게 사귄 친구네 집에 놀러 갔다가 그 집 마당에 묶여 있던 진돗개에게 물려 뜯겼다고 합니다. 두 친구가 먼저 들어가고 뒤따라 아들이 들어갔는데 갑자기 진돗개가 아들에게 덤벼들면서 그만 목줄이 끊어졌지요. 아들이 넘어지자 그 개가 아들의 머리와 어깨 다리 등을 마구 물었던 것입니다. 아들 친구가 힘으로 자기 개를 제지하지 못하자 집에 있던 큰 형이 뛰어나와 간신히 목숨은 건질 수 있었습니다. 아들은 개에게 물리는 순간 자신은 '이제 죽는구나' 생각했답니다.

병원에서 머리의 상처는 수십 바늘 꿰맸지만 다리는 정밀검사를 해봐야 한다고 했습니다. 너무 심하게 물려서 살을 드러내고 깊은 곳까지 전부 소독해야 하는 문제도 있고, 그 전에 혹시라도 힘줄이 다쳤는지 확인도 필요하기 때문이랍니다. 힘줄이 끊어졌으면 평생 다리를 못 쓰게 될 수도 있다고 합니다.

저는 머리와 다리를 붕대로 칭칭 감고 있는 아들을 보면서 다리가 후들거리고 심장이 마구 뛰었습니다. 아이가 죽음을 떠올릴 정도로 공포를 느낀 것이 상상이 되었습니다. 도대체 얼마나 무서웠을까요? 아들도 울고 아내도 울고 저도 울었습니다.

다행히 다리의 힘줄은 상하지 않았다고 합니다. 그래도 정교한 수술이 필요하다고 해서 오랜 시간 병원에서 지내며 치료를 받았습니다. 저는 아들이 받았을 충격이 무척 신경 쓰였습니다. 애써 아들에게 장난도 치고 농담도 하면서 아들이 하루 빨리 안정을 찾기 바랐습니다. 모든 치료를 다 마치고 퇴원한 아들을 데리고 정신과 치료를 받으러 다녔습니다. 평소의 아들은 괜찮아 보였지만 개 짖는 소리가 들리거나 개 비슷한 것만 봐도 놀라며 트라우마 증세를 보였지요. 집에서 교회까지 걸어서 5분도 안 걸리는 거리지만 길거리의 개들 때문에 제가 매 주일 차량운행을 해주었습니다.

아들의 사고는 제게도 한동안 트라우마를 느끼게 했습니다. 눈만 감으면 진돗개가 우리 아들을 물어뜯고 있는 모습이 보였습니다. 그때마다 온 몸에서 진땀이 흐르고 울기도 자주 울었습니다. 그런 시간이 어느 정도 흐른 뒤에는 이제 눈만 감으면 제가 진돗개를 총으로 쏴 죽이고 있거나 몽둥이로 두들겨 패는 모습이 보였습니다. 저는 매우 화가 났고 분노를 다스리기가 너무 힘들었습니다.

그런 공포와 분노의 시간이 흐른 뒤 제가 쓴 '다시 찾은 강아지' 이야기가 생각났습니다. 혹여 말이 씨가 된 것은 아닌가 하는 생각도 했었습니다. 제 아들을 문 진돗개는 살처분했습니다만, 혹시 친구의 아버지가 자신의 진돗개를 너무나 사랑하셔서 죽이지 못하게 그 아들더러 끌어안고 있으라고 했다면 저는 아마 미쳐서 날뛰고 말았을 것 같습니다. 경찰도 부르고 사람들에게도 알리고 인터넷에도 올리고 신문에도 기고하며 온갖 수단과 방법을 다 동원해 친구 아버지를 세상의 비난거리로 만들었을 것입니다. 어쩌면 완전히 돌아버려서 아들의 친구고 뭐고 그 아버지와 진돗개까지 모조리 다 때려죽일 수 있을 것만 같았습니다.

제 안에는 제 자신도 잘 모르고 있던 버튼 하나가 존재하고 있음을 깨달았습니다. 그것을 누르면 마치 화산이 터지듯 터져 나올 잔인함과 폭력성이 있었던 것입니다. 사실 인간이라면 누구에게나 습도와 온도만 맞으면 터지는 폭탄처럼 작동하는 죄악 된 본성이 자리 잡고 있습니다. 아무리 성인군자라 해도 자신을 포함해서 사람들이 모르고 있을 뿐이지 건드리면 터질 수밖에 없는 약점은 분명히 있습니다. 그것이 '부모욕'일 수 있고 자신의 치부일 수도 있

127

· 죽음을 주셔도 은혜 ·

습니다. 무엇보다도 저처럼 가장 사랑하는 아들을 건드린다면 도저히 참을 수 없는 지경에 이를 것입니다.

'다시 찾은 강아지' 이야기가 하나님의 사랑을 온전히 표현한 것은 아닙니다. 그 이야기를 통해 하고 싶었던 이야기는 하나님의 사랑을 우리가 가진 언어로 표현하는 것 자체가 불가능하고, 표현하려고 애써봐야 도리어 하나님의 사랑을 왜곡시키는 결과밖에 얻을 것이 없다는 이야기를 하려고 했습니다.

●

양을 위해 자기 목숨을 내주는 목자

저는 아들의 '개 물림' 사고를 통해 발견한 하나님의 사랑이 있습니다. 요한복음 10장에는 선한 목자의 비유가 등장합니다. 예수님에게는 양들이 있는데 만약 이리가 오는 것을 보게 되면 다른 목자들은 다 도망가지만 선한 목자이신 예수님만은 "양을 위하여 목숨을 버리신다"(요 10:11,15)는 내용입니다. 이 말씀을 저는 예수님께서 목숨을 걸고 이리와 싸운다는 뜻으로만 이해했었습니다. 하지만 자세히 읽어보면 '싸운다'는 말이 아니라 '목숨을 버린다'는 말입니다. 양을 잡아먹으러 오는 배고픈 이리에게 자신을 내어주셔서 그 이리를 배부르게 하시겠다는 뜻이지요. 예수님은 "이를 내게서 빼앗는 자가 있는 것이 아니라 내가 스스로 버리노라 나는 버릴 권세도 있고 다시 얻을 권세도 있다"(요 10:18)고 하셨습니다.

예수님은 당신을 잡아서 십자가에 죽이려 하는 자들과 죽기 살기로 싸우신 것이 아니라 그들의 잔인함과 폭력에 자신을 내어주셨습니다. 그리고 그들 중 일부는 예수를 믿는 자들이 되지요. 선한 목자의 비유에서 저는 언제나 주님의 양인 줄 알았지만, 어쩌면 제가 양이 아니라 이리였을 수도 있었습니다. 주님은 그런 저를 살리시려고 당신의 살과 피를 제게 주셨을 거라는 생각이 확 들었던 것입니다.

예수님이 잡히시던 날 분노가 일어나 칼을 빼들고 종의 귀를 잘랐던 제자가 있었습니다. 그는 예수님이 특별히 사랑하셨던 세 명의 제자들 중 한 명이기도 했습니다. 예수님이 가시는 곳이면 어디나 빠지지 않고 따라다녔으며 예수님이 친히 이름까지 바꿔주셨던 베드로입니다. 예수님이 부활하시고 승천하신 후 성령을 받은 베드로는 예전과 같이 분노하는 제자가 아니었습니다. 사도행전 12장을 보면 베드로는 자신을 죽이려고 하는 헤롯의 칼 앞에서도 편히 잠들 수 있는 사람으로 변해 있었습니다. 오죽하면 찬란한 광채를 지닌 천사가 그를 구하기 위해 왔는데도 모르고 잠만 자고 있으니 옆구리를 쳐서 깨워야 할 정도였습니다.

베드로에게서 과연 자기 안에 있는 잔인함과 폭력성이 성령을 받은 후 사라졌던 것일까요? 바울의 경우를 살펴보면 성령 충만을 넘어 성령 충만을 베풀 수 있을지라도 혈기가 쉽게 사라지는 것이 아님을 알 수 있습니다. 사도행전 13장을 보면 바울이 마술사 엘루

마를 맹인이 되게 한 적도 있으며 15장에서는 예루살렘에서 내려온 일행과 '적지 아니한 다툼과 변론'(행 15:2)을 하기도 했습니다. 심지어 바울은 베드로를 책망한 적도 있었습니다. "게바가 안디옥에 이르렀을 때에 책망받을 일이 있기로 내가 그를 대면하여 책망하였노라"(갈 2:11).

예수님은 십자가에 달리시기 전 제자들과 최후의 만찬을 행하시며 빵과 포도주를 자신의 살과 피에 빗대어 말씀하셨습니다. 천주교에서는 지금도 성찬식 빵과 포도주는 예수님의 살과 피로 변한다는 화체설을 믿고 있습니다. 예수님은 제자들에게 "너희가 이를 행하여 나를 기념하라"(눅 22:19)고 명하셨습니다. 이후 기독교는 지금까지 세례와 성찬을 빠지지 않고 행하고 있습니다.

●

주님의 살과 피를 누가 먹는가?

예수님은 당신의 살과 피를 지금까지 누구에게 주고 계셨던 것일까요? 양일까요, 이리일까요? 제 생각에는 세례를 통하여 한 번 죽음의 고백을 한 사람들도 좀처럼 사라지지 않는, 인간 내면의 깊숙한 곳에 숨겨진 잔인함과 폭력성에 당신의 살과 피를 주고 계시는 것으로 보입니다. 이런 성찬을 통해 매번 주님의 살과 피로 자신을 채워가게 되면 언젠가는 십자가에 예수를 못 박은 사람이 자신임을 깨닫게 됩니다.

하나님의 사랑은 당신의 아들을 죽인 자를 용서하신 수준이 아닙니다. 당신의 아들마저 죽일 만큼 잔인한 자들인 우리에게 예수 그리스도를 보내셔서 십자가에 죽게 하심으로 우리의 죄악 된 본성이 더 큰 악을 행하지 않게 하시는 사랑이었습니다.

원수를 사랑하는 힘은 우리에게 있지 않습니다. 우리의 잔인함과 분노는 언제나 복수의 대상을 찾아 헤매고 있습니다. 그런 우리의 모든 죄악을 주님이 대신 맞아 주심으로 우리가 주님 안에서 안정을 되찾고 원수에게 복수하지 않을 뿐입니다.

하나님은 "우리가 아직 죄인 되었을 때에 그리스도께서 우리를 위하여 죽게"(롬 5:8) 하셨고 "우리가 원수 되었을 때에 그의 아들의 죽으심으로 말미암아 하나님과 화목하게"(롬 5:10) 하셨습니다. 하나님은 우리의 예쁜 모습만 보고 아들을 내어주신 것이 아니라 우리가 죄인이고 원수였음에도 우리 안의 숨겨진 잔인함과 폭력성에 아들을 내어주실 만큼 사랑하셨습니다.

하나님은 나를 너무나 닮은 나의 분신인 내 사랑하는 아들의 고통을 통해 목사임에도 어쩌지 못하고 꼭꼭 숨겨두고 있던 잔인함과 폭력을 발견하게 하시고, 그런 저의 악한 모습까지도 사랑하셔서 예수 그리스도의 살과 피를 계속 부어주시고 계심을 깨닫게 해주셨습니다.

9

아니, 제가 불쌍하지도 않으세요?

서울에서 전임전도사로 사역할 때 개척하라는 하나님의 음성을 들었습니다. 하나님의 '음성 듣기'에 다소 부정적인 견해를 가지고 있던 제게 개척하라는 음성은 그냥 제가 상상하는 소리라고 생각했습니다. 그러나 시간이 흐를수록 점점 더 선명해지고 뚜렷이 들리는 느낌이었습니다. 저는 한국에 교회가 너무 많다고 생각했습니다. 새로운 교회를 개척할 것이 아니라 기존에 있는 교회들이 갱신되는 것이 더 중요하다고 여겼지요. 뿐만 아니라 저는 담임으로 청빙될 것이라는 근자감(근거 없는 자신감)도 가지고 있었습니다.

하나님의 음성이 들려올 때 저는 개척할 수 없는 여러 가지 이유들을 가지고 있었습니다. 우선 목사 안수를 받기 전이었습니다. 목회를 하다보면 세례도 줘야 하고 성찬식도 해야 하는데 안수 받지 못한 전도사는 할 수 없는 일이었습니다. 축도도 할 수 없고, 설교 도중 "축원합니다"도 남발하지 못하는 전도사가 개척교회를 한다는 것이 말도 안 된다고 여겼습니다. 그때 저는 32살의 어린 전도사였습니다. 45세 전후로 청빙을 받거나 개척을 하는 시기였던 시절에 삼십대 초반의 목회자를 자신들의 영적 아버지로 생각하고 담임으로 섬길 수 있는 성도들은 없을 것이라 생각했습니다. 실제로 교회를 개척하고 노회에 가입했을 당시 노회 목사님 한 분께서 "자네가 앞으로 최소한 10년간은 막내일걸세" 하셨는데, 현재까지 15년 째 막내를 하고 있습니다.

●

전도사가 개척한 이유

담임목회를 하기 위해서는 배워야 할 것이 너무 많았습니다. 교인들 대심방을 해보지 않았고 장례나 주례도 단 한 번 해보지 않았습니다. 견습이나 수습 기간 없이 현장에 투입되면 사고 나기 마련입니다. 제 상황이 사고 나기 좋은 상황이었지요. 또한 개척할만한 초기자본이 없었습니다. 많은 목사님들이 개척하기 위해서는 최소 5억 원 정도가 필요하다는 말씀을 하시는 걸 들은 적이 있습니다. 교회가 성도들 가정보다 작아서도 안 되고, 인테리어가 허름해서도 안 된다고 하셨습니다. 저의 전 재산은 결혼할 때 신혼집을 얻은 전세 자금 1800만 원이 전부였습니다.

개척교회를 하기에 가장 부담스러운 점은 제 딸아이가 장애를 가지고 있어서 수술도 받아야 하고 재활훈련도 꾸준히 해야 한다는 것이었습니다. 전세 자금으로 가지고 있던 1800만 원은 딸아이의 수술비와 향후 치료비에 사용해야 할 돈이었습니다. 그리고 아이를 돌보기 위해서라도 안정적인 수입이 필요했습니다.

이 밖에도 개척을 하지 못할 이유들은 제 안에 차고 넘쳤습니다. 반대로 개척해야 한다는 이유는 오직 하나밖에 없었지요. 제 안에 들리는 하나님의 음성만 무시하면 간단히 해결될 수 있는 일이었지만 그 음성은 점점 더 저를 구석으로 몰아가셨습니다. 내가 괜한 상상을 하는 걸 거야, 사탄이 날 유혹하고 있는 거야, 나의 교만이 만들어 낸 환청이야…. 온갖 것을 동원해서 개척하라는 음성을 외면하려 애썼습니다.

그러던 중 한 가지 꾀가 생각났습니다. 타인에게 책임을 전가시키는 방법이었습니다. 가장 유력한 대상이 담임목사님과 제 아내였습니다. 제가 전임사역을 시작한 지 불과 반년밖에 지나지 않은 상태였고 나름 열심히 하고 있었으며 목사님도 저를 아끼고 계셨지요. 목사님에게 저는 꼭 필요한 존재라고 생각했습니다. 그래서 반드시 저를 붙잡을 것이라고 기대했습니다. 목사님에게 개척에 대한 하나님의 음성이 자주 들린다고 했더니 목사님이 더 신나하셨습니다. 본인이 책으로만 봤던 일을 이렇게 가까이에서 보게 될 줄은 몰랐다면서 하나님께 좀 더 구체적으로 어디에 개척을 해야 하는지도 물어보라고 하셨습니다.

아내는 사모가 꿈이 아니었습니다. 사랑하는 남자가 신학생이다 보니 불가항력적으로 사모가 되었지요. 아내는 구역예배에서조차 대표기도 하는 것을 싫어했고 앞에 나서서 가르치고 이끄는 일에는 두려움이 너무 많았습니다. 무엇보다 아내는 대인기피증이 있어 새로운 사람 만나는 것을 무서워했습니다. 그리고 쌍둥이들이 아직 돌도 되기 전이었으니 개척이야기가 아내에게는 날벼락 같은 소리가 될 줄 알았습니다. 하지만 제 이야기를 들은 아내는 표정과 분위기로는 격하게 반대를 하고 있는 것 같으나 말로는 절대 반대하지 않았지요. 나중에 고백하기를, 자신이 철이 없을 때 먼저 하나님께 개척에 대한 기도를 한 적이 있었다고 합니다. 그리고 하나님이 말씀하셨다는 사실에 대해 아내는 일말의 의심도 하지 않았습니다. 그런 탓에 자신이 반대를 한다면 그것은 하나님이 하시는 일에 반대하는 것이 될까 봐 두려웠다고 하더군요.

이제는 대상을 좀 더 확대할 필요가 생겼습니다. 담임목사님이 추천해주신 소위 영적이신 목사님 몇 분과, 제가 생각하기에 매우 이성적이실 것 같은 몇 분의 목사님을 선정해서 상담을 받아 보기로 했습니다. 제가 청년부 시절 지도하셨던 목사님은 방언도 인정하지 않는 분이셨습니다. 하지만 제 이야기를 들으시더니 자신이 직장 다니다가 신대원에 들어간 이야기를 하시며 무조건 순종해야 한다고 하셨습니다. 또 다른 분은 아직 나이가 어리니 한두 번 실패해도 괜찮다며 무조건 하라고 하셨습니다. 결국 단 한 분도 제 개척을 만류한 분은 없으셨습니다. 심지어 학교 동기 카페에 올린 글에 달린 수많은 댓글들도 모두 개척을 독려하는 글들뿐이었습니다. 한 친구는 자신의 아버지 이야기를 하면서, 하나님의 말씀에 순종하지 않았다가 오랜 시간을 허비한 후에 목회를 해서 고생이 많으셨다며, 괜히 고생하지 말고 순종하라고 조언해주기까지 했습니다.

이런 상황에서도 갈등하고 있던 제게 영성이 뛰어난 목사님이라는 분이 "전도사님이 만약 하나님의 말씀에 순종하여 개척하신다면 하나님께서 따님의 병을 고쳐주실 것입니다"라고 하시는 바람에 개척하기로 결단하게 되었습니다. 담임목사님은 제가 갈등하고 있자 교회에서 해고를 시키셨습니다. 계속 이렇게 교회에서 사역을 하다보면 순종하기 더 어려운 법이라며, 당신이 저를 잘라 주어야 하나님의 음성에 순종하지 않겠냐고 하셨습니다.

●

새로운 성도들이 오는 게 겁나

보통은 개척을 시작할 때 기도원에서 수개월을 기도하고 몇 달에 걸쳐 장소를 물색한 뒤 아는 사람들에게 기도편지를 돌리고 함께 개척할 멤버를 모집하느라 일 년이 넘게 걸리는 일이었는데, 저는 교회에서 해고되고 일주일 안에 경기도 화성의 발안이라는 동네에서 18평짜리 창고 하나를 빌려 개척예배를 드렸습니다. 창고 임대료는 보증금 1500백만 원에 월세 95만 원이었지요. 지금 생각으로는 말도 안 되는 가격이었지만, 당시 저는 보증금과 월세의 개념이 희박했고 발안이라는 동네에서 유일하게 얻을 수 있는 공간이기도 했기에 선택의 여지가 없었습니다. 또 한편으로는 이 정도 되면 2년 이상 못 버틸 것이라는 생각도 있었습니다. 빨리 보증금 다 털어먹고 35세가 되기 전에 다시 부목사로 들어갈 생각이었습니다. 그렇게만 되면 저는 하나님 말씀에 제가 할 수 있는 최대한의 순종을 한 것이라 여겼습니다.

교회는 창고를 빌린 것이라 냉난방이 전혀 안 되는 곳이었고 바닥에는 발이 많이 달린 벌레들이 우글거렸습니다. 18평 공간을 둘로 나눠서 6평은 사택으로 사용하고 12평을 본당으로 사용했습니다. 제대로 된 인테리어나 장비들을 갖출 여력은 전혀 없었습니다. 그저 맨 바닥에 장판을 깔고 성가대 지휘자용 보면대를 얻어 강대상으로 사용했습니다. 종탑이나 간판은 엄두도 낼 수 없었습니다. 그저 중고간판을 이름만 바꿔 달은 채 교회를 시작했습니다.

교회를 개척하고 나니 새로운 성도들이 오는 것이 겁이 났습니다. 주변에 멀쩡한 교회들이 있는데 나이 어린 전도사가 창고를 빌려 개척한 교회에 문을 열고 들어오는 사람들은 제 정신이 아닐 것이라고 여겼기 때문입니다. 뿐만 아니라 경기도 화성은 '살인의 추

억'으로 유명한 동네였기에 치안이 불안하다고 느꼈고 주변에는
외국인들, 특히 몽골 사람들이 많았습니다.

개척교회를 하면 꼭 개척교회 같은 성도들만 온다는 선배 목사
님의 이야기를 들었는데, 역시 이상한 사람들이 교회로 오곤 했습
니다. 자신을 찬양선교사라고 우기던 찬양을 잘 못하는 아줌마도
왔었고, '하나님 왕국' 교회 권사님이 신분을 위장하고 포교하러
오기도 했으며, 목사를 죽이고 싶다며 칼을 품고 다니는 청년도 왔
었습니다.

교회에서 쌍둥이 아이를 키울 형편이 되지 않았기에 아내는 친
정 집으로 쌍둥이를 데리고 들어가 버렸고 주일에만 교회에 나올
수 있었습니다. 혼자 교회에서 수요예배를 드리던 중 본인을 집사
라고 소개하는 아주머니가 한 분 들어오셨습니다. 몇 마디 대화를
나눠보니 정신이 온전한 것 같지 않은 분이셨습니다. 그래도 혼자
예배하다가 한 분이라도 앉아 계시니 힘이 났습니다. 마치 부흥회
라도 하는 양 온 힘을 다해 설교하고 있는데, 그 집사님이 일어나
더니 화장실로 가셨습니다. 순간 설교를 계속해야 하는 건지, 나오
실 때까지 기다렸다가 해야 하는지 '멘붕'이 오고 말았습니다. 화
장실은 창고에 붙어 있는 공간으로, 문을 열어두면 강대상에서 변
기가 보이는 곳이었기에 설교를 계속 해도 충분히 들을 수 있는 거
리였습니다. 만약 설교를 멈추면 그 분의 볼일 보는 소리가 들렸기
에 모르는 척 더 크게 설교했습니다.

항구에서 주차 브레이크를 붙들고 울다

교회를 개척한 후 제 신앙은 점점 더 바닥을 치고 있었습니다. 새로운 교인들이 오는 것을 두려워하면서도 아무도 오지 않는 것에 대한 원망이 가득했습니다. 2년만 버티면 다 털고 부목사로 들어갈 거였으면서도 밀리는 월세와 아이의 치료비가 부담스러웠습니다. 제가 개척하면 하나님이 딸의 병을 고쳐주실 것이라 믿었는데 아이는 점점 더 병이 악화되어 갔습니다. 한 겨울에 가스 히터를 켜두고 잠들었는데 새벽에 너무 추워 일어나보니 히터가 있는 쪽은 뜨겁고 없는 쪽은 귀가 살짝 얼었습니다. 갑자기 쌍둥이들이 보고 싶어 그 새벽에 엉엉 울고 말았습니다. 저는 막무가내로 그 새벽에 처갓집으로 갔습니다. 사위가 갑자기 새벽에 찾아오자 장모님이 놀라셨으나 저는 차마 쌍둥이들이 보고 싶어 왔다고는 못하고 어머니의 아침밥이 먹고 싶어 왔다고만 둘러댔습니다.

저는 너무 힘들고 지칠 때 물가를 찾곤 합니다. 인근 강가나 호수에 가서 넋 놓고 오면 좀 나아지는 기분이 들었습니다. 발안에서 차로 20분 정도 나가면 아산 방조제가 나옵니다. 그 옆에 커다란 평택호도 있어 호수도 보고 바다도 보러 자주 가곤 했었지요.

배가 드나드는 작은 항구에 차를 세워두고 서해안 바다를 바라보며 넋 놓고 있는데, 지금의 상황이 뭔가 잘못되어도 한참 잘못되었다는 생각이 들었습니다. 그 원인을 찾아가보니 어쩌면 제가 하나님의 음성을 들은 것이 잘못된 것이라는 생각이 들었습니다. 이어서 하나님은 부르시지도 않았는데 목사가 되겠다고 한 것이 잘못이라는 생각과, 어쩌면 하나님이 나를 구원하시지 않았는데 모태신앙으로 자라다보니 세뇌당한 것일 수 있다는 생각마저 들었습니다. 나는 구원받은 백성도 아니고 더더욱 하나님의 종도 아니라는 생각과, 나는 그저 딸아이의 치료비를 도박으로 날려먹은 아빠랑 똑같은 놈이라는 자각이 들었습니다. 생각이 거기에 사로잡히자 자살하지 못할 이유가 없었습니다. 주차 브레이크만 내리면 차는 저절로 바다에 빠질 수 있는 자리였기에 주차 브레이크를 붙들고 한참을 울었습니다.

자살 충동은 오랜 시간 계속되었습니다. 월세 밀리는 것은 보증금으로 해결한다고 해도 딸아이의 치료비는 과부의 달러 빚이라도 얻어야 했습니다. 아이의 치료비로 한 달에 백만 원이 넘게 들어가고 있었습니다. 병원에 아이를 들여보내놓고 여기저기 돈을 빌리기 위해 전화를 걸었습니다. 한결같이 돈이 없다며 죄송하다고 하셨지만 어떤 분이 "개척교회 목사를 어떻게 믿고 돈을 빌려주냐"고 하시는 바람에 마음이 무너져 내리고 말았습니다. 병원 근처 문 열린 교회를 찾아 들어가 하나님께 따지듯 펑펑 울면서 기도했습니다.

"개척하면 고쳐주신다고 하셨잖아요. 고쳐주시지 않을 거면 최소한 치료비 정도는 해결해주셔야 하잖아요. 왜 주의 종으로 사람들에게 돈이나 빌리게 만드시나요? 왜 이렇게 저를 비참하게 만드시나요?"

한참을 울다가 진정되고 나니 마음에 울리는 소리가 있었습니다.

'넌 네 딸의 치료비를 빌리고 있지만, 네 엄마는 너를 치료하기 위해 구걸을 했었단다.'

그 순간 저의 원망은 어머니를 향한 회개로 바뀌었습니다. 어머니가 얼마나 힘드셨을까 이해되기 시작했지요.

●

달리는 차 안에서 의자를 젖히려다가

여러 위기들이 찾아왔지만 이해할 수 없는 방법들로 치료비를 메꿔가고 있었습니다. 하지만 하나님은 미리 주시는 법이 없으셨습니다. 매번 기일이 다가와서야 주시거나 한참이 지난 후에 채워주시는 방법을 사용하셨습니다. 덕분에 저는 매번 긴장 속에서 한 달 한 달을 버텨가야 했습니다. 생각 같아서는 시간이 흐를수록 더 하나님만 신뢰하고 나가게 될 것 같은데 제가 워낙 완악했는지 좀처럼 나아지지 못했습니다. 오히려 외식하는 방향으로 흘러갔지요.

개척교회를 하고 있으니 외부집회를 할 기회가 조금씩 생겼습니다. 시각장애인의 자녀였고 심장병 환자였으며 어머니의 교통사고로 인해 하나님을 떠났던 이야기, 쌍둥이 아이 중 하나가 장애를 가지고 태어난 이야기, 개척교회 하면서 힘들었던 이야기들은 성도들의 심금을 울리는 신파가 되었습니다. 저는 그들 앞에서 의연한 척 하며 하나님이 모든 것을 다 해결해주셨다는 설교를 하면 사례비 외에 특별헌금을 더 받을 수 있었습니다. 속은 썩어가면서 겉은 멀쩡한 척 '회칠한 무덤'이 되어 가고 있었지요.

어느 날 집회를 마치고 집으로 돌아오는 차 안에서 위기를 겪게 되었습니다. 몸도 지치고 마음도 지친 나머지 살고 싶은 생각이 사라져 버린 것입니다. 병든 어머니도 모시지 못하는 불효자이고 딸아이의 치료비를 날려먹은 못난 아빠였으며 '회칠한 무덤' 같은 거짓된 설교자였으니, 저는 살아야 할 아무런 이유가 없을 뿐더러 이런 식으로 살아서는 안 되는 자였습니다. 제가 할 수 있는 가장 최선의 선택은 딸의 치료비를 보전해주기 위해 교통사고로 위장하여 죽는 것뿐이었습니다.

고속도로였기에 액셀러레이터를 더 깊이 밟았습니다. 시속 150킬로미터를 넘길 즈음 의자를 뒤로 젖히고 그대로 누우면 모든 것이 해결될 것 같았습니다. 의자 옆 레버를 손에 쥐고 속도를 계속 올렸습니다. 아이들이 보고 싶었습니다. 어머니에게 죄송했습니다. 가슴은 먹먹해지고 눈은 흐려져 가고 있었습니다. 그때 어디선가 찬양 소리가 들렸습니다. 집회에서도 자주 부르던 '나의 등 뒤에서'라는 찬양이었습니다. 빠른 템포에 드럼 비트를 탄 신나는 찬양이 아닌 잔잔하고 느린 박자로 편곡된 형태로 들렸습니다.

나의 등 뒤에서 나를 도우시는 주

나의 인생길에서 지치고 곤하여

매일처럼 주저앉고 싶을 때 나를 끌어주시네

나의 등 뒤에서 나를 도우시는 주

평안히 길을 갈 때 보이지 않아도

지치고 곤하여 넘어질 때면 다가와 손 내미시네

나의 등 뒤에서 나를 도우시는 주

때때로 뒤돌아보면 여전히 계신 주

잔잔한 미소로 바라보시며 나를 재촉하시네

일어나 걸어라 내가 새 힘을 주리리

일어나 너 걸어라 내 너를 도우리

   '나의 등 뒤에서'라는 찬양의 가사가 새롭게 들렸습니다. 왜 이런 가사의 노래를 그렇게 신나게 박수치며 불렀을까, 의아한 느낌마저 들었습니다. 눈물이 쉴 새 없이 흘러 차를 갓길에 세우고 한참을 울었습니다. 울면서 드는 생각이 '이거 완전 대박인데. 여전도회나 권사회 같은 곳에서 집회 할 때 써 먹으면 완전 짱인데'였습니다. 살짝 어이없는 생각이라는 자각과 함께, 왠지 하나님께서 반드시 전하라고 하시는 것 같은 생각마저 들었습니다. 그런 탓에 오늘은 죽을 날이 아니라고 여겼습니다.

   실제로 이 예화는 여러 번 사용했습니다. 매번 할 때마다 많은 분들이 공감해주시고 함께 울어주셨지요. 참으로 신기한 것은 이 예화를 사용할 때마다 제 안에서도 조금씩 치유가 일어났다는 것입니다. 이 이야기는 교단지에 기고까지 하게 되었고 중2 여중생이 된 딸아이도 보게 되었습니다. 중복되긴 하겠지만, 딸이 본 기사를 다시 옮겨 봅니다. 대한예수교장로회 통합교단 기관지인 〈한국기독공보〉 2019년 9월 20일자에 실린 글입니다.

하나님이 주시는 마음을 붙들고 목사 안수도 받기 전 32살의 젊은 나이에 영화 '살인의 추억'의 배경이 된 화성에 와서 교회를 개척했다. 가지고 있던 돈이라고는 딸의 치료비로 쓰려던 1800만 원이 전부였지만 하나님이 주시는 마음에 순종하면 딸을 고쳐주실 것이란 믿음으로 시작했다. 하지만 18평짜리 창고를 얻어 개척한 것은 정말 무모했다. 6평은 사택으로 만들고 12평을 본당으로 사용했다. 돌도 안 된 쌍둥이들을 데리고 냉난방이 되지 않는 교회에서 함께 살 수 없었기에 아내는 아기들을 데리고 처갓집으로 들어갔다. 아내는 주일에만 교회에 와서 함께 예배를 드렸다.

개척 후 혼자 드리던 수요예배에 아주머니 한 분이 문을 열고 들어오셨다. 몇 마디 대화를 해보니 정신이 온전치 않으신 분이었다. 그래도 혼자 예배를 드리다가 설교를 들어주는 분이 한 분이라도 계시니 힘이 났다. 아주머니는 설교 도중 일어나더니 화장실에 갔다. 화장실이 좁은 예배실에 붙어 있어 설교가 들리기는 하지만, 계속 설교를 해야 할지 잠시 기다려야 할지 난감했다. 설교를 멈추자니 화장실 소리가 들린다.

한 겨울에 가스 히터를 켜놓고 잠을 자다가 새벽에 추워서 깨기도 했다. 히터가 있는 쪽은 괜찮았지만 반대쪽 귀가 얼었다. 그 순간 괜히 어린 쌍둥이가 보고 싶어졌다. 왠지 모르게 눈물이 흐른다. 아침 일찍 처갓집에 달려가 아기들을 안아보았다. 장모님이 걱정스러운 얼굴로 쳐다 보시길래 "어머님이 차려주신 아침밥 먹고 싶어서 왔다"고 에둘러 말했다.

교회에서 차로 20분만 가면 평택 항이 나온다. 마음이 힘들 때면 종종 그 바다에 가서 울다 왔다. 배를 대는 항구에 차를 세워두고 주차 브레이크를 내리려 했다. 하나님께 순종하는 마음으로 개척했지만 아기는 건강 상태가 점점 더 나빠지고 교인은 전혀 찾아오지 않았다. 하나님의 음성을 잘못 들은 것 같은 느낌과 더불어 하나님이 부르지 않았는데 목사가 된 것 같았고, 하나님이 선택하지 않았는데 혼자 좋아서 교회를 다닌 것 같았다. 바다는 내게 들어오라고 손짓하는 것처럼 보였다.

지방에 집회하러 갔다가 돌아오는 길에 몸도 지치고 마음도 지쳐버렸다. 딸 아이 병원비가 부족한 상태였다. 돈을 빌리기 위해 몇 군데 전화도 했지만 거절당했다. 고속도로에서 사고로 죽으면 보험금이 나올 것 같았다. 그러면 딸은 이번 달에도 치료를 받을 수 있을 것 같아 속도를 좀 더 높였다. 시속 150킬로에서 의자를 뒤로 젖히고 누워버리면 쉽게 해결될 것 같았다. 의자 옆에 달린 레버를 손으로 붙잡았다. 그 순간 귀에 찬양이 들려왔다. "나의 등 뒤에서 나를 도우시는 주. 나의 인생길에서 지치고 곤하여, 매일처럼 주저앉고 싶을 때 나를 밀어주시네. 재훈아 일어나라. 내가 새 힘을 주리니, 일어나 너 걸어라. 내 너를 도우리."

눈물이 왈칵 쏟아지며 차의 속도를 낮췄다. 한쪽에 세운 뒤 아련하게 들리는 찬양소리에 울고 또 울었다. 그때 뜬금없이 직업정신(?)이 발동했다. '이 이야기를 여전도회 집회 때 간증하면 좋겠다!' 스스로 어이가 없어서 웃고 말았다.

저는 이 글을 기고할 때까지만 해도 딸이 볼 수도 있다는 생각을 전혀 하지 못했습니다. 기고하고 글이 실리기까지 기간이 길었습니다. 그 사이 저는 잊고 있었는데, 어느 날 집에 퇴근하니 딸아이가 저녁 내내 울고 있다는 이야기를 들었습니다. 아이가 인터넷을 통해 기독공보에 실린 제 글을 보고 말았던 것이지요. 자기 때문에 아빠가 죽으려 했다는 것이 견디기 힘들었나 봅니다. 저를 본 딸은 제게 안겨 또 한참을 펑펑 울었습니다. 아내와 저는 그런 아이를 달래느라 무지 애를 먹었습니다. 그때 아빠가 좀 몸과 마음이 아파서 그랬다고, 지금은 괜찮다고, 이렇게 너를 보는 것이 가장 큰 기쁨이라고 하면서 열심히 달래주었습니다.

'나의 등 뒤에서'를 통해 조금은 생기를 얻은 후로 '단 하루만 살자'라는 모토가 생겼습니다. 가만히 생각해보면 아무리 힘들어도 내게는 오늘 하루쯤은 버틸 힘이 있을 것 같았습니다. 밥을 굶어도 하루는 견딜 수 있을 자신이 생겼고, 심지어 물을 마시지 않고도 하루는 살 수 있을 것 같았습니다. 이도 저도 안 되면 마지막으로 '키리에 엘레이손'이라도 하면 될 것 같았습니다.

●

아무리 힘들어도 하루쯤은 못 버티겠나

예수님이 예루살렘으로 올라가실 때 여리고에서 맹인 바디매오를 만나 그의 눈을 고쳐주신 사건이 있습니다. 부모님 때문에 성경에서 맹인이 등장하면 주의 깊게 들여다보게 됩니다. 맹인 바디매오 사건도 같지요. 사람들이 "나사렛 예수"라는 말을 하자 바디매오는 소리를 지릅니다. "다윗의 자손 예수여 나를 불쌍히 여기소서"(막 10:47). 사람들이 꾸짖어 잠잠하라고 해도 더 크게 소리쳐 "다윗의 자손 예수여 나를 불쌍히 여기소서!" 외칩니다. 여기서 '불쌍히 여기다'가 '엘레이손'입니다. 그리고 '키리에'는 '주님'을 뜻하지요. '키리에 엘레이손'은 '주여, 불쌍히 여겨주옵소서'라는 의미가 됩니다.

바디매오가 키리에 엘레이손을 외칠 수 있었던 것은 주님이 그 길을 지나가고 있음을 알았기 때문입니다. 이제 저도 바디매오와 같이 외칠 수 있게 된 것입니다. 주님은 나의 등 뒤에 계셨고 나를 도우시고 계심을 새롭게 인식하게 되었기 때문입니다. 내가 주저 앉고 싶을 때 나를 끌어주시고, 넘어질 때면 다가와 손 내밀어주시는 분이심을 믿습니다.

바디매오가 사람들의 꾸짖음에도 불구하고 더 크게 소리 지를 수 있었던 것이 그가 뵈는 게 없는 사람이었기 때문입니다. 저도 죽으려고 생각하니 저 역시 뵈는 게 없어졌습니다. 비록 불효자에 못난 아버지에 회칠한 무덤 같은 설교자였지만, 이런 제가 유일하게 외칠 수 있는 한 분이 예수님이셨습니다.

"키리에 엘레이손!"

"주여, 나를 불쌍히 여겨주소서!"

10

내 아이가 평생 잊지 말 것은

교회를 개척하고 한 달이 지날 무렵 신혼부부 한 가정이 등록했습니다. 저희 교회 1호 성도가 되었지요. 15년이 지난 지금까지도 여전히 교회를 잘 섬기고 있는 가정입니다. 하지만 개척 초기에는 제정신을 가진 사람이라면 우리 교회를 오지 않을 것이라 여겼기에 이들 신혼부부도 정상은 아닐 거라 생각했지만, 의외로 멀쩡한 사람들이었습니다. 그러나 1호 성도 이후 새로 오는 성도는 없었습니다. 2년이 지나면 교회를 접고 부목사로 들어갈 생각이었던 제게 1호 성도가 고맙기도 하면서 한편으로는 부담스러웠습니다. 개척교회에 한 명의 성도가 매우 귀하고 또한 그 성도로 큰 위로를 받지만, 다른 교회 놔두고 작고 허름한 교회를 찾아온 성도를 두고 교회를 접는 것도 할 짓이 못된다고 생각했습니다. 어쩌면 하나님이 교회를 접지 않게 해주실지도 모른다는 기대가 생겼습니다.

그때부터 하나님이 왜 개척하게 하셨는지 이유를 하나하나 찾아봤습니다. 교회를 개척한 발안이라는 동네는 맞은편에 향남 신도시가 들어설 예정이었습니다. 그런데 제가 속한 통합측 교회는 단 한 개밖에 없었습니다. 통합측 교인들은 이사를 해도 통합측 교회를 찾는다고 하기에, 어쩌면 향남으로 이사 오게 될 통합측 성도들을 위해 우리 교회를 예비하신 것일 수도 있겠다 싶었습니다. 1호 성도가 그 증거로 보였습니다. 이상하게도 15년이 지난 지금까지도 여기엔 통합측 교회가 두 교회밖에 없습니다.

●

처가살이 사십 년이면 가능한 일

제 처갓집은 교회를 다니지 않는 집안이었습니다. 아내가 어릴 때 교회 유치원을 다니면서 유일하게 그 집안의 크리스천이었지요. 장인어른은 하급 공무원으로 시청 건축과에서 근무하셨습니다. 공교롭게도 건축과는 교회 건축을 하시는 목사님들과 마찰이 많은 부서였습니다. 장인어른은 목사에 대해 불편한 생각을 갖고 계셨으며 당신 딸은 공무원과 결혼하기를 원하셨는데, 하필이면 딸이 목사가 될 전도사와 결혼하겠다고 우기는 바람에 마음고생을 많이 하셨습니다. 아내는 결혼 허락을 받기 위해 단식 투쟁까지 하며 장인어른을 힘들게 했지요. 결국 장인어른은 마음을 열고 저를 아들로 받아 주셨습니다. 장인어른도 한 인상 하시는 분이셔서 종종 부자지간으로 오해받기도 했지만 장인어른은 기분 좋아하셨습니다. 지인들에게 사위가 목사라고 자랑하곤 하십니다.

사위가 전도사이긴 하지만 처갓집 식구들을 전도하는 일은 쉽지 않았습니다. 한 번도 예수 믿으시라고 권하지도 못했습니다. 처갓집에서는 늘 주눅이 들어 말 한 번 편하게 하기도 어려웠습니다. 친척들이 모여 잔치라도 벌어지면 술을 안 마시는 제가 술심부름을 하곤 했습니다. 전도하는 것보다 술심부름이 더 맘이 편했습니다. 제가 개척하고 첫 예배를 드릴 때 처갓집 친척 분들이 화분을 사들고 오셨습니다. 화분에는 '축 개업'이라고 쓰여 있었습니다.

제가 발안의 작은 창고를 빌려 교회를 개척하고 나니 아내와 쌍둥이들은 처갓집에 들어가 살아야 했습니다. 평일 새벽예배와 수요예배는 혼자 드렸지만 주일예배만큼은 사모가 교회를 나와야 했지요. 그때는 안산과 발안을 오가는 교통편이 없었습니다. 안산에서 발안을 오려면 버스를 여러 번 갈아타고 수원을 거쳐서 오는 길뿐이었습니다. 자가용으로 30분이면 올 수 있는 거리를 족히 2시간 동안 버스 타고 먼 거리를 돌아서 와야만 했습니다. 사모가 혼자 돌도 안 된 쌍둥이를 데리고 올 수 있는 곳이 아니라서 장인어른이 매주 태워다 주셨습니다. 장모님은 쌍둥이를 봐줘야 한다고 따라 오셨고, 처이모는 교회에는 밥하는 사람이 필요하다며 따

· 죽음을 주서도 은혜 ·

라 오셨습니다. 처제마저 안산에 혼자 있으면 심심하다고 따라 왔지요. 결과적으로 처갓집 식구들이 모두 교회를 다니게 되었습니다. 하나님이 처갓집 식구들을 구원하시려고 발안이라는 곳에 개척하게 하신 것 같았습니다.

그렇게 일 년을 다니셨던 장인어른은 주일에 아무데도 못가고 교회만 다녀야 한다는 것에 힘들어 하시다, 아예 교회 옆으로 이사를 오셨습니다. 그리고 방 한 칸을 내어주시며 함께 살자고 하셔서 개척 후 일 년 만에 교회 생활을 접고 아파트에서 가족들과 함께 살게 되었습니다. 이렇게 해서 시작된 처가살이가 14년을 넘기고 있습니다. 처가살이 덕분에 생활비도 아낄 수 있었고 장인장모님에게 아이들을 맡기고 외부사역도 다닐 수 있었습니다. 개척교회 목회자들은 철저한 자기관리가 없으면 출근과 퇴근이 규칙적이지 못하지만, 처갓집에 사는 덕에 아침 일찍 출근해서 저녁 늦게 퇴근할 수 있는 여건도 마련되었지요. 어느 집사님이 제게 축복의 말씀을 하시면서 "모세가 위대한 지도자가 될 수 있었던 것은 처가살이 40년 덕분입니다" 하시더군요. 저도 26년만 더 살면 이 나라의 지도자가 될 수도 있을 것 같습니다.

●

회칠한 무덤 콤플렉스

처가살이 하면서 어려웠던 점은 교회가 부흥하지 못하는 것에 대한 죄송함이었습니다. 장인어른이 간혹 "이렇게 손님이 없어서 어떻게 하냐?" 걱정하기도 하셨고, 개척교회 하다가 지금은 구두 수선집을 하시는 사장님 이야기나 개척한 지 3년 만에 부흥한 교회 이야기를 꺼내곤 하셨지요. 그럴 때마다 제 마음은 더 움츠러들었습니다. 아내는 부모님과 저 사이에 껴서 양쪽 눈치를 보느라 마음이 편치 못했습니다.

교회가 부흥하기를 원하는 건 저 역시 마찬가지였습니다. 하지만 부흥도 하나님이 주셔야지, 제가 만들면 교회가 아니라 사업장에 불과하다는 생각을 가지고 있었기에 달리 부흥을 위해 할 수 있는 일도 없었습니다. 저의 신앙에는 하나님이 보여주시는 만큼만 움직이겠다는 고집이 있었습니다. 만약 하나님보다 앞서나가게 되면 그때부터 저는 종이 아니라 주인이 되어 하나님을 끌고 가려고 할 것 같았습니다. 당시 유행하던 '알파' 프로그램이나 '해피 데이' 프로그램들은 제 신앙과 부딪히는 요소가 강했고, 길에서 전도지 뿌리며 전도하는 것도 껌팔이 기억을 떠오르게 해 가장 하기 싫은 일이었습니다. 유일하게 괜찮아 보였던 전도가 관계전도법이었는데, 저는 안 믿는 사람 만나는 것이 너무나 두려웠습니다. 제가 할 수 있는 일이란 열심히 설교 준비해서 어쩌다 한 분씩 오시는 성도님들을 붙잡는 것밖에 없었습니다.

그러자니 정작 설교에 힘을 써야 하는데, '회칠한 무덤' 콤플렉스에 걸리고 말았습니다. 저는 온갖 걱정 다 끌어안고 끙끙대고 있으면서 말로는 항상 기뻐하라고 설교할 수 없었습니다. 딸아이의 치료비 때문에 절절매면서 모든 염려 주께 맡기라고도 말할 수 없었습니다. 사람 만나는 것도 두려워하면서 하나님이 합력하여 선을 이루신다고도 말하기 싫었습니다. 어떤 설교를 해도 전부 제가 하지 못하는 것들을 설교해야 했습니다. 기뻐하라고 설교해놓고 단상 뒤에서 울기나 하고, 모든 염려 주께 맡기라고 하고선 월세와 아이 치료비 걱정에 잠조차 편히 자지 못했습니다. 하나님이 가장 선하고 좋은 길로 인도하실 것이라 해놓고 이런 저런 이유로 자살을 생각하곤 하는 제가 너무 가식적이라고 느꼈습니다.

이대로는 도저히 안 되겠다 싶어 하나님과 담판을 짓고 싶어졌습니다. 처가살이를 하고 있었기에 장모님이 걱정하실까 봐 온전한 금식은 하지 못하고, 살 뺀다는 명분으로 절식을 하며 하나님께 기도하기 시작했습니다. 제 딸아이가 병이 낫든지 아니면 제가 목회를 그만 두든지 둘 중 하나는 해야만 될 것 같았습니다. 그러나 정작 기도를 하면서도 스스로에게 깊은 정죄를 하게 되었습니다. 하나님의 일하심을 믿지 못하고 자기 뜻대로 안 된다고 하나님께 울고불고 매달리는 것이 전혀 목회자 같지 않았으며, 신학을 전공한 놈이 하나님의 섭리를 믿지 못하고 고작 이것밖에 안 되냐 싶어 괴로웠습니다. 기도는 하지만 기쁨이 없었고, 마음과 머리는 서로를 향해 비난하는 모순에 빠지고 말았습니다.

만약 내게 하나님의 전지하심이 있다면

제가 기도하면서 즐겨 부르던 찬양이 있었습니다. '아바 아버지'라는 곡이었습니다.

> 아바 아버지 아바 아버지
> 나를 안으시고 바라보시는 아바 아버지
> 아바 아버지 아바 아버지
> 나를 도우시고 힘 주시는 아버지
> 주는 내 마음을 고치시고 볼 수 없는 상처 만지시네
> 나를 아시고 나를 이해하시네
> 내 영혼을 새롭게 세우시네

이 찬양 속에 나오는 아버지의 이미지가 너무 그리웠습니다. '나를 안으시고 바라보시는 아버지'와 '나를 도우시고 힘 주시는 아버지'가 제겐 간절히 필요했습니다. 제 아버지는 제가 학부 4학년 때 심장마비로 돌아가셨습니다. 힘들고 어려우면 이야기할 사람이 아무도 없었습니다. 어떻게든 그 모든 짐을 혼자 짊어져야 했습니다. 아이 치료비를 가지고 개척한 사람도 저였고 교회의 모든 책임도 제가 져야만 했습니다. 제 안에 억눌린 외로움도 컸었기에 이 찬양 속에 나오는 아버지의 이미지를 사모하며 기도했습니다.

· 죽음을 주셔도 은혜 ·

찬양의 가사처럼 하나님이 내 마음을 고쳐주시길 원했고 내 안에 있는 많은 상처들을 보듬어주시길 원했습니다. 무엇보다 이렇게 울고 있는 제게 "내가 너를 안다. 너라면 아프고 괴롭고 울 수 있단다. 내가 너를 이해한다" 말씀해주시기를 원했습니다. 그래야만 내 영혼이 새로워질 수 있을 것 같았습니다. 그렇게 시작한 기도는 석 달을 넘겼고, 살은 10킬로그램이 빠지고 위궤양이 심해져 약을 먹어야 했습니다.

어느 날 하나님의 응답을 들을 수 있었습니다. 하나님이 제게 당신의 전능하심을 주시겠노라고 하셨습니다. 다만 전지하심을 겸하여 주시겠다고 하셨습니다. 저는 깊은 생각에 빠졌습니다. 저는 전능하심은 오직 하나님께만 있어야 한다고 믿는 사람이었습니다. 그렇기에 하나님의 말씀은 진짜로 전능을 주시겠다는 것이 아니라 묵상을 요구하시는 말씀으로 여겨졌습니다.

만약 제게 신유의 은사가 생긴다면 저는 무조건 딸아이의 병부터 고칠 것입니다. 딸에게 달려가 "내가 나사렛 예수의 이름으로 명하노니 허리야 펴질지어다!" 외치겠지요. 하지만 제게 하나님의 전지하심이 있다면 아이의 병을 고치기 전에 먼저 앞뒤 사정을 모두 헤아려볼 것입니다. 아이를 지금 고치는 것이 나은 것인지 아니면 나중에 고치는 것이 나은 것인지 그 시점을 고려하겠지요. 지금은 좀 힘들어도 사춘기가 지난 다음이나 혹은 성인이 되어서 결혼하기 전에 고쳐주는 것이 더 나을 수도 있겠다고 생각했습니다. 고쳐주는 방법도 무조건 안수기도만 있는 것이 아니었습니다. 아이가 자신의 신앙이 충분히 자란 뒤 그 아이의 기도를 들어주는 방식으로 고쳐줄 수도 있고, 아이가 운동할 때 서서히 낫게 할 수도 있습니다.

아이의 병은 자기 혼자만의 것이 아니라는 생각도 들었습니다. 자기랑 같이 태어난 쌍둥이 동생과의 관계도 생각해봐야 했습니다. 그리고 손녀딸의 질병 때문에 기도하기 시작한 할머니도 고려 대상이었습니다. 아이가 아파서 연단 과정에 있는 저와 제 아내, 그리고 아이를 위해 중보하며 기도하고 있는 모든 사람들까지 다 살펴야 했습니다. 무엇이 가장 최선인지 선택한 다음, 그에 맞게 가장 좋은 방법을 택해 아이의 병을 고쳐야 맞는 것이었습니다. 결국 아무런 해답도 찾지 못했지만, 한 가지 분명한 것은 지금 당장 고치지는 않을 것이라는 사실이었습니다.

하나님은 제 마음에 감동을 주시기를 "너도 네 아이를 사랑하기 때문에 지금은 고치지 않듯이, 나도 너보다 더 너의 딸을 사랑하기에 지금 당장 고쳐줄 수가 없는 거란다" 하셨습니다. 저는 드디어 문제가 무엇이었는지는 깨닫기 시작했습니다. 아이가 아픈 것이 문제가 아니었습니다. 교회의 부흥도 문제가 아니었습니다. 가장 큰 문제는 제가 하나님의 사랑을 온전히 믿지 못하고 있던 것이었습니다.

· 죽음을 주셔도 은혜 ·

³⁵누가 우리를 그리스도의 사랑에서 끊으리요 환난이나 곤고나 박해나 기근이나 적신이나 위험이나 칼이랴 ³⁶기록된 바 우리가 종일 주를 위하여 죽임을 당하게 되며 도살 당할 양 같이 여김을 받았나이다 함과 같으니라 ³⁷그러나 이 모든 일에 우리를 사랑하시는 이로 말미암아 우리가 넉넉히 이기느니라 ³⁸내가 확신하노니 사망이나 생명이나 천사들이나 권세자들이나 현재 일이나 장래 일이나 능력이나 ³⁹높음이나 깊음이나 다른 어떤 피조물이라도 우리를 우리 주 그리스도 예수 안에 있는 하나님의 사랑에서 끊을 수 없으리라 _롬 8:35-39

바울이 말한 것처럼 하나님의 사랑은 그 어떤 것으로도 끊어지지 않을 것임을 머리로는 알고 있었으나 마음으로 믿지 못한 것이 이 모든 문제의 원인이었던 것입니다.

●

하영아, 네가 잊지 말아야 할 게 뭔지 알지?

하루는 꿈에 딸아이가 무슨 이유였는지 죽어가고 있었습니다. 저는 아이를 붙들고 마지막 숨이 넘어가기 직전에 "하영아 아빠가 너 사랑하는 것 알지? 다른 건 다 잊어도 반드시 이것만은 기억해야 해. 아빠는 널 사랑한단다!" 하고 외쳤습니다. 꿈속에서 저는 아이가 어떤 상황에서도 아빠가 자기를 사랑하고 있음을 믿고 있기를 원했습니다. 그 꿈을 꾸고 난 뒤로는 하루에도 열 번 이상 아이에게 사랑한다고 말해주었습니다. 아이가 세뇌당하길 원했습니다. 사춘기가 되어서 자신의 몸 상태 때문에 엄마 아빠에게 울면서 자기를 왜 낳았냐고 따지는 날이 올 것 같았습니다. 그렇더라도 사춘기를 잘 통과하는 힘은 아빠가 자기를 사랑하고 있다는 사실을 확신하는 것이라고 생각했습니다. 수시로 아이에게 "네가 평생 잊지 말아야 할 것은 아빠가 널 사랑하는 거란다"고 말해주었습니다. 지금도 아이에게 "네가 잊지 말아야 할 것은 뭐지?" 하고 물으면 "아빠가 날 사랑하는 거"라고 답합니다.

지금은 딸이 어려서 하나님보다 저를 더 의지하지만, 앞으로 어른이 되어가면서 제 자리를 하나님이 대신 하게 될 날이 올 것이라 생각합니다. 그때에도 아이가 삶의 힘을 얻는 것은 하나님이 자신을 사랑하고 계신다는 사실을 믿는 것입니다.

CBS '당신을 믿습니다'라는 프로에서 촬영을 나온 일이 있습니다. 담당PD는 저와 제 아이의 일상을 촬영해갔습니다. 그리곤 마지막에 기도제목을 물었습니다. 저는 기도제목이 없다고 말씀드렸습니다. 그랬더니 PD가 당황해 하면서 '당신을 믿습니다' 프로의 취지가 기도운동을 일으키는 것인데, 기도제목이 없다고 하면 곤란하다고 하더군요. 그래서 저는 하나님을 믿는다고 대답했습니다. 하나님이 제 모든 삶에 관여하고 계시고 가장 좋은 것으로 가장 좋은 때에 허락하실 것도 믿는다고 말씀드렸습니다. 만약 주시지 않는다면 그건 제게 필요하지 않거나 차라리 없는 것이 더 좋기 때문에 안 주시는 것으로 믿고 있다고도 했습니다. 저는 하나님의 사랑을 믿는 사람이라고 답했지요. 결국 '당신을 믿습니다' 12회 차에는 기도제목 대신 저랑 제 딸이 서로 '사랑해!' 하고는 제가 아이를 업고 가는 장면을 엔딩으로 사용했습니다.

저는 그 PD에게 "제 딸이 장애를 가지고 있어서 더 사랑한다고 말할 수는 없지만 제가 딸을 사랑하는 데 장애가 아무런 문제가 되지 않는다고는 분명하게 말할 수 있습니다"라고 했습니다.

사람들은 사랑을 할 때 상대의 상황과 형편을 다 고려하게 됩니다. 하지만 어머니가 자식을 사랑할 때는 자녀가 어떤 상황이든 상관없이 사랑하지요. 그런 헌신적인 사랑의 가장 정석이 하나님의 사랑입니다. 그 사랑이 저를 회복시켜주셨습니다.

11

죽어도 좋은데, 지금은 말구요

저는 이십 대 초반에 첫 전도사 사역을 시작했습니다. 제가 다니던 교회의 부목사님이 제천으로 담임청빙을 받으셨는데 당시 신학생이었던 저를 교육전도사로 불러주셨습니다. 저는 하나님을 한 번 떠나 방황하다가 돌아왔기에 사역자로서 적합한 사람이 아니라고 느끼고 있을 때였는데, 저를 믿고 불러주시니 감사한 마음으로 첫 사역을 시작하게 되었습니다.

제천이라는 동네는 너무 멀었습니다. 토요일에 내려가서 주일을 준비하고 주일 저녁 예배가 마치면 다시 안산으로 돌아오는 여정이었는데 영동고속도로가 제가 움직이는 방향으로 항상 막혔습니다. 토요일은 강릉 방향으로 막히고 주일 저녁에는 서울 방향으로 차가 막혔지요. 교통체증만 없으면 차로 2시간이면 갈 거리를 늘 대여섯 시간씩 운전하고 가야만 했습니다.

　제천은 충청북도에 속한 도시로 사면이 산으로 둘러싸인 분지 형태로 되어 있습니다. 그 지역의 어느 마을은 6.25 전쟁도 모르고 지나갔다고 하더군요. 산으로 둘러싸이다 보니 산당이나 절이 많은 지역이었습니다. 영적으로 황무지 같은 느낌이었습니다. 하지만 제천교회 성도님들의 신앙은 다른 지역에서 볼 수 없었던 진지함과 열정이 가득했습니다. 항상 모든 일에 겸손하셨으며 부지런하신 것이 그 분들의 삶의 태도처럼 보였습니다.

●

죽음을 주셔도 은혜인 저를

안산에서 제천으로 사역을 다니면서 긴 운전시간은 제게 예배의 시간이었습니다. 주일 사역을 위한 설교 연습과 찬양 연습을 하는 시간이기도 했고 기독교방송을 통해 영적으로 새 힘을 누리게 하는 시간이기도 했습니다. 하루는 기독교방송을 틀어놓고 영동고속도로를 달리고 있는데 제가 참 좋아하던 CCM 가수 소리엘의 찬양이 흘러나오고 있었습니다. 저는 소리엘 1집부터 완전히 매료되어 소리엘의 모든 찬양을 다 좋아했습니다. 특히 '전부'라는 찬양은 소리엘 이전의 CCM과 이후 CCM으로 구분할 정도로 충격이었습니다. 소리엘 이전의 찬양이 주로 결단을 촉구하고 전투적인

느낌이었다면 '전부'라는 찬양은 감성을 자극하는 멜로디와 가사
로 되어 있었지요.

내 감은 눈 안에 이미 들어와 계신 예수님

나보다 앞서 나를 찾아주시네

내 뻗은 두 손 위로 자비하심을 내어주시니

언제나 먼저 나를 위로하시네

내 노래 가운데 함께 즐거워하시는

늘 나의 기쁨이 되시네

수많은 사람 중에 나를 택해 잡으시고

눈물 거두어 빛살가루 채우시니

그분은 내 자랑 나의 기쁨 나의 노래

나의 전부 되시네

소리엘의 찬양 중에 '하나님이시여, 하나님이시여'라는 노래나
'나의 가장 낮은 마음'이라는 곡들은 저의 감성과 너무나 잘 맞아
떨어지는 찬양들이었습니다. 신대원 입학 동기 중 유상렬 전도사
님이 계셨는데 제가 좋아하는 바로 이 노래들을 만드신 작곡가였
습니다. 제게는 연예인 같은 존재였지요. 여러 번 같은 집회에서 만
나기도 해서 유난히 더 좋아하는 동기였습니다.

제천으로 가는 영동고속도로에서 듣는 소리엘의 찬양은 제 차

안을 거룩한 곳으로 느끼게 해주었습니다. 그날 방송에서 소리엘의 새 앨범을 소개하고 있었는데 그 중 '다니엘'이라는 곡을 틀어주었습니다.

돌문이 닫혀지는 순간 당신이 곁에 계셨죠
굶주린 사자들의 입을 당신이 막아주었죠
사자를 어루만지며 그 몸에 편히 기대고
당신의 평안함 속에 나는 잠이 들었죠
다니엘아 네가 섬기는 여호와 하나님께서
사자의 입에서 너의 영혼을 능히 구하셨느냐
왕이시여 죽음을 주셔도 은혜인 저의 영혼을
사자의 입에서 벗어나게 은혜를 베푸사 구원을
그는 사시는 전능의 하나님
영원히 변치 않으시는 나의 하나님

한편의 뮤지컬을 감상하는 듯한 이 찬양은 첫 반주에서부터 제 마음을 감동으로 벅차오르게 해주었습니다. 다니엘을 좋아하지만 그를 모함하는 이들의 꾐에 넘어가 어쩔 수 없이 사자 굴에 던져 넣었던 다리오 왕의 애타는 마음을 묘사하는 구절은 듣는 이로 하여금 깊은 울림을 갖게 해주었습니다.

다니엘아 네가 섬기는 여호와 하나님께서

사자의 입에서 너의 영혼을 능히 구하셨느냐

이에 다니엘이 화답합니다. "왕이시여 죽음을 주셔도 은혜인 저의 영혼을"이라는 가사를 듣는 순간 저도 모르게 '아멘'이 터져 나왔고 그와 동시에 눈물도 쏟아졌습니다. '죽음을 주셔도 은혜'라는 말의 깊은 의미도 알지 못하면서 왜 아멘이 나오고 눈물이 쏟아졌는지 그때의 심정을 전달하는 일은 쉽지 않을 것 같습니다. 시각장애인의 자녀로 태어나 껌팔이 생활도 했던 저를, 심장병으로 건강도 좋지 못하고 하나님을 떠나 방황했던 저를 제천에서 귀한 대접 받으며 사역할 수 있게 해주신 것이 너무나 감사해서, 지금 바로 죽는다 하더라도 제게는 오직 감사뿐이라는 생각이었습니다.

제가 평소에 좋아하던 구절은 바울이 고린도전서 4장 12절에서 표현한 "세상의 더러운 것과 만물의 찌꺼기 같이 되었도다"였습니다. 장님새끼라고 놀림 받고 운동도 못하고 생긴 것도 험악한 게 꼴에는 목사가 되겠다고 신학교에 다니고…. 이 모든 것이 제게는 당연한 표현들처럼 여기고 살았습니다. 저에게 함부로 대하는 사람들을 당연하다고 여겼고 저를 귀하게 여겨주는 사람들을 이상하게 생각하곤 했었지요. 저는 매우 낮은 자존감을 가지고 있었던 것입니다. 그런 저에게 제천의 성도님들은 부담스러울 정도로 잘 섬겨주셨습니다. 깍듯한 인사만이 아닙니다. 식사를 할 때도 제가 수저 놓는 것조차 못하게 하셨고 음식은 항상 먼저 주셨습니다. 어쩌다 장로님 댁에서 하루 밤 지내게 되면 풀 먹인 깨끗한 이불을 깔아주셨고 머리맡에 속옷과 양말을 새 걸로 준비해서 마련해 두셨습니다. 수박을 먹을 때도 가운데 단 부분만 썰어서 주시고 본인들은 덜 단 바깥 부분을 드셨지요. 추수기가 되면 제 차에 손수 농사 지은 온갖 농산품들을 가득 실어주곤 하셨습니다. 그 분들의 섬김으로 저의 낮은 자존감은 조금씩 회복될 수 있었습니다. 천하고 못난 만물의 찌꺼기 같은 저를 존귀한 자로 살 수 있게 해주셨으니 이제 '죽어도 좋다'라는 생각이 들었지요.

달리는 차 안에서 '죽음을 주셔도 은혜'가 주는 감동 속에 무한 눈물을 흘리다가 고개를 들었더니 차가 밀려 있었습니다. 저는 급하게 브레이크를 밟으면서 외쳤습니다.

"지금은 말구요!!"

●

하나님이 주시는 것이면 뭐라도 은혜

교회에 와서 다니엘서를 다시 읽다가 깜짝 놀랐습니다. 다리오의 물음에 다니엘이 했던 대답은 다니엘 6장 21절 이하에 기록되어 있었습니다. "다니엘이 왕에게 아뢰되 왕이여 원하건대 왕은 만수무강 하옵소서 나의 하나님이 이미 그의 천사를 보내어 사자들의 입을 봉하셨으므로 사자들이 나를 상해하지 못하였사오니…." 아무리 눈 씻고 찾아봐도 '죽음을 주셔도 은혜'라는 말은 없었습니다. 저는 성경에 기록되지도 않은, 작사가가 임의로 지어 만든 가사 때문에 죽을 뻔 했던 것입니다.

그럼에도 불구하고 '죽음을 주셔도 은혜'는 제 신앙의 모토가 되었습니다. 이 가사를 수시로 묵상했고 곱씹고 곱씹어 제 영혼의 양식으로 삼곤 했습니다. '죽음을 주셔도 은혜'는 제가 지금 당장 죽어도 은혜라는 말이 아니라 하나님이 주시는 것이라면 '죽음'이라도 은혜라는 것을 깨닫게 되었습니다. 제천에서 귀한 대접을 받으며 낮은 자존감을 회복할 수 있었다는 것도 은혜였지만, 그 전에 가난하고 약하게 하신 것도 은혜라는 고백을 할 수 있게 되었습니다. '만물의 찌꺼기'가 한탄이 아니라 그마저도 감사의 조건이 될 수 있음을 알게 된 것이지요.

'죽음을 주셔도 은혜'인데 생명을 주신 것은 더할 나위 없이 은혜입니다. '상한 갈대'나 '꺼져가는 심지'는 아직 죽은 것이 아닙니다. 여전히 그 안에 흐릿하게나마 생명이 남아 있습니다. 하나님은 아무런 가치도 없어 보이는 '상한 갈대'를 꺾지 않으시는 분이셨고, '꺼져가는 심지'를 끄지 않으시는 분이셨습니다. 아주 작고 보잘 것 없는 자라도 모든 생명을 귀하게 여기시는 하나님에 대한 새로운 이해도 갖게 되었습니다. 주님은 한 생명이 천하보다 귀하다고 하셨고 주님이 이 땅에 오신 것은 '양으로 생명을 얻게 하고 더 풍성히 얻게 하려는 것'(요 10:10)이라고 하셨습니다.

우리에게 중요한 것이 바로 주님이 주시는 '생명'이지요. 그래서 하늘나라에 생명책이 있고 구원을 영원한 생명이라고 부릅니다. 생명의 관점에서 보면 시각장애인의 못난 아들이나 제천에서 귀하게 대접받는 전도사나 똑같은 것입니다. 사지육신 멀쩡하고 돈 많은 부자 아빠나 안구가 없어 눈이 움푹 패인 채 길거리에서 구걸하는 제 아버지나 전혀 다를 것 없는 귀한 분들이시지요. 죽음을 주셔도 은혜임을 고백할 수 있다면, 제게 있는 것 중 은혜임을 고백하지 못할 것은 아무것도 없었습니다.

●

아담의 가죽옷이 되어야 했던 짐승

성경에서 '죽음을 주셔도 은혜'로 보이는 것들이 있습니다. 아담과 하와가 선악과를 따먹고 에덴동산에서 쫓겨날 때 하나님은 그들에게 가죽옷을 지어 입히셨습니다. 가죽옷은 어떤 짐승이 죽어야만 만들 수 있는 옷입니다. 하나님은 선악과를 따 먹는 날에는 정녕 죽으리라 하셨음에도 아담과 하와가 아닌 다른 짐승의 생명을 거두셨습니다. 그것이 소가죽인지 호랑이가죽인지는 모르지만, 아담과 하와로 인해 애꿎은 짐승이 하나님으로부터 죽음을 받은 것입니다. 하지만 가죽옷은 아담과 하와의 범죄로 인해 죽을 수밖에 없는 우리를 살리시는 하나님의 구원을 상징하고 있었습니다. 우리의 허물을 덮어주시는 예수 그리스도의 의의 옷이 바로 가죽옷이었지요. 수많은 짐승들 중에서 하나님께 특별히 선택을 받아 예수 그리스도를 상징할 수 있는 가죽옷이 되는 일이 어찌 작은 일이겠습니까? 가죽옷이 되어야만 했던 그 짐승이 바로 '죽음을 주셔도 은혜'의 한 모습이었습니다.

사람들의 악이 극에 달하자 하나님이 대홍수를 일으켜 그들을 심판하신 일이 있습니다. 그러나 진노 중에라도 긍휼을 잊지 않으셨던 하나님은 노아를 택하여 방주를 짓게 하셨지요. 그 방주는 대홍수에서 구원의 방주가 되어 노아의 가족뿐만 아니라 여러 종류의 짐승들도 생명을 지킬 수 있게 해주었습니다. 노아의 방주는 제1호 구원의 방주였고 최초의 동물원이기도 한 셈이지요.

노아는 홍수가 끝나고 배에서 내릴 때 정결한 짐승들 중에서 한 마리씩 택하여 하나님께 번제로 불태워 드렸습니다. 부정한 짐승들은 물도 피하고 불도 피할 수 있었지만 정결하게 살아온 짐승들 중에 일부는 물을 피했더니 불을 만나 죽고 말았습니다. 하지만 그들의 죽음은 다시는 물로 심판하시지 않겠다는 언약의 무지개가 되었습니다. 십자가 위에서 우리를 대신하여 하나님의 모든 진노하심을 받아내신 예수님으로 인해 우리가 진노를 면하게 된 것을 보여주는 상징입니다. 노아의 방주에 탔던 정결한 짐승들 중 일부가 '죽음을 주셔도 은혜'를 받았던 것입니다.

사무엘상 5장에서 보면 엘리 제사장이 있던 시절에 블레셋과의 전투에서 언약궤를 뺏기는 일이 나옵니다. 언약궤는 블레셋의 5개

도시를 순회 전시하기로 하고 아스돗에 먼저 가게 되었습니다. 하지만 다음날 아스돗 신전의 다곤 신상이 넘어져 목이 부러지는 사고가 생기고 많은 사람들이 독종으로 인해 죽어나가는 재앙이 발생했습니다. 불길한 기운을 느끼며 블레셋의 또 다른 도시인 가드로 옮겼으나 역시 같은 일이 발생하고 말았습니다. 그 다음 에그론으로 보내질 예정이었지만 불안해진 사람들이 언약궤 받기를 거절하고 말았습니다. 가지고 있을 수도 없고 보내자니 받을 곳이 없어진 언약궤는 블레셋의 뜨거운 감자가 되었지요.

블레셋 사람들은 제사장들과 복술자들을 불러 언약궤를 어떻게 해야 할지를 물었습니다. 그들은 속건제를 드린 후 금 독종 다섯과 금 쥐 다섯 마리를 만들어 새 수레에 실어서 이스라엘로 돌려보낼 것을 제안합니다. 그런데 특이하게도 그 수레를 '멍에를 메어보지 아니한 젖 나는 암소 두 마리'에게 끌게 합니다. 멍에를 메어보지 않은 소는 훈련하지 않으면 수레를 끌지 못합니다. 그리고 젖이 나는 암소이기에 본능적으로 이스라엘이 아닌 송아지에게로 가기 마련이지요. 그런 소를 한 마리도 아니고 두 마리나 끌어다가 매어준다면 수레가 이스라엘로 가기란 불가능할 것입니다. 블레셋 사람들은 이렇게 했는데도 소들이 이스라엘로 간다면 재앙이 하나님으로 말미암은 것이고 그렇지 않다면 우연의 일치라고 생각했습니다.

멍에를 메어보지 아니한 젖 나는 암소 두 마리는 이스라엘의 변방이었던 벧세메스로 향하여 갔습니다. 벧세메스에 있던 사람들은 언약궤가 돌아오자 기뻐하며 수레의 나무를 패고 암소들을 제물로 삼아 하나님께 태워 드립니다. 이 암소들은 자신들이 새끼들에게로 가지 못할 것을 알았던 것일까요?

성경을 보면 소들이 벧세메스로 갈 때에 울었다고 기록하고 있습니다. 이 소들은 블레셋 땅에서 태어나 하나님께 번제가 될 아무런 이유도 없던 짐승들이었습니다. 하지만 하나님의 특별하신 '죽음을 주셔도 은혜'가 임하여 거룩하신 하나님의 언약궤를 운반하고 번제물도 될 수 있었습니다. 이들의 죽음은 이 땅에 하나님의 말씀을 가지고 오셔서 십자가 위에서 번제물이 되신 예수 그리스도의 삶을 예표해주고 있습니다.

'죽음을 주셔도 은혜'를 모르던 시절에는 이런 짐승들의 죽음이 불쌍했지만 이상하게도 저는 그 짐승들이 부러웠습니다. 어떻게든 어떤 모양으로든 모든 생명은 반드시 죽음을 경험하게 되겠지만 하나님으로부터 죽음을 받은 이들은 얼마나 값진 죽음일까 싶었습니다.

'죽음을 주셔도 은혜'의 정점에는 예수 그리스도가 계셨습니다. 하나님은 순종하는 자에게 생명을 약속하셨지만 오직 예수에게만은 순종의 결과로 죽음을 약속하셨습니다. 예수님도 그 사실을 알고 계셨습니다. 주님은 "인자가 온 것은 섬김을 받으려 함이 아니라 도리어 섬기려 하고 자기 목숨을 많은 사람의 대속물로 주려

함"(막 10:45)이라고 말씀하셨습니다. 섬김의 결과가 대속물이었지요.

●

버려지는 죽음과 받아들여지는 죽음

겟세마네 동산에서 땀방울이 핏방울이 되도록 기도하신 예수님은 "나의 원대로 마시옵고 아버지의 원대로 하옵소서"(막 14:36)라며 기도를 마치셨습니다. 그리곤 십자가 위에서 크게 소리 지르시며 "나의 하나님, 나의 하나님, 어찌하여 나를 버리셨나이까"(막 15:34) 하신 후 숨지셨지요. '죽음을 주셔도 은혜'를 주님처럼 감당하신 이는 아무도 없습니다. 우리에게 주어진 '죽음을 주셔도 은혜'인 순간은 생에 마지막에 드리는 임종예배이지만, 이 죽음은 하나님으로부터 버려지는 죽음이 아니라 하나님께 받아들여지는 죽음이 되기에 주님의 죽으심과는 전혀 다른 은혜입니다.

모든 생명을 사랑하시는 하나님에게 우리의 부요함과 가난함은 아무런 차이를 만들지 못합니다. 건강한 자나 병든 자가 전혀 다르지 않고, 신생아나 시한부나 똑같은 사랑을 받게 합니다. 심지어 악한 자나 선한 자가 다르지 않고 가해자나 피해자가 다르지 않습니다. 언뜻 보기엔 부당한 것 같지만, 독생자 예수를 죽인 우리를 피해자이신 하나님이 더 많이 사랑하여 주셨기에, 우리도 원수를 사랑하고 가해자를 용서할 수 있는 힘을 얻게 되었습니다.

이 땅에 사는 동안 '죽음을 주셔도 은혜'가 저를 이끌어 가겠지만, 실제로 그 은혜를 경험하지는 못할 것입니다. 여전히 죽음 앞에 서는 순간 망설여질 것이며, 급브레이크를 밟으며 "지금은 말구요!!" 하게 될 것이 뻔합니다. 그러나 이 땅에 완전히 임하게 될 하나님의 나라에서는 '죽음을 주셔도 은혜'가 일상의 고백이 될 것임을 믿습니다. 그곳에서는 원수를 만나도 얼싸안고 함께 춤추며 하나님을 찬양하게 될 것 같기 때문입니다.

12

연약한 내 신세 통하여 일하소서

아내와 결혼할 당시 저는 경기도 광주에 있는 서울장신대학교를
다니고 있었고 제천으로 교육전도사 사역을 다닐 때였습니다. 신
혼집을 마련할 때 학교 인근으로 정하고 싶었으나 아내가 고향 같
은 안산을 떠나기 싫어해서 안산에서 신혼살림을 시작했습니다.
매일 안산에서 경기도 광주까지 다니고 또 주말에는 제천으로 사
역을 다녔습니다. 대학교를 졸업하고 서울 끝자락인 광나루에 있
는 장로회신학대학교신학대학원(장신대신대원)으로 진학하면서
안산에서 광나루로 등하교하느라 저의 1년 이동거리는 4만 킬로
미터에 달했습니다. 일반 차량의 2배를 달리는 셈이었지요. 아내
가 직장에서 동료직원들과 이야기하던 중 제가 1년에 보통 4만 킬

로미터를 운전한다고 했더니 한 언니가 진지하게 "남편에게 방랑벽이 있는 것 같다. 조심해라" 하더랍니다.

서울장신대학교에서 장신대신대원으로 진학하는 일은 쉽지 않았습니다. 당시 선배님들 중에서도 진학한 케이스가 손에 꼽을 정도였고 졸업동기들 중에서도 소수밖에 진학하지 못할 정도로 장신대신대원의 문턱은 높았습니다. 장신대신대원를 가기 위해서 삼수는 필수라는 말까지 있었지요. 지금은 서울장신대학교에 신학대학원이 생겼지만 제가 졸업할 당시에는 없었기에 졸업생 대부분이 지방에 있는 신학대학원으로 진학했습니다. 아내는 제가 대전장신이나 전주한일장신으로 진학하는 것은 심하게 반대했습니다. 너무 멀다는 게 이유였지요. 저 역시 반드시 장신대신대원으로 가고 싶었습니다.

●

항상 외워라, 쉬지 말고 외워라, 범사에 외워라

저는 시각장애인 부모 밑에서 가난하게 자랐습니다. 친인척 통틀어 소위 힘 있는 분들이 아무도 안 계셨지요. 부모님은 모두 집사님이셨습니다. 농담처럼 목사님의 자녀들을 성골이라 부르고 장로님의 자녀들을 진골이라 부를 때 집사님의 자녀는 평민이었습니다. 저는 비록 믿지 않는 부모를 둔 백정과 동기들에 비해 높은 신분이기는 했으나, 아버지는 돌아가셨고 어머니는 교통사고 후

유증으로 몸이 편치 않으셨지요. 그런 제게 가방끈이라도 있어야 사람 대접받는다는 강박관념이 있었습니다. 이렇듯 별로 경건하지 않은 이유로 저는 넘사벽일 것 같은 장신대신대원을 목표로 피나는 노력을 해야 했습니다.

장신대신대원을 꿈꾸며 공부하던 시기에 모교회에서 청년부 부흥회가 열렸습니다. 거기 오셨던 강사목사님이 설교 도중 장신대신대원 시절을 예화로 많이 사용하셨습니다. 장신대신대원이 아차산 줄기에 있다 보니 목사님은 예화를 들 때마다 '아차 마운틴'이라는 말을 자주 사용하셨습니다. 그때 이후로 저도 '아차 마운틴'이 입에 습관처럼 붙어버렸습니다. 기도할 때마다 장신대에 가게 해달라는 뜻으로 "아차 마운틴에 가게 해달라"고 기도할 정도였습니다. 그래서였는지 산을 별로 좋아하지 않음에도 장신대신대원을 다니는 동안 일주일에 두세 번은 아차산에 올랐습니다.

제가 장신대신대원을 준비하던 시기에는 개역개정판 성경이 막 등장했을 때였습니다. 그래서 저 때까지만 개역개정판 성경과 개역한글판 성경을 모두 사용해서 입학시험을 치렀지만 다음 기수부터는 무조건 개역개정판으로만 시험을 봐야 했습니다. 만약 시험에 떨어져서 재수라도 하게 되면 입에 붙어버린 암송구절을 다시 고쳐서 외워야 하는 어려움이 생기게 되지요. 뿐만 아니라 유일하게 제가 시험 봤을 때만 성경이 200점이었고 영어가 50점이었습니다. 이후에는 성경과 영어가 모두 200점으로 바뀌게 되지요.

영포자(영어포기자)였던 제게는 황금 같은 기회였기에 절대로 놓칠 수 없는 시험이 되었습니다. 성경에서 고득점만 할 수 있다면 영어가 좀 약해도 해볼만 하다고 여겼습니다.

이런 저런 이유로 장신대신대원은 제게 인생의 최대 목표같이 되어버렸습니다. 새벽에 일어나 밤늦은 시간까지 시험공부에 몰두했지요. 아마 고3 때 이렇게 공부하면 서울대 갔었겠다 싶을 정도였습니다. 새벽부터 밤늦은 시간은 물론이고 꿈에서까지 성경만 열심히 암기하고 또 암기했습니다. 책상에는 '항상 외워라, 쉬지 말고 외워라, 범사에 외워라'를 써 붙여 두고 공부했습니다. 그렇게 하루 종일 성경 보는 일 외에 아무 것도 하지 않았던 저였는데, 밤에 자려고 누우니 머릿속에서 '탈레반'이라는 단어가 떠올랐습니다. 탈레반이 지명인지 인명인지 기억나지 않아서, 일어나 성경을 가지고 샅샅이 훑어보았습니다. 그런데 아무리 찾아도 성경에서 탈레반이라는 단어를 찾을 수가 없었습니다. 너무나 답답했던 제가 컴퓨터를 켜고 인터넷으로 검색을 해보니 911 테러 사건의 배후 이름으로 나오더군요. 911 사건은 제가 장신대신대원을 준비하던 2001년 9월 11월에 미국에서 일어난 사건이었는데 뉴스조차 보지 않던 제 머릿속에 탈레반이라는 단어가 왜 입력된 것인지 불가사의하게 느껴졌습니다.

저는 그토록 가고 싶었던 장신대신대원을 그 해에 합격했습니다. 마치 세상을 정복한 것 같은 기쁨이었고 구원을 받은 기쁨에 비견할 것 같았습니다. 매일 학교 가는 길은 전혀 힘들지 않았습니다. 교통체증을 피해 새벽에 학교에 갔고 도서관과 기도탑을 수시로 들락거리며 장신대 신대원생의 특권을 맘껏 누렸습니다.

●

주님 말씀하시면 한 걸음씩

안산에서 광나루에 있는 장신대신대원을 가기 위해서는 서울외곽순환고속도로를 타고 가다가 강동IC를 빠져나와 올림픽대교를 건너서 가야 했습니다. 하루는 강동IC를 빠져 굽어진 길을 돌아나갈 때 기독교방송에서 '주님 말씀하시면'이라는 찬양이 흘러나왔습니다. 저는 그 찬양을 처음 들었지만 듣자마자 저의 인생찬양이 될 것 같은 예감이 들 정도로 너무 좋았습니다. 찬양 후반부에 '연약한 내 영혼 통하여 일하소서'라는 가사에서 순간적으로 엄청난 감동이 일어 눈물이 쏟아져버렸습니다. 집안도 별 볼일 없고 재력도 없고 외모도 무식해 보였으며, 한때 하나님을 떠나 방황했던 제가 장신대 입학한 것에 들떠 뭐라도 된 것처럼, 하나님이 연약하기만 한 내 영혼을 통해서도 일하시기를 기대하게 된 것이지요.

말로 표현할 수 없을 정도로 큰 감동과 함께 솟구쳐버린 눈물로 인해 신호대기하고 있던 차를 못보고 그대로 들이박고 말았습니다. 그 사고로 제 차는 보닛이 크게 훼손되면서 에어컨이 박살났습니다. 그러자 찌그러진 엔진룸에서 하얀 연기가 뿜어져 나왔습니다. 제법 큰 사고를 치고 말았습니다. 눈물은 멈추지 않고 하얀 연기도 계속 뿜어져 나오고 머릿속은 점점 하얘져만 갔습니다. 다행히도 크게 다치지는 않았는데, 그때 이후로 놀이동산의 범퍼카는 탈 수 없게 되었습니다. 부딪치려면 하얀 연기가 나올 만큼 터프하게 쾅 하고 부딪혀야 하는데 범퍼카는 그냥 여기 가서 콩, 저기 가서 콩 그러는 게 영 시원찮게 느껴졌습니다. 그날 이후로 확실히 깨달은 것 중 하나가 운전 중에 기독교방송을 듣는 것은 매우 위험한 일이라는 사실이었습니다.

그때 이후로 '주님 말씀하시면'이라는 찬양은 저의 애창곡이 되어버렸습니다. 살면서 가장 많이 부른 곡 중에 하나가 '주님 말씀하시면'이 되었지요.

주님 말씀하시면 내가 나아가리다
주님 뜻이 아니면 내가 멈춰서리다
나의 가고 서는 것 주님 뜻에 있으니
오 주님 나를 이끄소서
뜻하신 그곳에 나 있기 원합니다
이끄시는 대로 순종하며 살리니
연약한 내 영혼 통하여 일하소서
주님 나라와 그 뜻을 위하여
오 주님 나를 이끄소서

이 찬양은 제 신앙의 고백이 되었고 매일 매일의 기도가 되었으며 저의 목회 철학이 되어버렸습니다. 찬양과 더불어 제가 가장 좋아하는 성경 구절도 시편 119편 105절이 되었습니다.

"주의 말씀은 내 발에 등이요 내 길에 빛이니이다."

여기에 나오는 등과 빛은 서치라이트같이 앞길을 다 보여주는 빛이 아닙니다. 등불처럼 한 걸음 디딜 곳 정도만 보여주는 빛을 의미하지요. 하나님이 앞날을 다 비춰주신다면 얼마나 좋을까 싶지만 하나님이 보여주시는 한 걸음이 그 어떤 길보다 가장 안전하고 바른 길임은 확신할 수 있습니다. "사람이 마음으로 자기의 길을 계획할지라도 그의 걸음을 인도하시는 이는 여호와"(잠 16:9)이시기에, 감당하지 못할 미래의 일을 알려고 하기보다 한 걸음 내디딜 곳을 보여주시는 하나님을 신뢰하며 가는 것이 훨씬 더 편한 법입니다.

●

인생 역전이 가능한 나라

출애굽기 12장을 보면 모세의 10가지 재앙 중 마지막 재앙인 장자의 죽음과 함께 유월절 규례에 대한 말씀이 나옵니다. 유월절은 하나님이 "애굽 땅에 두루 다니며 사람이나 짐승을 막론하고 애굽 땅에 있는 모든 처음 난 것을 다 치고 애굽의 모든 신을 심판"(출 12:12)하실 때 어린 양의 피가 발라진 집을 넘어가신 일을 기념하는 절기입니다. 유월절이 되면 유대인들은 어린 양을 무교병과 쓴 나물과 함께 일주일 동안 먹어야 했습니다. 하지만 유월절 음식을 모든 사람이 다 먹을 수 있었던 것은 아니고 이방 사람과 거류인과 타국 품꾼은 먹을 수 없었습니다. 그러나 "각 사람이 돈으로 산 종은 할례를 받은 후에 먹을"(출 12:44) 수 있었습니다.

저는 타국 품꾼과 돈으로 산 종의 대우가 다르다는 사실이 특이하게 느껴졌습니다. 둘 다 한 집에 있어 같은 일을 하는 사람들인데 하나는 유월절 음식을 먹지 못했고 또 한 사람은 할례를 행한 후에는 먹을 수 있었습니다. 둘의 다른 점은 타국 품꾼은 자유인으로 돈을 받고 노동력을 파는 사람이었고, 돈으로 산 종은 집이 너무 가난하여 부모에 의해 팔려온 노예였습니다. 타국 품꾼이 종보다는 처지가 나은 셈이지요.

돈으로 팔려온 종은 타국 품꾼을 보면서 부러움을 느꼈을 것입니다. 언제든지 원하기만 하면 고향으로 갈 수 있었고 가족들도 볼 수 있는 사람들이 타국 품꾼이었지요. 하지만 자신들은 가족이 보고 싶어도 고향으로 돌아갈 수 없었습니다. 그 시대 가장 비참한 사람들 중 하나가 돈으로 팔려온 종들이었지요.

자신들이 일하는 집에 유월절이 다가오면 타국 품꾼은 먹고 싶은 것을 먹을 수 있었지만, 종들은 할례를 받은 후에나 누룩이 들어가지 않아 부풀지 않은 딱딱한 무교병을 쓴 나물과 함께 먹고 일해야 했습니다. 가장 힘들고 서러운 시간이 될 것입니다. 그러나

· 죽음을 주셔도 은혜 ·

만약 종들이 할례와 유월절의 의미를 알게 된다면 생각이 달라질 수 있습니다.

할례는 하나님과 아브라함 사이에 맺은 언약의 증표였습니다. 놀랍게도 할례의 언약을 처음 맺을 때부터 하나님은 돈으로 팔려 온 종을 언약에 함께 포함시키셨습니다.

> [10]너희 중 남자는 다 할례를 받으라 이것이 나와 너희와 너희 후손 사이에 지킬 내 언약이니라 [11]너희는 포피를 베어라 이 것이 나와 너희 사이의 언약의 표징이니라 [12]너희의 대대로 모든 남자는 집에서 난 자나 또는 너희 자손이 아니라 이방 사람에게서 돈으로 산 자를 막론하고 난 지 팔 일 만에 할례를 받을 것이라 [13]너희 집에서 난 자든지 너희 돈으로 산 자든지 할례를 받아야 하리니 이에 내 언약이 너희 살에 있어 영원한 언약이 되려니와 _창 17:10-13

하나님이 아브라함과 맺은 언약을 지키시기 위해서는 당신의 아들을 십자가에 내어주시는 고통을 겪으셔야 했습니다. 하나님의 아들 예수 그리스도의 죽음은 유월절 어린 양의 죽음에도 담겨져 있었습니다. 모든 사람이 악하여 하나님이 진노하실 때에라도 당신이 택한 백성은 예수 그리스도의 대속의 죽음으로 인해 긍휼하심을 입어 구원을 얻게 될 것입니다. 유월절은 아브라함과 맺은 언약의 재확인이었습니다. 하나님은 당신의 아들을 십자가에 내어주고 구원한 백성들을 자녀로 삼으시고 하나님 나라의 상속자가 되게 하실 것을 약속해주셨습니다. 하나님의 위대한 유산을 얻을 자의 목록에 '돈으로 산 자'가 포함되어 있었다는 것이 놀라운 일입니다.

이 세상 어느 누구도 위대한 하나님의 상속자가 되는 것은 감히 상상조차 못할 일입니다. 더더욱 집이 가난하여 다른 나라에 팔려가는 신세인 종에게는 언감생심 꿈도 꾸지 못할 일이지요. 하지만 하나님은 그들에게도 이스라엘 백성들과 동일한 은혜를 입게 하셨습니다. 비록 지금은 주인집의 노예가 되어 부모도 없고 재산도 없고 명예도 없으며 자유도 없는 신세이지만, 주인집 아들과 동일한 소망을 품을 수 있게 하는 것이 유월절 규례였습니다.

돈으로 팔려온 종이 이 모든 사실을 알고 또 믿을 수만 있다면 더 이상 타국 품꾼을 부러워하지 않을 것입니다. 도리어 타국 품꾼은 이해하지 못할 기쁨을 가지게 될 것이며, 자유를 갖지 못한 자가 자유를 가진 자를 불쌍히 여기게 되는 역전 현상이 벌어지게 될 것입니다.

실제로 하나님의 아들이 이 땅에 오셨을 때 이런 역전 현상이 일어났습니다. 예수님은 "의인을 부르러 오신 것이 아니라 죄인을 부르러"(마 9:13) 오셨다고 하셨으며 "나중 된 자로서 먼저 되고 먼저 된 자로서 나중 될"(마 20:16) 것이라고 선포하셨지요. 누가복음 16

· 죽음을 주셔도 은혜 ·

장에서는 부자가 지옥에 가고 거지 나사로가 천국에 가는 이야기도 나옵니다. 심지어는 "내가 진실로 너희에게 이르노니 세리들과 창녀들이 너희보다 먼저 하나님의 나라에 들어가리라"(마21:31)고까지 말씀하셨습니다.

주님이 세례 요한에 대해 말씀하실 때 "내가 진실로 너희에게 말하노니 여자가 낳은 자 중에 세례 요한보다 큰 이가 일어남이 없도다 그러나 천국에서는 극히 작은 자라도 그보다 크니라"(마 11:11)라고 말씀하셨습니다. 이 땅에 살면서 부잣집 도련님보다 잘 먹고 잘 살 수는 없을지라도 천국에서는 세례 요한보다 더 큰 자가 될 것이라는 말씀은 제게도 엄청난 위로와 힘을 얻게 해주셨습니다.

●

저는 '돈으로 산 종' 같은 사람이지만

제가 어릴 때는 심장병으로 인해 오래 살 거라는 기대가 없었습니다. 시각장애인 시부모와 심장병 있는 남편에게 시집 올 여자도 없을 거라 생각하며 살았습니다. 목사가 되고 싶은 꿈이 있었지만, 신학대학교에 입학하던 해에 어머니가 교통사고를 당하시면서 하나님을 떠나버리기도 했었습니다. 아버지는 제가 대학원에 가는 것을 보지 못하신 채 심장마비로 세상을 떠나셨습니다. 그리고 저는 아버지가 남겨주신 빚을 갚아야만 했지요. 결혼 후 임신이 되지 않아 인공수정으로 아이를 낳아야만 했습니다. 그렇게 태어난 두 아이 중 한 아이는 장애를 가지고 있습니다. 개척을 했지만 가진 돈이 없어 18평 창고에서 시작했습니다. 월세를 낼 능력이 없어 좀 더 싼 곳을 찾아 4번의 이사를 해야 했습니다. 집이 없어 처갓집에서 방 한 칸 얻어 함께 살고 있습니다. 개척한 지 15년이 되도록 성도 수 20명 안팎의 미자립교회를 벗어나지 못하고 있습니다.

저는 '돈으로 산 종'에 가까운 사람이었지만 저를 향한 하나님의 계획은 아브라함과 언약을 맺으시기 이전부터 있었고 예수 그리스도를 통해 신실하게 언약을 이루셨지요. 아직은 온전하게 위대한 상속자가 된 것은 아니지만, 하나님이 보여주시는 등불을 따라 한 걸음씩 걷다 보면 세례 요한보다 큰 자가 되어 있을 것임을 믿습니다. 하나님이 비춰주시는 등불을 따라 걸으면 내가 '돈으로 산 자'였다는 사실은 내게 아무 의미가 없어집니다. 내게 가장 중요한 것은 '연약한 내 영혼 통하여 일하시는', 아니 '연약한 내 신세 통하여 일하시는' 하나님뿐입니다.

3부

위로도 거절한 슬픔

13

오병이어 기적과 질량 보존의 법칙

저는 성경을 읽을 때 간혹 이해되지 않는 부분이 나타나면 좀처럼 넘기지 못하고 여러 날을 끙끙 앓으며 씨름하는 성격입니다. 여러 책들을 찾아보고 논문도 살피면서 이해하려고 많은 애를 쓰게 되지요. 지금은 씨름하는 시간이 많이 단축되어서 어지간하지 않으면 하루를 넘기지 않는 편이지만, 신학적 지식과 소양이 부족했던 학부시절에는 짧게는 일주일이 걸리고 길게는 2-3년이 걸리는 것도 있었습니다. 그렇게 해서 어떤 결론에 도달하면 완전한 해석을 했다기보다 나름대로 스스로를 설득하고 이해시킬 수 있는 정도에 이르렀다고 생각하게 되었습니다.

이런 묵상의 시간을 거쳐 나름 정리한 것들 중에 선과 악에 대한 개념이 있습니다. 우리는 선을 행한다고 하지만 아담과 하와가 하나님께 범죄할 때 이미 선을 행할 능력을 상실해버렸다는 것이 걸림돌이 되기도 하고, 선이라고 쓰고 교만이나 외식으로 읽혀지는 것들도 많습니다. 또한 악이라고 생각했던 것들이 어떤 경우에는 하나님의 도구가 되어 쓰임 받는 것들도 있고, 가장 큰 힘을 가진 존재가 가장 큰 악을 행한다고, 하나님이 바로 그 악으로 여겨질 때도 있었습니다. 예를 들면 모세의 10가지 재앙 중 장자의 죽음과 같은 것들입니다. 성경을 읽을 때 진멸이나 심판이라는 용어 뒤에 숨은 것들이 인간의 가치판단 기준으로 볼 때 독재자의 폭정으로 읽혀지기도 했기 때문입니다. 이런 이유들로 선과 악에 대한 정리를 했다고 여기다가도 모든 상황에 딱 맞아떨어지지 않는 경우들이 생기곤 했지요.

그러다가 마가복음 10장에 나오는 부자 청년과 예수님의 대화에서 힌트를 얻었습니다. 부자 청년이 예수님께 와서 "선한 선생님이여"라고 하자 예수님께서 "네가 어찌하여 나를 선하다 일컫느냐 하나님 한 분 외에는 선한 이가 없느니라"(막 10:18)고 대답하셨습니다. 결국 오랜 시간에 걸쳐 정리하고 다시 새롭게 수정하고 그러다가 결론지은 것이 "선이란 하나님이 행하신 모든 것이고 악이란 인간이 행한 모든 것이다"라는 정의를 내리게 되었습니다.

하나님을 사랑하는 것이 선이 되려면

그 어떤 경우에도 인간이 행한 것이면 아무리 선하게 보인다 해도 교만이 그 뒤에 숨어 있거나, 선을 가장함으로 자신의 유익을 취하기 위해 행한 위선에 불과한 것이 대부분입니다. 반면에 하나님이 행하신 것이라면 악하게 보이는 것이라도 당신의 백성을 향한 사랑에서 비롯된 것들이 전부입니다. 바로의 마음을 완악하게 하신 것은 분명 바로로 하여금 더 큰 죄를 짓게 하는 것이지만 완악해진 바로가 행한 일들이 이스라엘을 구원하시는 하나님의 도구가 되었고, 장자의 죽음 같은 경우 예수 그리스도를 통한 하나님의 구원을 보여주는 예표가 되기도 했지요.

　이렇듯 선을 하나님이 행하신 모든 것, 악을 인간이 행한 모든 것이라고 정리한 후 이를 모든 상황에 대입해보면 이런 결론이 도출됩니다. 인간이 예배한다는 것이 선으로 보이지만 영과 진리로 드리지 않는 한 선이 될 수 없습니다. 영과 진리로 드리는 예배란 인간이 행할 수 있는 예배가 아니라 성령님이 도우시는 예배가 되어야만 하지요. 그렇다면 선에 대한 영광은 응당 성령님이 받으셔야 마땅합니다. 우리가 하나님을 사랑하는 것도 결코 선이 될 수 없습니다. 저 같은 자가 하나님을 사랑한다고 말해봐야 하나님의 이름에 먹칠이나 하게 되지 하나님께 영광이 될 수 없음을 잘 알고 있습니다. 속된 말로 "시어머니가 사랑한다는 그 하나님은 보나마나 뻔하지 뭐. 난 절대 안 믿을래!"하는 것과 같습니다.

하나님을 믿지 못하는 이유 중 가장 큰 것이 하나님을 믿는다는 사람들 때문이라고 합니다. 그러니 우리가 하나님을 사랑하는 것이 선이 될 리가 만무합니다. 또한 우리가 하나님을 사랑하는 것이 선이 되려면 마음과 목숨과 뜻과 힘을 다해 사랑해야 하는데 과연 그것이 예수님을 제외한 사람들 중에 가능한 사람이 있을까요? 제가 보기엔 없습니다. 우리는 결코 목숨을 다해 사랑하지 않습니다. 자신이 암에 걸려 죽을 것이라는 선포를 받는 순간 하나님을 원망하게 됩니다. 제가 지금까지 살면서 온 힘을 다해 하나님을 사랑하는 분을 보지 못했고 저 역시 그렇게 하나님을 사랑하지 못하고 있습니다.

저는 제 딸아이를 마음과 목숨과 뜻과 힘을 다해 사랑하는 바람에 하나님은 우리 딸을 도우시고 지켜주시기를 원하는 도구로서 사랑하고 있을 때가 훨씬 많습니다. 인간은 자신이 생각하는 것보다 훨씬 더 큰 죄인이라서 십자가가 아니라면 용서받을 길이 없을 만큼 악한 존재에 불과합니다. 바울이 아무리 희생하여 이방인의 사도로 살면서 복음을 전해도 그의 삶의 고백은 '죄인의 괴수'입니다. 우리가 이 땅에서 천년만년 살면 그만큼 죄의 크기가 천 배 만 배 커지기만 할 뿐입니다. 그러기에 우리가 할 수 있는 선이란 오직 하나님이 나를 통해 행하시는 그분의 사역밖에 없습니다. 그래서 선한 것이 눈곱만큼이라도 나온다면 우리가 할 수 있는 최선의 고백은 오직 "주님이 하셨습니다"입니다.

●

겸손과 교만을 구별하는 법

선과 악의 개념만큼이나 오랜 시간이 걸렸던 것이 겸손과 교만입니다. 저는 목사찬양단에서 기타리스트 겸 싱어를 맡고 있습니다. 나이가 제일 어린 막내이다 보니 겪게 되는 일 중에 하나가 저의 기타 연주와 노래에 가르치려 드는 목사님들이 계시다는 것입니다. 다른 목사님들은 목사찬양단에 가입 의사만 밝히면 바로 입단이 가능했지만 저는 오디션을 받아야 했습니다. 결국 기타 치면서 CCM 한 곡을 불렀지요. 그랬더니 첫 반응이 "전 목사님, 기타 독학하셨지요?"라는 것이었습니다. 네 맞습니다. 혼자 싸구려 기타 하나 얻어서 '기타 첫걸음' 같은 책 사다가 혼자 퉁겨 본 것이 오늘의 제 실력이지요. 그 목사님은 제게 기타를 잡는 것에서부터 주법에 이르기까지 많은 코멘트를 하셨습니다. 이쯤 되면 저는 기타 실력이 형편없는 것이지요.

그런데 목사 찬양단 활동을 하다보면 많은 목사님들이 "전 목사는 레크리에이션도 잘하던데 기타도 잘 치네" 하며 칭찬해주십니다. 그때 제가 "아닙니다. 제 기타 실력은 형편없습니다"라고 말하면 그게 겸손일까요? 사실일까요? 또한 이제 막 기타를 배우기 시작한 목사님이 기타 줄 개방현인 '미레라솔시미'를 못 외워서 쩔쩔

매는 와중에 저를 보면서 "목사님 진짜 기타 잘 치신다" 하시면 제가 "아…. 네 목사님. 지금은 잘 치지만 저도 처음 배울 때는 장난 아니었습니다"라고 하면 교만일까요? 사실일까요?

이렇듯 교만과 겸손도 선과 악 만큼이나 딱 잘라 정의 내리기가 어려웠습니다. 오랜 시간 본문에 따라 어떤 것은 교만이라고 했다가 어떤 경우에는 겸손이라 했다가 오락가락 하고 말았지요. 그러다가 얻은 결론이 "교만은 하나님을 인정하지 않는 것이고 겸손은 자신 위에 하나님이 계심을 인정하는 것이다"라고 정의 내렸습니다. 기타 치는 실력이 아무리 훌륭해도 하나님이 주신 달란트임을 인정하면 겸손한 것이고 자신의 노력으로 이룬 것이라고 하면 교만이라는 것이지요. 제게 "어머 목사님, 기타 아주 잘 치시네요" 할 때 "네, 하나님이 기타라도 치면서 즐겁게 살라고 주신 덕분입니다" 하면 겸손이고 "아이고 무슨 말씀이세요. 기타 잘 치려면 아직 멀었습니다. 좀 더 연습해야 합니다" 하면 교만이라는 것이지요.

선과 악, 겸손과 교만에 대해서 이렇게만 정리해도 성경을 읽을 때 많은 도움이 됩니다. 그러나 이런 개념들만으로 해결되지 않는 것들이 있지요. 성경 속에 나오는 다소 황당한 이야기들이 문제였습니다. 예를 들어 요나의 큰 물고기 같은 이야기입니다. 아무리 크다 한들 사람이 들어가 사흘을 살 수 있는 큰 물고기가 어디 있겠습니까? 어느 초등학교에서 안티크리스천이었던 선생님이 성경은 순 거짓말이라며 요나의 큰 물고기를 트집 잡았습니다. 큰 물고기라면 가장 유력한 것이 고래인데, 고래 목구멍이 좁아서 사람이 들어가는 순간 질식해 죽는다는 것입니다. 이야기를 듣던 한 꼬마 아이가 선생님에게 대들었습니다. 요나가 큰 물고기에 들어가 사흘을 살았다고 우긴 것이지요. 선생님과 아이 사이 실랑이 끝에 아이가 "제가 천국에 가서 요나에게 물어볼 거예요" 하자 선생님은 "요나가 지옥에 갔으면 어쩔 건데?" 하고 물었습니다. 그러자 아이는 "그럼 선생님이 물어보세요" 했다는 군요. 아이의 대답이 재밌기는 하지만, 이 아이의 신앙은 맹목적인 것에 불과합니다. 그 아이가 선생님 나이가 되어서도 그렇게 대답할 수 있을까요? 사실 저에게 큰 물고기 이야기는 별로 어렵지 않았습니다. 인간도 잠수함을 만드는데 하나님이 뭔들 못 만들까 하는 생각이 있었지요.

●

오병이어의 기적을 어떻게 이해할까

제가 힘들었던 본문은 오병이어의 기적이었습니다. 물고기 두 마리와 보리떡 다섯 개로 남자들만 오천 명, 남녀노소 합치면 최소 2만 명이 먹었다는 이야기인데, 이것은 질량 보존의 법칙에 어긋나지요. 과학에서 법칙으로 끝나는 말은 절대적인 가치를 부여받은 진리에 해당합니다. 반면에 론으로 끝나는 것들은 절대적인 가치를 인정받지 못합니다. 예를 들어 진화론이 대표적이지요. 하지만 과학을 조금만 공부해보면 질량 보존의 법칙이라도 조건이 달라지면 다른 결과에 다다를 수 있습니다. 예를 들어 부활하신 예수님이 마가의 다락방에 벽을 통과해 나타나신 일에 대해서도 과학자들은 아예 불가능한 것이라고만 말하지 않습니다. 모든 물질은 원자와 전자의 구조로 되어 있는데, 원자와 전자 사이의 빈 공간이 워낙 커서 물질 간에 이 공간이 절묘하게 맞아 떨어질 경우 서로 부딪히지 않고 통과할 수도 있다고 합니다. 물론 불가능에 가까울 정도의 확률이긴 하지만 그렇다고 아예 불가능한 것은 아니라는 뜻이지요. 질량 보존의 법칙도 마찬가지입니다. 1킬로그램짜리 빵을 반으로 나누면 당연히 5백 그램짜리 빵 두개가 되지요. 하지만 여기에 시간이 더해지면 단순히 5백 그램이 아니라 그보다 커지거나 작아질 수 있게 된다고 합니다. 물론 2만 명이 먹을 정도로 늘어나는 일이야 없겠지만 질량 보존의 법칙을 절대적으로 적용해서 불가능이라고 못 박을 수는 없다는 말입니다.

오병이어의 기적에 대해 신학자들이 주장하는 것들 중에는 '비유'라는 주장과 '모델효과'라는 것이 있습니다. 비유라는 주장은 실제로 오병이어의 기적을 일으킨 것이 아니라 예수님의 말씀이 거기 모인 모든 사람을 영적으로 배부르게 했다는 식입니다. 이런 주장은 신천지 같은 이단 종파에서 비유풀이라는 것으로 가르친다고 합니다. 이건 그냥 배척할 만한 하지요. 그러나 모델효과는 좀 다릅니다. 한 아이가 자신의 도시락을 내어놓자 예수님이 이를 들어 축사하시고 제자들에게 나눠주시는 모습을 본 많은 사람들이 양심에 가책을 받아 자신들의 도시락도 꺼내놓으며 옆 사람들과 나눠 먹었다는 주장인데요. 이 역시 예수님의 기적 자체를 부정하는 것이라 설교 시간에 이런 해석을 내놓는 목사님은 안 계십니다. 하지만 실생활에서는 이런 논리로 오병이어를 주장하시기에 문제가 됩니다. 성전 건축할 때 주일학교 학생이 자신의 저금통을 깨서 5만 원을 헌금했고, 이를 광고하신 목사님이 헌금 위에 안수하며 오병이어의 기적을 기도했습니다. 그러자 한 아이의 헌신에 감동받은 많은 성도님들과 다른 교회들까지 성전 건축을 위해 헌금하면서 아름다운 성전을 건축하게 되는 오병이어의 기적이 일어났다고 할 때가 많지요. 이건 전형적인 모델효과에 불과합니다.

하지만 저는 사람이 벽을 통과하거나 오병이어의 기적을 일으키는 것은 과학적으로 불가능하다는 것을 진리로 믿습니다. 절대 있을 수 없는 일입니다. 따라서 만약 성경에 사람이 이런 기적을 행했다고 했으면 안 믿었을 것이지만 예수님이 하셨다고 하니까 별 의심 없이 믿을 수 있습니다. 예수님은 천지를 창조하신 분이시니 자신이 만드신 자연계의 법칙을 초월하실 수 있다고 생각하지요. 따라서 예수님이라면 얼마든지 부력의 법칙을 깨고 물 위를 걸으실 수 있고 물리적인 장벽에 구애받지 않은 채 벽을 통과할 수 있고 질량 보존의 법칙쯤이야 가볍게 무시하고 오병이어의 기적을 일으키실 수 있다고 믿습니다. 모세도 하늘에서 만나가 내리게 했는데 주님이라고 못하실까요.

제가 오병이어의 기적에서 힘들었던 것은 제한된 시간 안에 질량 보존의 법칙을 사뿐히 즈려밟고 2만 명이 먹을 양을 만들어내셨다는 것입니다. 아이의 도시락을 한데 뭉쳐 주먹밥처럼 만들어 그것을 둘로 쪼개는 형태로 2만 개를 만들어내려면 1초에 한 개씩만 만들어낸다 해도 5시간이 넘게 걸립니다. 아마 보고 있는 것만으로도 놀라 자빠질 광경이 되고 말 것입니다. 신학자들도 이런 문제에 대해 고민했던 모양입니다. 어느 신학자가 이 문제에 대해 '성흔론'을 제시했습니다. 예수님이 한 번 떼시면 그것에 성흔이 묻어 있어서 누가 떼어도 두 배가 된다는 주장이었지요. 나름 그동안 봤던 것 중에 제게 가장 설득력이 있는 주장이었습니다. 하지만 어느 순간 이것 역시 논리적 모순이 있다고 여겼습니다.

●

어쩌면 이게 답일 수 있어

현대판 신데렐라라는 이야기를 아십니까? 신데렐라 원작은 요정이 나타나 호박을 마차로 바꿔주고 유리 구두를 줘서 왕궁 행사에 보내지요. 그러나 현대판에서는 호박이 마차가 아닌 솜으로 변신합니다. 이에 짜증난 신데렐라가 원작도 못 봤냐며 화를 내지만 요정은 "워낙 현대가 성형수술로 여자들이 다들 예뻐서 네 얼굴로는 왕자가 거들떠도 안 볼" 거라며 "잔말 말고 솜이나 잘 챙겨가"라고 충고합니다. 신데렐라는 부랴부랴 궁으로 뛰어갔지만, 아니나 다를까 거기 모인 여자들이 한결같이 미스코리아 뺨치는 수준들이라 왕자가 들어오는 여자들을 한 줄로 세우고 차례대로 춤을 추고있었습니다. 신데렐라는 뒤늦게 도착하는 바람에 맨 뒤에 서게 되었고 가만히 따져보니 절대 12시 이전에 자기 차례가 올 것 같지않더랍니다.

　살짝 맘이 상해 있는데 왕자가 쌍코피가 터지고 말았습니다. 너무 많은 여자들과 춤을 추는 바람에 과로하게 된 것이지요. 하지만 거기 모여 있는 사람들 중에 솜을 가진 사람이 아무도 없었습니다. 신데렐라는 요정이 왜 솜을 잘 챙겨가라고 했는지 바로 이해가 되었습니다. 얼른 왕자에게 달려가 솜을 반으로 나눠 코를 막아주었지요. 이에 왕자는 준비성이 있는 신데렐라가 예쁘기도 하고 지혜롭기도 한 여자라며 남은 시간 신데렐라와만 춤을 추었습니다. 그렇게 꿈같은 시간을 보내고 있는데 12시를 알리는 종소리가 울렸습니다. 신데렐라는 아쉬워하며 왕궁을 뛰쳐나왔습니다. 물론 신발 한 짝 벗어놓는 것도 잊지 않았지요. 다음날이 되자 역시나 군인들이 유리 구두 한 짝을 가지고 집에 찾아왔습니다. 신데렐라는 기다렸다는 듯이 나머지 한 짝을 가지고 나와 자신이 바로 이 유리 구두의 주인이라고 했습니다. 그러자 군인들은 신데렐라에게 수갑을 채우며 살인미수죄로 체포한다고 했습니다. 이유는 어제 12시가 되자 솜이 호박으로 변하면서 왕자가 죽을 뻔했다고 합니다.

　저는 현대판 신데렐라 이야기를 듣는 순간 오병이어의 성혼론이 떠올랐습니다. 예수님의 흔적이 묻어 있는 떡이 누가 떼어도 두 배가 된다면 어떻게 먹을 수 있을까 싶었지요. 입에 넣을 만큼 떼려고만 하면 두 배가 되니 어렵고, 그냥 입으로 베어 물면 입 안에서 두 배가 되고, 씹으면 씹을수록 입에서 떡이 흘러나오는 상상이 되었던 것입니다. 이런 성흔론을 보완하기 위해 "예수님의 흔적은 침이 묻으면 사라진다"를 추가하는 것도 웃기지 않습니까? 이런 이유로 오병이어는 제게 이해되지 않는 본문이 되고 말았지요. 덕분에 꽤 오랜 시간 오병이어를 묵상하고 또 묵상하게 되었습니다.

그러던 어느 날 잠깐 조는 사이에 꿈을 꾸게 되었습니다. 제가 제자들 중 한 명이 되어 예수님이 나눠주신 떡과 물고기를 광주리에 받았습니다. 그리고 군중 사이사이를 돌아다니며 열심히 나눠주었습니다. 그러다 문득 제가 받은 양보다 더 많은 양을 나눠주고 있다는 생각이 들었습니다. 어찌된 일인지 광주리에 담긴 음식도 별로 줄어든 것 같지도 않았습니다. 다른 제자들은 어쩌고 있나 보고 있는데 여기저기서 자기들도 달라는 바람에 더 깊이 생각 못하고 나눠주는 데 바빴습니다. 어느 순간 사람들이 자신들도 다 받았다며 제가 주는 것을 거부하더군요. 그럼에도 제 광주리에는 음식이 그대로 남아 있었습니다. 다른 제자들과 함께 남은 음식을 가지고 주님께 갔더니 먹고 남은 음식이 열두 광주리가 되었습니다. 잠에서 깬 후 저는 제 무릎을 탁 치며 '맞아, 어쩌면 이게 답일 수 있어'라는 생각을 하게 됐습니다.

구약을 보면 엘리사가 자신의 제자들 중 한 명이 죽자 곤경에 처한 그의 부인을 도와준 일이 나옵니다. 가난했던 부인은 남편이 남긴 빚 때문에 팔려갈 처지가 되자 엘리사가 이웃들에게 가서 모든 그릇을 빌려다가 집에 있는 기름을 부으라고 하지요. 그랬더니 한 그릇밖에 없던 기름이 모든 그릇을 채우고도 그대로 남아 있게 되어 그 기름을 팔아 빚을 갚게 했다고 합니다(왕하 4장). 이런 기적은 엘리사의 스승이었던 엘리야에게도 있었지요. 열왕기상 17장에서 보면 가뭄으로 인해 죽을 수밖에 없던 사르밧 과부가 자신에게 남은 가루와 약간의 기름만으로 엘리야를 대접했다가 가뭄이 끝날 때까지 가루와 기름이 그 통에서 떨어지지 않았다고 합니다.

저는 이런 본문들을 근거로 어쩌면 '광주리'에 답이 있지 않을까 생각했습니다. 마치 물이 변하여 포도주가 되었던 돌 항아리처럼 말입니다. 그러다가 이내 생각이 바뀌었습니다. 광주리나 돌 항아리는 아무 것도 아닙니다. 우리나라에서 돌로 만든 부처나 마을 입구를 지키고 있는 커다란 나무가 아무 것도 아니듯이 말입니다.

하나님은 그릇을 사용하신 것이 아니라 엘리야와 엘리사를 사용하신 것이지요. 동일하게 예수님도 제자들을 사용하셨던 것입니다. 예수님은 열두 제자를 부르셨을 때 "더러운 귀신을 쫓아내며 모든 병과 모든 약한 것을 고치는 권능"(마 10:10)을 주셨습니다. 그러니 오병이어의 기적을 일으키실 때도 제자들은 주님이 쓰시는 사역자들이었습니다. 이런 묵상은 제게 큰 위로가 되었습니다.

저도 한 끼 식사할 돈밖에 없는 가난한 신학생이었지만 하나님이 쓰시면 2만 명에게 음식을 나눠 줄 수 있는 사람도 될 수 있을 것이란 기대를 갖게 되었기 때문입니다. 그러면서 은근 슬쩍 과거를 돌이켜보니 2만 명까지는 아니지만 최소 두 명 이상에게 그렇게 쓰임 받은 것도 같았습니다.

저는 비록 신학교에 다니는 거룩한 신학생이지만 아무리 들여다봐도 제 안에 선한 것이 전혀 없는 악한 사람에 불과했습니다. 어차피 인간이 행하는 모든 것이 죄일 수밖에 없다면 제 자신이 악한 사람이라는 것에 매여 있기보다 선하신 주님을 바라보며 겸손해지는 수밖에 없지요. 하나님이 지금이라도 공기 중에 산소를 거두어 가시면 우리는 모두 숨도 못 쉬고 죽을 수밖에 없는 존재이니 하나님을 인정하고 의존하며 사는 것이 최선의 방법일 것입니다. 그러다보면 악하고 연약한 저를 통해서도 하나님은 당신의 일을 하실 수 있을 것이라는 믿음이 생겼습니다. 오병이어가 단순히 성경에만 기록된 이야기가 아닌 제 삶에도 기록될 수 있는 하나님의 이야기가 되기를 원했습니다. 그리고 이미 하나님은 그 일을 시작하셨고 또한 온전히 이루실 것을 믿습니다.

14

라헬이 구슬프게 통곡한 이유

제가 성경을 읽다가 가슴이 아리는 느낌을 받았던 구절이 있습니다. 헤롯의 유아학살이 있은 후 선지자 예레미야를 통하여 말씀하신 것이 이루어졌다고 한 내용으로 다음과 같습니다.

라마에서 슬퍼하며 크게 통곡하는 소리가 들리니 라헬이 그 자식을 위하여 애곡하는 것이라 그가 자식이 없으므로 위로 받기를 거절하였도다 함이 이루어졌느니라 _마2:18

창세기에 나오는 야곱의 이야기를 모두들 알고 계실 것입니다. 아버지 이삭의 축복이 탐이 났던 야곱은 형 에서가 사냥을 하러 간

사이에 아버지를 속이고 그 축복을 받았었지요. 이에 화가 난 에서를 피해 야곱은 외삼촌 라반의 집으로 도망을 갔습니다. 그런데 거기서 너무나 아름다운 여인을 만나 사랑에 빠져버렸습니다. 야곱은 그녀와 결혼하기 위해 그녀의 아버지이자 자신의 외삼촌인 라반에게 7년간 품삯을 받지 않고 일하기로 합니다. 야곱이 그녀를 얼마나 사랑했는지 7년간 라반을 섬기면서도 며칠처럼 여길 정도였다고 하지요. 이렇게 야곱을 사랑에 눈 먼 남자로 만들어버린 여인이 바로 라헬입니다.

●

위로받기를 거절할 정도의 슬픔

라반은 야곱과의 약속을 어기고 결혼식 첫날밤에 라헬의 언니 레아를 침실로 들여보냈습니다. 술에 취한 채 첫날밤을 보낸 야곱은 아침이 되자 자신이 속은 것을 알게 되었습니다. 이로 인해 라반과 다투었는데, 라반은 지역 풍습상 언니보다 아우를 먼저 결혼시키는 것은 안 된다며, 라헬과 결혼하길 원한다면 다시 7년을 더 일할 것을 요구합니다. 야곱은 라헬을 얻을 수만 있다면 7년이 아니라 그보다 더한 세월도 할 수 있을 것 같았습니다. 결국 야곱은 레아와 라헬 모두를 아내로 맞이하게 되지요.

이런 야곱의 결혼은 많은 문제를 만들고 말았습니다. 야곱에게 사랑하는 여인은 라헬이었지만, 아이러니하게 정실부인은 레아였습니다. 이는 남편의 사랑을 받지 못한 레아에게도 문제가 되었고, 그런 언니와 사사건건 부딪혀야 하는 라헬에게도 좋은 상황은 아니었지요. 공교롭게도 하나님은 라헬에게는 자녀를 주지 않으셨고 번번이 레아에게만 자녀를 주셨습니다. 이것은 레아와 라헬 두 자매 사이에 자식 경쟁이 불붙게 했고, 자기의 여종들까지 남편에게 주면서 아들 낳기 경쟁에 빠지게 했습니다. 여종들도 아들을 각기 두 명씩이나 낳고 언니가 6명의 아들을 낳는 동안 라헬은 임신하지 못했습니다. 아무리 남편의 사랑을 독차지하고 있던 라헬이라도 아들이 없는 그녀는 전혀 기뻐할 수 없었지요. 이런 라헬을 불쌍히 여기신 하나님은 그녀의 태를 여셨고 야곱의 11번째 아들이자 나중에 애굽 총리가 될 요셉을 낳게 했습니다.

야곱은 4명의 아내와 11명의 자녀를 거느린 어엿한 가장이 되었기에 더 이상 라반의 집에 머무를 수 없어서 독립을 선언합니다. 가족들을 모두 데리고 라반의 집을 떠나 고향으로 돌아가던 도중 라헬이 야곱의 12번째 아들을 임신하게 됩니다. 고향으로 돌아가는 길에서 해산하게 된 라헬은 자신의 둘째 아들을 낳다가 죽게 되는데, 죽기 직전에 아들을 향한 애끓는 마음으로 '슬픔의 아들'이라는 뜻의 '베노니'라고 부르고 죽게 됩니다. 야곱은 베노니의 이름을 '오른손의 아들'이란 뜻의 베냐민으로 불렀습니다. 이런 이유로 라헬은 자녀와의 이별의 슬픔을 상징하는 여인이 되었습니다.

전설에 의하면 그녀의 묘지가 라마에 있었다고 합니다. 이후 라마는 베냐민 지파의 성읍이 되었고, 공교롭게도 유대인들이 바벨론에 포로로 끌려갈 때 이곳을 지나가게 되었습니다. 전쟁은 수많은 아들들을 죽음에 몰아넣게 되지요. 이스라엘도 바벨론과의 싸움에서 많은 희생자가 나왔고, 그렇게 아들을 잃은 어미들이 라마에 있는 라헬의 묘소를 지나며 울었습니다. 예레미야 선지자는 그런 어미들의 슬픔을 라헬의 슬픔에 빗대어 기록하기를 "여호와께서 이와 같이 말씀하시니라 라마에서 슬퍼하며 통곡하는 소리가 들리니 라헬이 그 자식 때문에 애곡하는 것이라 그가 자식이 없어져서 위로 받기를 거절하는도다"(렘 31:15)라고 썼던 것입니다. 마태는 이를 헤롯에게 자식을 잃은 여인들의 아픔에 빗대 인용했습니다.

●

슬픔과 고통의 배후는 누구인가?

슬픔과 통곡, 애곡, 위로받기를 거절함 등은 그것 자체로 심한 마음의 고통을 표현한 것들인데, 이것들이 모두 모여 있으니 그 슬픔을 헤아리는 것이 쉽지는 않을 것입니다. 그러나 저는 이 말씀이 그냥 지나치지 않고 제 마음을 헤집어 놓았습니다. 이 구절을 학부 시절에 만났으나, 저는 그 당시 어머니가 교통사고로 크게 다치시는 바람에 위로받기를 거절할 정도의 슬픔을 조금은 알고 있었습니다. 사람들이 와서 어떤 말을 해도 제게는 조금도 위로가 되지 않았고, 그런 위로는 듣기도 싫었습니다. 그저 하나님에 대한 분노만 차올라서 신학도 때려 치우고 교회도 안 나갔습니다. 제가 어머니의 죽음도 아니고 교통사고를 당해 식물인간이 되신 것만으로도 그렇게 힘들고 아팠는데, 너무나 사랑스런 아기를 잃은 베들레헴의 어미들의 슬픔은 훨씬 더 컸을 것이 분명하지요. 저는 1년여 정도 방황하다가 하나님께로 돌아왔지만, 죽은 아이의 부모들은 죽을 때까지 하나님께 돌아오지 못할 것 같았습니다. 그러다 보니 이 말씀이 제 마음을 매우 아리게 만들었습니다.

그런데 저를 더 힘들게 만든 것이, 이 구절이 예레미야의 예언으로 기록되었다는 점입니다.

[16]이에 헤롯이 박사들에게 속은 줄 알고 심히 노하여 사람을 보내어 베들레헴과 그 모든 지경 안에 있는 사내아이를 박사들에게 자세히 알아본 그 때를 기준하여 두 살부터 그 아래로 다 죽이니 [17]이에 선지자 예레미야를 통하여 말씀하신 바 [18]라마에서 슬퍼하며 크게 통곡하는 소리가 들리니 라헬이 그 자식을 위하여 애곡하는 것이라 그가 자식이 없으므로 위로 받기를 거절하였도다 함이 이루어졌느니라 _마2:16–18

마태는 헤롯이 미쳐서 "베들레헴과 그 모든 지경 안에 있는 사내아이를 박사들에게 자세히 알아본 그때를 기준하여 두 살부터 그 아래로 다 죽인 것"을 하나님이 예정하신 일로 기록한 것 같았습니다. 다시 말해 위로받기를 거절할 정도의 엄청난 슬픔을 헤롯이 자행하기는 했으나, 그 배후에는 하나님이 범인이라는 것처럼 제 귀에 들린 것입니다. 이런 이해를 가지기 시작하면서 하나님에 대해 일종의 배신감 같은 것이 느껴지고, 제 신학은 그런 하나님을 향한 도발적인 느낌을 갖게 했습니다.

●

예정과 예지를 어떻게 구별하는가?

신학을 공부하면서 알게 된 사실에 의하면 예수님이 AD 1년에 태어나신 것이 아니었습니다. 원래는 BC 4년경에 태어나셨다고 합니다. 그러나 약간의 착오에 의해 후대에 연도를 설정할 때 실수가 생겨 BC와 AD가 예수님 탄생일보다 4년이 뒤로 가게 되었지요. 그럼 그 근거가 무엇이었을까요? 바로 헤롯의 사망년도 때문이었습니다. 유아학살의 장본인이었던 헤롯은 역사가에 의하면 BC 4년에 죽었습니다. 예수님은 헤롯이 왕으로 있을 때 태어났으니 당연히 BC 4년 이전으로 올라가야만 했던 것이지요. 이런 사실을 알게 되면서 저의 분노는 더 상승하고 말았습니다. 예수님이 이 땅에 1년만 늦게 태어나셨어도 헤롯의 유아학살로 슬픔에 빠질 일은 없었을 것 같았기 때문입니다.

최초의 메시아 예언 구절은 창세기 3장 15절에 나옵니다. 선악과를 따먹은 아담과 하와를 에덴동산에서 쫓아내시기 전, 그들을 책망하실 때 하나님이 뱀에게 하셨던 말씀으로 "내가 너로 여자의 후손과 원수가 되게 하리니 여자의 후손은 네 머리를 상하게 할 것이요 너는 그의 발꿈치를 상하게 할 것이니라"고 하셨는데, 이때 여자의 후손이 예수 그리스도를 의미했던 것이지요. 그로부터 수천 년의 세월이 흘러 예수님이 오셨는데, 고작 1-2년 더 늦게 오신다고 무슨 차이가 있겠습니까? 인류의 역사를 AD와 BC로 나누는 것도 4년의 오차가 생겼는데, 헤롯이 죽은 뒤 4년 정도 후에 오셨더라면 이런 역사의 오차도 없애고 베들레헴에서 통곡하는 소리도 없었을 것 같았습니다.

헤롯의 유아학살의 문제로 이런 고민에 빠져 있을 때, 한 선배님이 제게 다음과 같이 조언하시더군요.

"이건 하나님이 예정하신 것이 아니야. 하나님이 무슨 악의 화신도 아니고 죄 없는 아기들을 죽이라고 하셨겠어? 그저 이런 예언이 존재한다는 것은 하나님이 이런 일이 일어날 줄을 미리 알고 계셨다는 거지. 넌 무슨 애가 그렇게 하나님을 조직폭력배로 만드냐?"

헤롯의 유아학살을 하나님이 정하신 것이 아니라 하나님이 알고 계셨다는 그 선배님의 논리는 일견 맞는 말처럼 들렸습니다. 그렇다고 제 고민이 사라지는 것은 아니었습니다. 예정과 예지를 어떻게 구별하는가의 문제가 남아 있었기 때문입니다. 성경이 헤롯의 유아학살에 대해 명확하게 "이건 예지다"라고 하지 않았기에, 우리가 느끼는 감정적인 이유로 "하나님의 예정일 리가 없어. 이건 무조건 예지야"라고 한다면, 그건 올바른 해석이 될 수 없어 보였습니다.

유아학살 사건은 오랫동안 저를 괴롭혔습니다. 예수전도단에서 하는 미니 컨퍼런스에서 다른 학교를 섬기시던 간사님이 저희 조를 맡으셨는데, 제게 무슨 고민이 있냐고 묻는 말에 헤롯의 유아학살 이야기를 꺼냈습니다. 그 간사님은 신학을 전공하신 분이 아니셨기에 제게 전문적인 조언을 해주지는 못했습니다만, 그렇다고 화를 내면서 말할 것까지는 없었을 것 같은데, 이렇게 말씀하시더군요.

"재훈 씨. 누가 재훈 씨더러 그런 쓸데없는 고민하라고 했나요? 그것이 하나님의 예정이면 어떻고 예지면 어때요? 뭐가 달라지나요? 그런 걸 고민할 시간에 성경이나 더 읽어요."

저는 그 간사님과의 대화를 끝으로 유아학살에 대해 다른 사람들과 나누지 않았습니다. 오로지 저 혼자만 끌어안고 씨름해야 했지요.

●

전지전능, 무소부재, 영원불변

조직신학을 배우면서 하나님의 속성 중 '전지전능'과 '무소부재'

그리고 '영원불변'을 알게 되었습니다. 전지전능은 뭐든지 다 알고 계시며 뭐든지 하실 수 있다는 뜻이었고, 무소부재는 계시지 않는 곳이 없으시며 어디에나 계신다는 뜻이었으며, 영원불변은 영원토록 변함없으시다는 뜻입니다. 즉 하나님은 어디에나 계시며, 언제든지 변함없이 모든 것을 아시고, 모든 것을 행하시는 분이라는 것입니다. 이중에서 예지예정은 전지전능과 깊은 관계가 있습니다. 하나님은 모든 것을 아시기(전지)에 미리 아실(예지) 수 있고, 모든 것을 하실 수 있기(전능)에 미리 정하시는 것(예정)도 가능하시지요.

전지전능하신 하나님이 어떤 일에 대해 미리 아셨다면 그 일이 일어나지 않게 막을 수도 있었던 것 아닐까요? 굳이 예수님을 BC 4년에 보내실 거라면 그 전에 헤롯을 죽이실 수도 있었잖아요. 아니면 동방의 박사들이 헤롯에게 가서 유대인의 왕으로 오신 아기 예수에 대해 알리지 못하게 막을 수도 있었고요. 헤롯의 유아학살이 하나님의 예정이 아니라 예지였다고 해도 하나님이 베들레헴 여인들의 깊은 절망과 무관하다고 말할 수는 없을 것 같습니다. 저는 이런 식으로 아기들의 죽음에 대해 하나님께 면죄부를 드릴 수는 없었습니다.

오늘날은 자식의 죽음만큼 괴로운 것이 없습니다. 예전에는 백일잔치와 회갑잔치가 있어서 보통 아기들이 태어나 백일 넘기는 것과 부모님이 환갑을 넘어 살아계시는 경우가 드물었습니다. 그래서 자식을 많이 낳기도 했고, 부모님이 오래 사시면 잔치도 벌이곤 했었습니다. 그러나 요즘은 자녀를 많이 낳는 시대도 아니거니와, 의료기술이 발전해서 어지간하지 않으면 다 살려내기에 인간의 평균 수명도 길어졌습니다. 당연히 과거의 우리 부모님 세대와는 죽음을 대하는 정도가 조금 다를 것 같습니다. 그렇다고 해서 헤롯 시대의 부모들이 자식의 죽음에 대해 무감각했다고 말할 수도 없습니다. 백번 양보해서 그 당시에는 자녀들이 일찍 죽는 일이 많아 여러 자식들 중 하나가 죽었어도 다른 자식들이 있으니 괜찮다고 하더라도, 베들레헴에 살던 사람들 중에 아브라함처럼 귀하게 얻은 아들을 잃은 부모가 전혀 없었다고는 말할 수 없지요. 만약 어떤 사람이 세례 요한의 부모님이셨던 사가랴와 엘리사벳처럼 오랜 기다림 끝에 얻은 아들을 '유대인의 왕으로 오신 이'(마 2:2)로 인해 잔인한 죽음에 이르게 해야 한다면, 아무리 신앙이 훌륭하다 한들 제 정신으로 버텨내기란 불가능할 것 같습니다.

보통 위로받기를 거절할 정도의 큰 슬픔은 자살로 이어질 가능성이 매우 높습니다. 아니면 복수로 이어지지요. 반드시 누군가의 피의 대가를 요구하게 마련인 것이 절망이라는 감정입니다. 아기를 잃은 어미들은 그 깊은 슬픔에서 헤어 나오지 못하고 자살했을 가능성이 있고, 아들과 아내를 잃은 남자들은 증오심에 불타오를 수 있지요. 제가 만약 아기와 아내를 잃은 남자였다면 헤롯으로 하여금 미치광이로 돌변하게 만든 '유대인의 왕으로 나신 이'를 죽이고 싶었을 것 같습니다. 헤롯은 어차피 미치광이고 실제 권력자라서 감히 다가갈 수 없으니까요.

이런 제 마음은 신학을 공부하는 동안 수면 아래로 가라앉았다가 어느 순간 다시 올라오기를 반복하며 늘 제 마음을 괴롭게 했습니다. '소리엘'이 부른 '다니엘'이라는 노래의 가사처럼 '죽음을 주셔도 은혜'라고 고백했다가도, 제가 죽는 것과 자식이 죽는 것은 전혀 다른 문제로 다가오기도 하고, 주님이 나의 십자가를 지시고 골고다에 올라 죽으셨다는 사실로 인해 '나도 이제 십자가를 지고 주님을 따르는 제자가 되어야겠다'고 생각하다가도, 내 십자가가 결코 자식의 죽음이 되어서는 안 된다고 항변하기도 했습니다.

●

우리가 미처 보지 못하는 하나님의 계획

저는 딸아이의 치료를 위해 목회까지 걸고 하나님께 기도한 적이 있었습니다. 그 기도를 통해 하나님의 예지예정에 대해 깊은 묵상을 하게 되었습니다. 예를 들어 제게 하나님의 전지하심이 있어, 제 딸아이가 학교에 갔다가 계단에서 굴러 다리가 부러질 것을 미리 알고 있었다면 저는 아이를 학교에 보내지 않겠지요. 하지만 하나님의 전지하심은 하루 앞날만 미리 보는 지혜가 아닙니다. 아이가 다친 후 어떤 삶을 살게 될 것인지도 내다볼 수 있을 것입니다. 아이는 다리가 다치는 사고로 인해 병원에 갔다가 평생의 멘토가 될 의사 선생님을 만나게 되거나, 아이가 평소 덤벙거리는 습관이 다리 다치는 사고로 인해 고쳐지게 된다고 해도 학교에 안 보내게 될까요? 아이가 그 사고로 인해 다리를 다친 분들의 마음을 알게 되어 삶의 목표가 아이돌이 되겠다는 생각에서 새롭게 변해 몸이 불편한 이들을 위한 삶을 살게 될 것까지 알게 된다면 학교에 안 가겠다는 아이를 등 떠밀어서 보낼지도 모릅니다. 어쩌면 아이가 다치게 될 것을 미리 정하는 것도 가능하지요. 아이를 미워해서가 아닙니다. 오히려 아이를 너무나 사랑하기 때문에 그렇게 하는 것입니다. 아이가 다리가 부러지고 그 일로 힘들어 할 때 곁에 같이 있어주며 매일 병원에 업어다 주고, 아이의 손발이 되어 먹여주고 씻겨주고 하는 수고까지 다 감당할 각오가 되어 있지요. 단순히 아이가 다칠 것을 알면서도 학교에 보냈다는 이유로 제가 비난 받을 것까지는 없습니다.

조금은 스케일이 다르지만, 하나님 역시 헤롯의 유아학살이 제게 비난 받으실 일은 아닐 수 있었습니다. 어쩌면 이 사건에서도 하나님이 행하시는 모든 것이 선이고 제가 생각하는 모든 것이 다 악이라는 전제를 반드시 깔아야 할 수도 있습니다. 제가 제 딸아이를 보고 그의 평생에 미칠 영향을 계산한다면, 하나님은 인류 역사 전반을 거쳐 모든 것을 따져보고 가장 선한 방향으로 일하실 수 있는 분이시지요. 아니 반드시 그렇게 하셔야만 합니다. 단순히 베들레헴 인근에 살았기에, 헤롯의 유아학살을 당해 슬퍼할 이들이 불쌍해서 근시안적인 판단으로 예수님을 1년 늦게 보내거나 헤롯을 미리 죽게 하시는 것은 전지하신 하나님이 하실 일은 아니었을 것입니다. 제가 미처 보지 못하는 하나님의 계획이 있을 수 있음을 저는 겸손하게 고백해야 했습니다.

하나님은 지금의 저를 만드시기 위해서 어머니의 눈을 가져가셨고, 제 어린 시절을 심장병으로 보내게 했으며, 사춘기 시절 유서를 품에 품고 다니며 죽음에 대해 진지한 생각을 품게 하셨을 수도 있습니다. 인정하는 데 시간이 오래 걸리긴 했지만, 어머니의 교통사고나 아버지의 죽음마저도 하나님의 선하신 계획 속에 담겨 있었습니다. 아직은 제가 다 깨달은 것도 아니고, 하나님이 그 모든 아픔과 고통의 시간을 통해 저를 온전히 세우신 것이 아닐 수 있습니다. 하나님의 시선에서 본다면 이 모든 아픔과 고통의 때가 제가 아닌 제 자녀들을 위해 예비된 것일 수도 있고, 그보다 더 먼 후대의 어떤 자녀를 위한 일일 수 있으니, 무조건 지금 내 삶이 힘들다고 하나님이 틀렸다거나 악한 분이라고 할 수는 없습니다.

●

헤롯의 유아학살의 의미

그럼 하나님이 헤롯의 유아학살을 통해 이루시고자 했던 계획이나 뜻은 과연 무엇일까요? 그 뜻이 얼마나 고상하고 위대하기에 그렇게 막 아기들을 죽게 해도 괜찮을 것일까요? 이 문제에 대해

해답을 찾기란 매우 어렵습니다. 다만 하나님에게는 우리 인간들과 전혀 다른 능력이 있으시다는 것을 기억해야 합니다. 제가 어머니의 교통사고와 아버지의 죽음, 제 심장병이나 딸아이의 장애 등에 대해 하나님의 깊으시고 선하신 뜻을 깨달았다는 것이 아니라, 하나님은 절대적으로 선하신 분이시기에 이 모든 것이 합력하여 선을 이루게 하실 것이고, 저에게는 잃어버렸던 모든 것을 도로 다 되찾아주실 능력이 있다는 사실이 하나님의 선하심을 믿게 하는 힘으로 작용합니다. 좀 더 억지를 부려본다면, 헤롯의 유아학살로 모든 것을 잃어버린 남자가 하나님께서 헤롯의 모든 악행을 심판하시고 그에게는 모든 것을 회복시켜주실 것을 꿈이나 환상을 통해 보여주신다면 그 남자의 증오와 복수심이 사라지지 않을까요?

우리가 믿는 하나님은 반드시 악을 심판하시고 우리를 그저 위로하시는 분이 아니라, 도로 갚아주시되 가장 완벽히 회복된 상태로 갚아주실 분이심을 믿습니다. 이 세상의 끝에 예수님이 다시 오심으로 하나님의 나라를 완전히 성취하셔서 사자가 어린양과 뛰놀고, 독사 굴에 어린이가 손 넣고 장난쳐도 물지 않는 나라가 되고, 저는 자들과 눈 먼 자들과 못 듣는 자들과 옥에 갇힌 자들과 눌린 자들이 회복되고 죽었던 모든 자들이 다시 살아나게 된다면, 저는 하나님이 제 인생을 통해서 하시고자 하는 모든 일에 대해 할렐루야를 외칠 수 있는 힘이 생기겠지요.

어쩌면 이 모든 회복의 시작이 십자가일 수 있습니다. 헤롯의 유아학살로 자식과 아내를 모두 잃은 그 사내는 십자가에 달려 죽으신 예수님을 보고, 또 더 나아가 다시 사신 예수님을 만나게 된다면, 그는 분명 우리가 전해 듣고 믿는 것보다 더 확실하고 분명하게 믿음을 가질 수 있게 될 것입니다. 뿐만 아니라 하나님이 왜 다른 사람이 아닌 자신의 아들과 아내를 죽음에 이르게 했는지 새로운 이해를 갖게 될 것입니다. 저의 단순한 생각만으로도, 그 사람은 이 땅에 아기 예수의 존재를 지우려 했던 헤롯의 폭정에도 불구하고 하나님의 아들 예수 그리스도가 이 땅에 오셨으며, 그는 유대인의 왕이라는 사실을 증명할 증인이 되었을 것입니다.

●

자식을 잃은 어느 사내의 이야기

성경에 나오는 이상한 사람들 중에서도 제가 유독 미심쩍게 보는 사람들이 예수님의 승천을 지켜보던 500여 성도입니다. 그들은 과연 누구였을까요? 예수님이 십자가에 달려 돌아가실 때 제자들조차 다 도망갔습니다. 그리고 부활하신 예수님이 찾아오셔서 평강을 전하실 때까지도 마가의 다락방에 숨어 있어야 할 만큼 예루살렘 도시의 분위기는 험악했습니다. 이미 십자가형이라는 극형으로 죽은 사람을 경비병이 삼엄하게 지키는 무덤에서 제자들이 훔쳐갔다는 소문까지 돈 마당에, 스스로 예수님이 부활하셨다고 고백할 수 있는 사람들이 500명이 넘는다는 것이 쉽게 납득되지 않습니다. 어쩌면 그 500여 명의 사람들 중에 십자가형을 집행했던 백부장도 포함되었을 수 있고, 예수님의 옆구리를 찌른 로마의 군인이자 기독교의 성인이 된 롱기누스도 포함되었을 수 있습니다.

그렇다면 그들 중에 '유대인의 왕으로 오신 이'로 인해 헤롯의 유아학살로 자녀를 잃어야 했던 부모들은 없었을까요? 또한 사도행전에 보면 '욥바에 다비다라는 여제자'(행 9:10)가 등장하는데, 그녀는 도대체 어떤 경로로 예수님을 믿는 제자가 되었을까요? 다소 억지스러울 수 있지만, 다비다가 헤롯의 유아학살로 자식을 잃은 그 어미였을 수도 있겠다는 것이 제 상상입니다.

또한 사도행전에 '알렉산드리아에서 난 아볼로라 하는 유대인이 에베소에 이르니 이 사람은 언변이 좋고 성경에 능통한 자'(행 18:24)라고 나옵니다. 알렉산드리아라면 이집트 북부 지방에 있던 유대인 집단 거주지를 의미합니다. 이 사람은 왜 뜬금없이 에베소에 등장했던 것일까요? 신학자들에 의하면 세례요한이 죽고 이집트로 내려간 그의 제자들을 통해 예수님을 알았을 것이라고 하는데, 그렇다고 한다면 "그가 일찍이 주의 도를 배워 열심으로 예수에 관한 것을 자세히 말하며 가르치는"(행 18:25) 사람이 된 것을 설명하기에는 다소 부족함이 있는 것도 사실입니다. 제가 상상을 과하게 해보면, 헤롯의 유아학살로 자식을 잃은 어느 사내가 '유대인의 왕으로 나신 이'에게 복수하기 위해 이집트에 쫓아갔다가, 아볼로에게 예수에 대해 전해주었을 수도 있습니다.

제가 군대 있을 때 어렴풋이 하고 있던 이런 상상을 어느 고참에게 털어놓은 적이 있습니다. 그 고참은 뮤지컬을 전공하고 있었지요. 제 이야기를 들은 고참은 "우리가 제대하면 함께 만나서 대본을 만들고 뮤지컬로 꾸며 보자"고 제게 제안했습니다. 하지만 제대후 그 고참을 만나지 못했고, 혹시나 이런 이야기가 뮤지컬로 나오는지 기다려봤지만 아직까지 발견하지 못했습니다.

제가 개척을 한 후, 노회 안에서 걷기운동을 위해 모이는 목사님들에게 말씀드렸더니 목사님들이 너무 좋은 내용이라며 저에게 직접 소설로 쓰라고 권해주셨습니다. 제가 글쓰기를 좋아하긴 했지만, 단순히 페이스북에 쓰는 것과 소설을 쓰는 것은 엄연히 다른 일이었습니다. 시도는 해봤지만 도저히 제가 쓸 수 있는 것이 아니더군요. 그런데 마침 제 딸아이에게서 글재주가 보였습니다. 초등학교 3학년 때부터 시를 쓰는데, 아빠인 제 눈에 작가의 기질이 있어 보였습니다. 그래서 아이가 쓴 시들을 모아 저의 첫 번째 책인 《목사도 사람입니다》에 실어주었습니다. 지금은 중학교 3학년이 되어 시를 쓰지는 않고 인터넷 소설을 쓰고 있더군요. 초등학생 때와 달리 제게 자기가 쓴 소설을 보여주지는 않지만, 아이의 꿈이 작가가 되는 것인 만큼 제 아이에게 헤롯의 유아학살에 관한 소설을 써보지 않겠느냐고 제안했습니다. 딸아이가 "오케이" 하면서 작업에 들어갔고 지금은 완성되었지요. 이 책에서 제 딸아이의 소설을 여러분들에게도 보여드릴 수 있게 되어 기쁩니다. 바로 이 다음장에서 보시게 됩니다.

제가 헤롯의 유아학살에 매달렸던 것은, 이 사건마저도 제가 하나님의 사랑으로 고백할 수만 있다면 제 삶에 있었던 모든 고통과 아픔에 대해 하나님께 감사할 힘이 생길 것 같았기 때문입니다. 지금은 이것이 하나님의 예정이었다고 해도 제게 아무런 원망이나 불평이 없습니다. 하나님의 선하심을 믿고 있으며, 모든 것을 주 안에서 회복시키실 것임도 너무나 잘 알고 있지요. 저의 유일한 고백은 하나님은 오직 사랑이시라는 사실입니다.

전하영 소설

전하영 발안중학교 3학년

·엘르아살의 증언·

"라헬, 내가 당신을 평생 지켜주겠다고 약속할게요."

라헬이랑 결혼했다. 내가 당신을 평생 지켜주겠노라고, 우는 일 없게 해주겠다고 약속했다. 자고 일어나 눈을 뜨면 눈앞에 자고 있는 라헬의 얼굴이 보이고, 밥을 같이 먹고, 자려고 누우면 옆자리에 라헬도 따라 누웠다. 정말 행복했다. 사랑하는 사람과 함께한다는 느낌이 이런 것이로구나. 웃고 있는 라헬의 얼굴을 보고 있으면 나도 자연스레 미소가 지어졌고, 어쩌다 실수를 하거나 어딘가 미숙한 모습을 보아도 마냥 귀엽게만 느껴졌다.

"엘르아살과 라헬은 정말 사랑꾼들끼리 잘 만났어."

"맞아, 하나님께서 저 둘을 너무 사랑하셨나봐. 하늘이 맺어준 인연이라니까!"

마을사람들 모두 우리를 보고 하늘이 맺어준 인연이라고 말했다. 나도 그 말에 동의했다. 나는 그만큼 라헬을 사랑했고, 라헬도 날 사랑해줬다.

결혼 직후 마냥 좋기만 했던 때와 달리 어느 정도 익숙해져 그때의 그 감정은 많이 옅어졌어도, 아직 우리가 서로를 사랑한다는 점은 확실했다. 아침에 일어나서 한 번, 일터로 나가기 전에 한 번, 가만히 있다가도 한 번, 자기 전에 또 한 번, 서로에게 사랑한다고 고백하는 건 내게 하루를 살아갈 수 있는 힘이 되어주었다.

영원히 행복하기만 할 것 같았던 우리에게도 한 가지 문제가 있었다. 하나님께서 우리 둘을 맺어주시곤 우리에게 아기를 허락하지 않으셨다. 라헬을 사랑하는 만큼, 이제는 이 사랑을 나와 라헬을 닮은 아기에게 나눠주고 싶었다. 하지만 결혼한 지 시간이 꽤 많이 흘렀음에도 불구하고, 아기는 좀처럼 우리에게 찾아오지 않았다. 하나님께 우리에게 아기를 허락해달라고 매일 밤 기도했다.

"사랑의 하나님, 제게 아기에게 사랑을 나누고 싶은 마음을 갖게 해주셔서서 감사합니다. 이제는 저와 라헬 둘만이 아닌, 우리 사이에서 나온 아기에게 이 사랑을 나눠줄 수 있도록 새 생명을 허락해주세요."

하지만 하나님은 우리에게 쉽게 아기를 허락하지 않으셨다. 그래도 괜찮았다. 믿음의 조상 아브라함은 100세에 아들 이삭을 얻었다 하지 않았는가. 우리는 하나님께서 우리에게 너무나 사랑스러운 아기를 내려주시느라 오래 걸리는 것이라고 믿었다. 가끔씩 '난 지금 라헬과 둘이서만 지내도 너무 행복한데, 이대로 아이 없이 우리 둘만 있어도 괜찮지 않을까?' 하는 생각이 들었지만, 내 품에 나와 라헬의 피를 나눠가진 아기가 안겨 있는 상상을 하고 있으면 그런 생각은 사라져버리고 말았다.

"엘르아살, 있잖아요, 난 얼른 우리 아기가 우리에게 찾아왔으면 좋겠어요."

"난 당신만 있어도 괜찮을 것 같은데."

"그런 소리 하지 말아요. 그 말 듣고 하나님께서 아기를 안 보내주시면 어떡해요. 옆집이 이번에 아기를 낳았는데, 너무 행복하대요. 너무 힘든데, 그만큼 너무 행복하대…"

사실, 아기는 나보다 라헬이 더 갖고 싶어했다. 이따금씩 마을 사람들이 아기를 가졌다는 소리를 들으면 온 몸으로 부러워하며 속상해하는 게 안타까워 보이기도 했다. 아기가 태어나면 "너 때문에 내 아내가 속상해 했다"고 한 소리 해줄까, 하는 영양가 없는 고민도 잠깐 했었다.

✣

"응애~!"

누가 말하지 않았는가, 기다리는 자에게 복이 있다고. 5년 정도 기다린 결과 유난히 무덥던 어느 날 아주 사랑스러운 아들이 우리에게 찾아왔다. 이제 갓 태어나 눈도 못 뜬 아기가 얼마나 사랑스러운지, 10달 동안 아기를 뱃속에 배고 있느라, 그리고 아기를 낳느라 고생한 라헬에게 고마워 눈물이 다 날 지경이었다.

"눈은 당신을 닮아서 큰 것 같고, 머리숱도 당신 닮아서 많으려나 봐요. 머리숱이 장난 아니에요."

"성격은 라헬 당신을 닮았으면 좋겠는데. 당신을 닮았으면 분명히 이 아이도 착하게 자랄 거야. 마치 곤경에 처한 이들을 못 지나치는 당신처럼."

세상을 다 가진 기분이었다. 다들 이래서 아이를 갖는 걸까? 집이 부유하지 않아도, 내가 가진 것 하나 없어도 지금 내 눈앞에 있는 이 아기와 라헬만 있다면 세상 온 천하가 부럽지 않았다. 아니, 누가 내게 이 둘을 포기하면 세상을 다 준다 해도, 나는 일말의 고민도 없이 바로 내 아이와 라헬을 택할 수 있다.

"음…. 엘르아살, 우리 아기 이름은 뭐로 할까요?"

"내가 예전부터 고민해온 이름인데, '여고냐' 어때? 우리 아이는 하나님이 세우시는 사람이 되면 좋겠어."

"여고냐 좋은데요? 어머 여고냐 웃는 것 좀 봐요. 자기도 그게 좋은가 봐."

아기의 이름은 여고냐로 지었다. 여고냐는 '하나님이 세우신다'는 뜻이다. 하나님께 매일 기도하고 오래 기다려 얻은 소중한 내 아들이니까, 하나님께서 이 아이를 당신의 큰 뜻을 이루기 위해 세워주시길 기대하며 지은 이름이었다. 하나님께서 이 아이의 기둥이 되어주셔서 아이가 바르게 자라날 수 있기를, 너의 앞길에

네 행복을 가로막는 존재는 나오지 않기를 바라고 또 바랐다.

✦

여고냐가 태어난 이후 내 행복은 배가 되었다. 여고냐가 태어나기 전까지는 집에 라헬 혼자 있었기 때문에 여관에서 다시 집으로 돌아갔을 때 집에 묘한 적막감이 맴돌았던 것과는 달리, 이젠 집에 들어가면 사람 사는 집답게 여고냐의 울음소리 혹은 웃음소리가 나를 반겼다. 텅 비어 있던 집안에도 여고냐를 위한 헝겊 인형 등 여러 물건들로 채워져 갔다. 집에 들어갔을 때 웃고 있는 여고냐를 안으면 그날의 피곤이 싹 가시는 듯했다.

그래도 육아는 정말로 고된 일이었다. 아기를 안아서 재워도 눕히는 즉시 다시 깼으며, 집이 떠나가라 울어도 도통 왜 우는지 모르겠어서 정말 곤란한 상황의 연속이었다. 나는 일터에서 돌아와 이렇게 잠깐 봐주는 것도 이리 고된데, 라헬은 어떻게 종일 아기를 돌보는지 정말 대단하게 느껴졌다. 하지만 여고냐를 키우는 게 아무리 힘들어도 도통 미워할 수가 없었다. 울고 있으면 또 운다고 짜증이 나는 게 아니라, 내 새끼가 뭐 때문에 이렇게 우는지 걱정부터 됐으며, 나를 보고 방긋방긋 웃어줄 때면 그날 하루가 얼마나 힘들었든지 간에, 이 웃음을 계속 볼 수만 있다면 이 정도 힘든 일이야 뭐 100번도 더 견딜 수 있다는 생각이 들었다.

"여고냐, 아빠 왔네. 아빠!"

"압바~?"

"라헬, 방금 들었어? 여고냐가 나보고 아빠래. 하하, 그래 내가
네 아빠다. 여고냐."

여고냐는 정말 언제 이렇게 자란 건지 의아할 정도로 빠르게
자라갔다. 원래 아기들이 이렇게 빨리 자라는 건지, 여고냐가 유
난히 잘 자라는 건지 몰라도, 눈 감았다가 뜨면 한 뼘씩 자라 있
는 듯한 느낌이 들었다. 그날도 그랬다. 오늘은 왠지 일찍 집에
들어가고 싶어 여관 일을 급하게 마무리하고 집으로 들어갔는데,
여고냐가 나보고 아빠라고 했다. 아침까지만 해도 옹알이로 알아
들을 수 없는 말을 중얼거리던 아기가 나보고 아빠라고 했다. 아
빠!

"여러분! 우리 아들 여고냐가 글쎄 나보고 아빠랍니다! 아빠!"

✛

"당신 지금 그러고 있을 때가 아니야, 헤롯왕이 글쎄…."

나는 다음날 예루살렘에 약속이 있어 갔다가 만난 사람들에게
내 아들을 자랑했다. 내게 여고냐라고 아주 아주 사랑스러운 아

들이 하나 있는데, 우리 여고냐가 글쎄 나한테 아빠라 했다고. 내가 분명히 들었다고, 내 아들이 천재인 것 같다고.

그런데 사람들의 반응이 조금 이상했다. 평소 같았으면 세상에 그게 정말이냐며 같이 기뻐해줬을 텐데, 어딘가 모르게 불안하고 초조해 보였으며, 사람들 사이에 이유를 알 수 없는 긴장감이 맴돌았다. 보다 못한 한 어르신이 내게 전해준 이야기는 몹시 충격적이었으며, 나를 엄청난 공포 속으로 몰아넣었다.

"헤롯왕이 지금 유대인의 왕이라 불리는 아기를 찾아 죽이려 하고 있네."

사건의 전말은 이러했다. 헤롯왕이 자기 큰아들을 죽였다. 자세하게 말하자면, 헤롯왕이 자신의 왕위를 큰아들에게 물려주기 위해 로마 황제의 승인까지 다 받아놓았다고 한다. 그래 뭐, 본인 자리는 누구나 로마 황제의 신임을 얻는다면 앉을 수 있으니까, 게다가 본인은 이스라엘의 정통성을 지니지 못한 사람이니까, 더욱이 본인의 자리를 지키고 싶었을 테니 그럴 수 있다 싶었다. 아니 오히려 그게 당연하다 싶었다. 그런데, 헤롯왕이 왕위를 물려주기로 한 큰아들이 그 자리에 더 빨리 앉고 싶은 욕심에 눈이 멀어 헤롯왕을 죽이기 위해 헤롯왕의 잔에 독을 탄 것이다. 진짜 문제는, 독이 든 잔을 헤롯이 아닌 헤롯의 동생이 마시고 죽어버린 것이다. 그래서 헤롯은 큰아들을 죽여 버렸다. 이를 두고 아우구

스투스 황제는 "헤롯의 아들이 되느니 차라리 헤롯의 돼지가 되는 게 낫겠다. 헤롯은 적어도 돼지는 안 잡아먹을 테니까"라고 비아냥거렸다고 한다. 유대 전통은 돼지를 잡아먹지는 않으니까 말이다.

거기에 더불어, 불난 집에 부채질이라도 하듯 동방박사라는 사람들이 찾아와 "유대인의 왕으로 오신 이가 어디 계시냐? 우리가 동방에서 그의 별을 보고 경배하러 왔노라"고 말한 것이다. 광기에 찬 헤롯이 모든 대제사장들과 백성들의 서기관들을 모아 유대인의 왕이 어디서 나느냐고 물었더니 유대 베들레헴에서 태어난다고 했다. 그 소리를 들은 헤롯이 베들레헴 인근에 사는 두 살 이하의 사내아이를 모조리 죽여 버리라고 명령한 것이다. 벌써 군대가 움직이기 시작했다고 한다.

내게 심각한 문제는, 헤롯이 죽이라고 명령한 두 살 이하의 사내아이인 여고냐가 엄마 라헬과 둘이서만 지금 베들레헴에 있다는 것이고, 나는 지금 집이 아닌 예루살렘에 와 있다는 것이다. 더욱이 여고냐는 유대인의 왕으로 의심받을 게 뻔했다. 여고냐라는 이름은 사실 다윗 왕조 19대 왕인 여호야긴의 아명(兒名)이었기 때문이다.

나는 내 아이를 이런 식으로 잃을 수 없었다. 얼마나 소중한 아이인데, 어떻게 얻은 내 새끼인데! 나이를 먹고 늙어서 자연스레 죽는다고 상상을 해봐도 고통스러운 게 내 새끼의 죽음인데, 유대인의 왕일 수도 있다는 무슨 그런 가당치도 않은 이유로 내 새끼를, 그것도 무자비한 군인들의 칼에 잃을 수 없는 일이었다. 무슨 일이 있어도 내 새끼만은 지켜야 했다. 차라리 내가 죽는 한이 있더라도 여고냐와 라헬만큼은 지켜내고 싶었다.

집으로 무작정 달렸다. 숨이 턱 끝까지 차올랐지만 내게는 그런 걸 신경 쓸 여유가 없었다. 가는 내내 하나님께 빌고 또 빌었다. "하나님 제발 지켜주세요. 전능하신 하나님, 제발 내 사람들 좀 보호해주세요." 무서웠다. 여고냐는 내 심장과도 같은 존재인데, 나는 아직 한 번도 여고냐와의 이별을 생각해본 적이 없는데, 나는 도저히 여고냐 없이는 살 수 없을 것 같은데….

✤

내가 베들레헴에 도착했을 때는 이미 군대가 주둔한 뒤였다. 뒤통수를 세게 한 대 쿵 하고 얻어맞은 기분이었다. 그들은 베들레헴의 길목을 막아서서 사람들의 출입을 철저히 통제하고 있었다. 빨리, 빨리 집에 가야 하는데, 속이 검게 타들어갔다.

내가 검문을 기다리는 동안 앞의 한 가족이 검문을 통과하려고 할 때였다. 여인의 품에 아기가 보이자 군인들은 아기를 빼앗았다. 옷을 벗겨 여자아이인 것을 확인했는지, 그제야 아기를 여인에게 돌려주고 그들을 통과시켰다. 그 장면을 본 나는 온몸이 덜덜 떨렸다. 저건 분명 예루살렘에서 들은 대로 사내아이를 찾으려는 것이 확실했다. 내가 정말 무슨 정신으로 버티고 있었는지 알 수 없었다.

"무슨 이유로 가려고 하십니까?"

"집이 베들레헴입니다. 예루살렘에서 볼일을 마치고 집으로 돌아가는 길입니다."

"지금 같이 있는 아이가 있습니까?"

"없습니다. 혼자입니다."

검문을 통과해서 집으로 뛰어가기까지 내가 무슨 정신이었는지 모르겠다. 정말 그냥 여고냐가 살아 있기만을 바라면서 죽기 살기로 뛰었다. 뛰어가는 내내 마을 곳곳에서 아이를 잃은 부모들의 절규가 들려왔다. 나한테는 그 소리가 왠지 라헬이 울고 있는 비명처럼 들렸다.

내가 죽기 살기로 뛰어 집에 도착했을 때는 다행히 아직 군인들이 우리 집까지 오지는 않은 상태였다. 라헬과 여고냐가 무사한 것을 확인하고는, 얼른 도망가야 한다며 라헬의 손목을 붙잡고 문을 열었다. 순간, 심장이 쿵 하고 떨어지는 듯했다. 문 앞에 헤롯의 군인들이 서 있었기 때문이다. 순식간이었다. 정말 잠깐이었다. 그들에게 여고냐를 뺏기고 내가 정신을 잃기까지가….

✤

문 앞에 서 있던 그들은 라헬에게서 여고냐를 뺏어 들었다. 그들이 라헬에게 여고냐가 사내아이인지 묻자 라헬은 당황했는지 고개를 끄덕였고, 그 순간 나는 간신히 붙잡고 있던 이성의 끈을 놓쳐버렸다. 나는 여고냐를 내 품으로 되찾아오기 위해 그들에게 달려들었고, 그대로 그들에게 맞아 정신을 잃은 것이다.

정신을 되찾았을 때는 이미 늦었다. 둘러보니 라헬은 피투성이가 된 채 우리 곁을 떠나버린 여고냐를 끌어안고 실신하듯 울고 있었다. 사람이 너무 놀라면 말도 잘 안 나온다는 건 사실이었다. 그 광경을 보자 눈물조차 나오지 않았다. 아니, 숨도 멈춰버린 듯했다. 이게 지금 현실이 맞나 의심스러웠다.

왕이 자신의 자리를 위협받을까 두려워 2살 이하의 사내아이를 죽이라 했는데, 하필 그중 하나가 내 아이였다니! 그런 터무니없는 이유로 지금 내 아이가 죽은 게 맞는 건지, 내 사고 회로가 멈춰버렸다. '누가 제발 나한테 지금 꿈꾸고 있는 거라 말해줘! 지금 이게 꿈인 거지? 이 꿈에서 깨어나면 여고냐가 웃으면서 나를 반겨주고 있을 거지? 그치?' 도저히 믿기지 않았고, 믿고 싶지도 않았다.

혹시나 내가 꿈꾸고 있는 건가 싶어서 피로 범벅이 된 여고냐의 얼굴을 어루만졌다. 차갑게 식어가는 몸과 이미 굳어 붙어버린 핏자국들이 지금 내가 꿈을 꾸고 있는 것이 아니라고 알려주었다. 이윽고 이루 말할 수 없는 분노가 치밀어 오르며 두 눈에 하염없이 눈물이 흘렀다. 내가 아빠인데…. 어제 여고냐가 나한테 아빠라고 불러주기까지 했는데…. 나는 바보같이 내 아들 하나 못 지켰다. 여고냐, 너는 대체 이런 한심한 내가 뭐가 좋다고 그렇게 환한 미소를 보여주며 아빠라 불러줬던 거니? 아들, 제발 말 좀 해봐! 내가 아무리 울부짖으며 이렇게 말한다고 한들, 이미 싸늘하게 식어버린 여고냐는 아무런 대답도 하지 않았다.

이 작은 것이 무슨 죄가 있기에, 이렇게 고통스럽게 죽어야만 했던 건지 도저히 납득이 가지 않았다. 이 작은 몸으로 얼마나 아팠을까. 죽어가는 동안 얼마나 괴로웠을까. 이제 막 말을 떼기 시작한 아기가 우리를 얼마나 애타게 불렀을까. 상상하려고 하면 할수록 내가 감히 가늠할 수조차 없는 고통이라서, 미안한 마음에 다시 눈물이 차올랐다. 뒤늦게 죽음을 확인한 나도 죽을 듯이 고통스러운데, 직접 두 눈으로 아들이 죽어가는 모습을 보고 아무것도 할 수 없었던 라헬은 얼마나 고통스러웠을까? 라헬은 여고냐를 얼마나 살리고 싶었을까? 울다 지쳐 실신해버린 라헬을

234

· 전하영 소설 ·

끌어안고서, 나는 감히 그 슬픔 앞에서 눈물을 흘리는 것조차 죄스러웠다.

⚜

여고냐의 장례를 어떻게 치렀는지, 무슨 정신으로 치렀는지 하나도 생각나지 않는다. 누가 알았겠는가? 5년간 기도해 자식을 얻었는데, 2년도 안 돼서 장례식을 치러줄 줄을.

장례식을 치르고 집에 돌아왔는데, 정말 너무 고통스러웠다. 집 안은 온통 여고냐를 위한, 여고냐에게 맞춘 물건들로 가득 채워져 있었다. 온 집안에 여고냐가 남기고 간 흔적들이 넘쳐나는데, 넓지도 않은 집안 곳곳을 아무리 샅샅이 뒤져봐도, 그 어디에도 여고냐는 없었다.

라헬은 여고냐의 죽음에 상실감이 매우 큰 것 같았다. 매일 여고냐의 옷에 얼굴을 파묻고 울었다. 나도 지금 이렇게 슬픈데, 나는 라헬이 여고냐를 얼마나 원했는지 알기에, 라헬과 여고냐가 같이 보낸 시간이 얼마나 긴지 내가 너무 잘 알기에, 그녀가 얼마나 슬플지 짐작도 가지 않아서, 쉽사리 그녀를 위로조차 해줄 수 없었다. 매일 열던 여관 문을 닫아 버렸다. 나한테는 일하러 갈 정신이 없었다. 내 새끼가 죽어버렸는데, 내 심장이 떨어져 나가버렸는데 열심히 일할 이유가 어디 있나 싶은 이상한 회의감이 나를 감쌌다. 집에서는 라헬 옆에만 있었다. 온종일 우는 그녀를 끌어안고 나도 온종일 울었다. 라헬도 나도 몇 날 며칠을 울기만 했는지 모르겠다. 밥을 먹어도 속에서 받아주지 않아 다 게워냈기 때문에 밥도 제대로 챙겨 먹지 못했다. 하루아침에 자식을 빼앗겨버린 우리에게는 밥을 챙겨 먹을 이유도 사실 없었다. 삶의 의지를 다 잃어버린 듯했다.

며칠이 지났을까, 그날도 라헬은 하루 종일 울기만 하더니, 밤에도 여고냐의 냄새가 희미하게 배어 있는 옷가지를 껴안고 또 울었다. 다음날 아침, 뭔가 싸한 기분이 들어 평소보다 눈이 일찍 떠졌다. 내 옆에 있어야 할 라헬이 집안 어디에도 없었다. 도대체 어디에 간 거지 싶어 밖으로 나가 주변을 뒤져봐도 라헬은 없었다. 집 주변만 몇 바퀴를 돌았다. '이 아침에 도대체 어딜 간 거야.'

보다 못한 이웃이 나를 끌고 동네 밖 절벽 아래로 데려갔다. 가는 동안 온몸이 두려움에 사로잡혔다. 도대체 왜 다른 곳도 아니고 절벽 아래로 데려가는 걸까? 순간 머릿속으로 여고냐의 옷가지를 끌어안고 하염없이 울던 라헬의 모습이 스쳐 지나갔다.

절벽 아래에 다다른 나는 몸 반쪽이 찢어져 나가 떨어지는 듯한 고통을 느꼈다. 절벽 아래로 라헬이 보였다. 온몸이 피투성이가 된 채 싸늘하게 죽어 있는데, 손에는 헝겊 인형 하나가 들려 있었다. 아마 그걸 손에 쥐고서 떨어진 것 같다. 회색빛을 띠던 헝겊 인형은 라헬에게서 흘러나온 피로 인해 빨갛게 물들어버렸지만, 나는 단번에 알아볼 수 있었다. 그건 여고냐가 제일 좋아하던 헝겊 인형이었다. 능력 없는 남편 탓에 아이한테 좋은 장난감 하나 사줄 수 없었지만, 라헬은 그런 나에게 불평 한 번 한 적 없이 좋은 손재주를 이용해 집에서 남는 천으로 아이에게 헝겊 인형을 여러 개 만들어주었다. 그 인형은 여러 헝겊 인형 중에서도 여고냐가 제일 좋아해 많이 헤진 것이었다.

✦

"라헬, 내가 당신을 평생 지켜주겠다고 약속할게요."

문득 결혼할 때 내가 했던 말이 머리를 스쳐 지나갔다. 맞다. 우리가 결혼할 때 나는 라헬에게 평생 지켜주겠다고, 눈물 흘리는 날 없게 하겠다고 약속했었다. 그런데, 바보 같은 나는 두 가지 다 지키지 못했다. 그녀가 눈물 흘리는 날이 없기는커녕, 죽기 직전까지 몇 날 며칠을 울다 잠들고 다시 울다 잠들기를 반복했고, 나는 지켜주기는커녕 그녀가 스스로 죽음을 택하도록 만들어버렸다.

싸늘하게 식어버린 라헬의 시신을 끌어안고 하염없이 울었다. 내가 다 잘못했으니까 제발 돌아와 달라고! 아무리 울부짖어도 아무런 변화는 일어나지 않았다.

분노가 치밀어 올랐다. 도대체 그 잘나신 유대인의 왕이 누구시기에 나한테서 하나뿐인 아들을 빼앗아가더니 이제는 아내도 뺏어가 버리는 거냐고! 도대체 얼마나 잘나셨길래! 하나님이 원망스러워졌다. "오실 메시아는 우리를 구원하러 오신다고 하셨잖아요! 이게 당신이 말하는 구원인가요? 제 목소리가 들리신다면 제발 무슨 말이라도 해주세요! 이게 당신이 말하는 구원이라면 차라리 난 죽음을 택하겠어요. 아내도 아들도 죽어버린 이 땅에서 나는 도대체 무슨 구원을 얻나요? 아직 메시아가 오지 않은 거죠? 그 인간은 메시아가 아닌 거죠? 아니라고 해주세요! 제발." 라헬을 끌어안은 채 하늘을 보고 울부짖었다. 나는 도저히, 메시아 때문에 내 모든 걸 잃었다고 믿을 수가 없었다.

며칠 전 나는 심장을 잃었고, 오늘은 내 몸의 반쪽이 찢겨져 나갔다. 이런 내가 더 이상 살 이유가 뭐가 있을까. 라헬을 안고서, 라헬이 떨어진 절벽 위를 올려다보았다. 저기서 떨어지면 많이 아프려나? 아니, 그래도, 차라리 잠깐 아프고 마는 게 낫지 않을까. 내게는 더 이상 살아갈 이유가 없고, 오로지 라헬을 따라가고 싶은 마음밖에 남지 않았다. 나는 라헬마저 없으면 도저히 맨 정신으로 살아갈 자신이 없다. 굳이 시간을 더 지체할 필요도 없었다. 이런 지긋지긋한 이승에 미련도 없었다.

· 전하영 소설 ·

주저 없이 절벽으로 가기 위해, 조금 전 라헬도 올라갔을 산을 올랐다. 산길은 꽤나 험했다. 산을 오르면서, 라헬이 무슨 심정으로 이 길을 올랐을까 싶어 다시금 눈물이 차올라 시야가 흐려지다가, 진정될 만하면 저기 절벽 쪽에서 여고냐가 어눌한 말투로 아빠, 아빠 하고 부르고 있는 것 같아서, 우리 여고냐가 저기 있구나 싶어 걸음을 재촉하다가 넘어지기를 반복하며 산을 올랐다.

막상 절벽에 다다르자, 순간 내가 이렇게 죽어버리는 게 억울하다는 생각이 들었다. 그 유대인의 왕이라는 놈은 내 모든 걸 앗아갔음에도 앞으로 잘 먹고 잘살 테지만, 나는 모든 걸 잃고 아무것도 해보지 않은 채 죽기엔 너무 억울했다. 이런 생각 따위야 모두죽기 무서운 감정의 구차한 변명일지 모른다. 하지만 나는 그런 생각을 한 이상 그를 죽여야만 했다.

산을 내려왔다. 라헬의 시체가 있는 곳으로 돌아와 그녀의 시체를 업었다. 시신이라 업기에 힘은 많이 들었지만, 등으로 느껴지고 내 손이 닿은 살집을 보니 그녀가 그동안 얼마나 고생이 심했을지 단번에 알 수 있었다. 몇 달 전까지만 해도 살이 있었는데, 여고냐가 간 뒤로 며칠 동안 먹지도 않고 울기만 하더니 살과 근육이 다 빠져 있었다. 평소에 라헬을 잘 업어주지도 못했는데, 더 자주 업어줄 걸 싶었다. 내가 아내의 시신을 업을 거라고 상상이나 했겠는가? 있을 때 잘할 걸, 하는 마음에 걷는 내내 눈물이 났다.

"잘 가 라헬. 여고냐 옆에서 푹 쉬길 바라."

라헬의 시신을 여고냐의 무덤 동굴에 넣어주었다. 라헬은 예전부터 어둠을 무서워해 밤에는 혼자 집 밖에 나가는 것도 무서워했는데, 그런 라헬을 이 암흑 속에서 여고냐와 둘이서만 있게 하려니 너무 미안해 눈물만 났다. 내가 더 부유한 사람이었다면 여기보다 더 좋은 무덤을 만들어주었겠지만, 내가 너무 부족한 남편이라서 변변찮은 무덤에 아들과 함께 매장한다는 것도 너무 미안했다. 평소 그녀가 좋아하던 물건들과, 행여 어두움을 무서워할까 싶어 등불까지 그녀의 무덤에 함께 넣어주었다.

✣

내 모든 걸 앗아간 유대인의 왕을 찾기 위해 여관도 접었다. 베들레헴에서 얼마 전 태어났을 아기를 찾아, 죽지는 않고 살아 있을 아기를 찾아 베들레헴과 그 인근을 모두 돌아다녔다. 그러나 한 1년 전만 같았어도 쉽게 찾을 수 있었을 텐데, 하필 가이사 아구스도가 호적을 하라고 하여 외지인들이 베들레헴으로 대거 유입된 탓에, 의외로 작은 도시에서 얼마 전 태어난 아기 하나 찾는 일이 몹시 힘들었다.

지나가는 사람을 아무나 붙잡고 혹시 얼마 전에 태어난 아기를 아느냐 물어도 안다고 대답하는 사람은 없었다. 별 소득 없이 온종일 찾아다니다가 집으로 돌아오기를 며칠 반복하고 있을 때, 그날도 지나가던 사람을 붙잡고 물어도 모른다고 하기에 다른 곳으로 가보려던 순간, 마침 지나가던 목동이 내게 다가와 자기가 얼마 전에 태어난 아기를 보았다고 말해주었다.

"혹시 며칠 전 태어난 아기를 찾으시는 거면, 제가 마구간에서 아기가 태어나는 걸 봤거든요."

"제게 자세히 이야기해주실 수 있으십니까?"

"자세히는 기억이 안 나는데, 한 어린 부부가 출산이 임박했는지 만삭이 다 된 몸으로 마구간으로 와서는 말구유에 아기를 낳더군요. 그러고는 헤롯이 아기들을 죽이라고 명령을 내리기 전에 되게 황급히 다른 곳으로 떠났어요."

"어느, 어느 쪽으로 떠났는지 혹시 아십니까?"

"아, 그것까진 잘 모르겠네요. 죄송합니다."

'헤롯이 아기들을 죽이라고 명령을 내리기 전에 황급히 다른 곳으로 떠났다'는 말을 듣자 어느 때보다 큰 분노가 치밀어 올랐다. 자기 때문에 죽은 아이가 우리 마을만 해도 몇인데, 마을에 곡소리가 얼마나 많이 울려 퍼졌는데, 자기 때문에 내 아들 여고냐가 죽었는데, 정작 본인은 명령이 내려지기도 전에 다른 곳으로 도망을 갔다니! 정말로 그가 유대인의 왕이라도 된단 말인가? 그래서 천사가 와서 그들에게 도망가라고 귀띔이라도 해줬단 말인가? 그게 아니라면 도저히 이해하기 불가능한 일이었다. 정말, 정말로 끔찍했다.

이제는 급하게 마을을 떠난 아기의 행방에 대해 사람들에게 묻고 다녔다. 혹시 갓난아기를 안고 어딘가로 이주하는 사람들을 본 적이 있느냐고, 본 적이 있으면 도대체 어디로 갔냐고.

이 정보는 의외로 목동에게 마구간에서 태어난 아기에 대해서 들은 그날 저녁에 바로 알 수 있었다. 애굽으로 향하는 사람들 중에 갓난아기를 품에 안은 여자와 남자를 본 사람들이 있었다. 나는 바로 모든 것을 정리하고 막무가내로 애굽으로 떠났다.

✤

그 넓은 애굽 땅에서 유대인의 왕을 찾기란 너무나도 힘든 일이었다. 이스라엘 밖으로 나가본 적이 없던 내가 아무런 연고도 없는 땅에 사는 것은 매우 힘들었다. 유대인의 왕을 찾으러 애굽으로 오긴 했지만, 내가 이곳에서 유대인의 왕을 찾으려면 자리를 잡아야 했다. 처음에는 어떤 일이든 닥치는 대로 다 했다. 남의 집 농사일도 해보고 공사판에도 가보고, 내가 어떤 일을 했는지 종류가 너무 많아서 세어보려면 손이 모자랄 정도였다. 그러다 우연찮게 같은 마을에 사는 이웃이 궂은 일만 하는 내가 딱해 보였는지 양피지 사업을 통해 자리를 잡을 수 있도록 도와주었다. 양피지는 양의 가죽을 말려 종이처럼 사용할 수 있게 한 것이다. 덕분에 풍족하진 않아도 당장 먹고 살 걱정은 안 하게 되었다.

한 치의 고민도 없이 이곳에 오긴 했지만, 솔직히 처음에는 걱정을 많이 했다. 타지 사람인 내가, 게다가 며칠 전 가족을 잃어 내 생각에도 제정신이 아닐 것 같은 내가 이곳에 잘 적응할 수 있을지 두렵기도 했었다. 하지만 사람 사는 건 다 똑같은지, 내가 있던 곳 베들레헴처럼 이곳 사람들도 먼저 다가와 주기도 했고, 내가 먼저 다가가도 나를 밀어내지 않았다. 오히려 이곳에서 더 많은 친구를 사귄 것 같다. 그들로 인해 내 안 깊은 곳의 상처가 조금이나마 아무는 것 같은 느낌이었다.

세월은 금세 흘러, 어언 30년이 되어가는 줄도 모르고 애굽에서 살았다. 이곳에서 사귄 사람들 중에 알렉산드리아 출신의 아볼로라는 사람이 있었다. 그는 원래 히브리어로 쓰인 구약성경의 헬라어 번역서인 '70인 역'을 연구하는 젊은 학자였다. 아볼로를 만나게 된 계기는 사실 별 특별하지 않다. 내가 일하는 가게에 그가 양피지를 사러 와 단골이 됐고, 우연찮게 이야기를 나누게 되었다. 사실 별 볼일 없는 가게 직원과 손님의 대화였지만, 아볼로는 정말 친화력이 좋았다. 만약 여고냐가 여태 살아 있었다면 저 나이쯤 됐을까 싶어서 아들 같다는 마음에 하나라도 더 챙겨주었고, 우리는 나이를 넘어 친구가 될 수 있었다.

아볼로와 정말 많은 이야기를 나눴는데, 그는 가끔 내게 메시아에 관한 이야기를 해주었다. 아볼로는 하나님께서 반드시 메시아를 이 땅에 보내시어 로마의 압제에 신음하는 이스라엘 백성을 구원해주실 것이라고 믿고 있었다. 그래서 나는 아볼로에게 내가 메시아에 대해 알고 있는 것들을 이야기해주었다.

"아볼로, 메시아는 이미 오신 걸지도 몰라. 사실 오래 전 헤롯이 살아 있을 당시에 이스라엘에는 유대인의 왕이 태어났다는 소문이 돌았었거든. 그냥 헛소문이 아니라 동방박사들이 별을 보고 유대인의 왕이 태어났다는 걸 알고 찾아오기까지 했다네. 그것 때문에 혹시 자신의 자리를 위협받을까 봐 두려워진 헤롯이 미쳐버려서 베들레헴의 두 살 이하의 모든 사내아이들을 죽이라 명령했고, 정말 많은…. 사내아이들이 죽었어. 그날 밤은 정말…. 지옥이었지."

"진짜요? 그게 정말 사실이에요?"

"응, 사실이야. 그날을 아마 베들레헴 사람 모두가 죽는 날까지 잊지 못할 거야"

"그렇구나…."

"응, 나는 그 아기가 누군지 너무 궁금해. 메시아는 어쩌면 이미 우리 곁에 가까이 계신 걸지도 몰라."

"그럼 저랑 약속 하나만 해주실 수 있어요?"

"무슨 약속?"

"만약 저희 둘 중에 한명이라도 먼저 메시아를 만나게 된다면 꼭 서로에게 말해주기로요."

"그래, 그러자꾸나."

여고냐와 라헬의 이야기를 할까 말까 망설이다 그냥 하지 않았다. 굳이 할 필요가 있나 싶기도 했고, 내 마음 한구석에 자물쇠까지 꼭꼭 걸어 잠가둔 이야기를 괜히 풀어서 다시 아파하고 싶지도 않았다. 아볼로랑은 이후로도 메시아에 관해 여러 이야기를 나눴다. 그리고 둘이서 한 약속을 수시로 다짐했다. 먼저 메시아를 만나게 되면 무조건 서로에게 알려주기로. 아마 아볼로는 내가 왜 그 약속을 반복했는지 모를 것이다.

⚜

애굽에 와 있는 동안 많은 일이 있었고, 많은 사람을 사귀었고,

자리도 어느 정도 잡았지만, 애굽에 온 그날부터 지금까지 단 하루도 내가 이곳에 온 목적은 잊지 않았다. 매일 일이 끝나면 동네를 돌아다니며 혹시 유대인의 왕이라는 자를 아느냐 묻고 다녔고, 하는 일의 특성상 사람을 많이 만나다 보니 이스라엘 사람이 올 때마다 물어보곤 했다. 하지만 그동안 별 소득은 없었다.

그러던 어느 날, 양피지를 만들기 위한 자재를 사러 가다가 이스라엘에서 온 사람들의 대화를 듣게 되었다.

"자네 그거 아는가?"

"뭘 말인가?"

"아니, 이스라엘에 세례요한이라는 자가 있는데, 그 자가 메시아가 곧 오신다고 했다고 하데."

"세례요한은 메시아를 봤다고 하던데?"

"그런데 세례요한이 목 베임 당해서 죽었다고 하더라고."

"세상에…."

그 말을 들은 나는 흥분을 주체할 수 없었다. 그렇다면 지금 유대인의 왕이라는 작자가 살아 있다는 것이 아닌가! 나는 온몸이 분노에 휩싸였다. 내 새끼는 본인 때문에 태어난 지 1년 만에 하늘로 떠나버렸는데, 내 아내도 며칠을 고통 속에 살아가다가 결국 스스로 목숨을 끊어버렸는데, 나는 그 뒤로 하룻밤도 편하게 자본 적이 없는데, 본인은 여태껏 잘 살아 있다는 것이 아닌가!

나는 하루 빨리 이스라엘로 가야만 했다. 가던 길을 뒤로하고 다시 집으로 갔다. 얼른 이스라엘로 돌아가기 위해 여분의 재산을 뺀 모든 재산을 헐값에 팔아넘겼고, 나는 곧바로 이스라엘로 향했다. 내게는 이곳에서 만났던 사람들과의 이별을 아쉬워할 새도 없었다. 내 눈에는 유대인의 왕이 이스라엘에 있다는 것 외에 아무것도 들어오지 않았다.

✤

유대인의 왕을 찾아 열심히 가다보니 어느덧 예루살렘이 가까워오고 있었다. 조금만 더 가면 예루살렘 성에 들어갈 수 있겠다는 생각이 들 무렵, 뒤에서 누군가 따라오는 느낌이 들었다. 처음에는 대수롭지 않게 생각했지만, 점점 이상하다는 생각이 들었다. 그는 내가 발걸음을 빨리하면 똑같이 빠르게 했고, 내가 멈춰 서면 그도 멈춰 섰다. 분명 이건 나를 따라오고 있는 게 맞다 싶었다. 인적이 드문 곳이다. 강도라면 위험할 수밖에 없다.

나는 도대체 누가 나를 따라오려는 건가 싶어 뒤를 돌아보았다. 그 순간, 아니, 정확하게는 뒤를 돌아보려 마음먹은 순간이었다. 나는 무언가에 세게 머리를 얻어맞고 쓰러졌다. 정신을 아주 잃은 건 아니었는데, 그냥 몸만 넘어진 것뿐인데 일어날 수는 없었다. 나를 따라오던 그 사람은 내가 넘어지자 무차별적으로 폭행하기 시작했다. 내 머릿속은 여고냐를 잃었던 그때가 오버랩되고 있었다. 그때도 군인들한테 맞았는데, 젊을 때라 군인한테 맞서 볼 기력이라도 있었지만, 그때에 비해 시간이 너무 많이 지나버린 탓일까, 지금은 아무것도 할 수 없었다. 그는 나를 그렇게 폭행하고는, 여윳돈으로 가져온 내 재산을 모조리 가져가고 말았다.

움직일 수조차 없도록 몸이 다 아팠다. 이대로 죽는 건가 싶었다. 아, 이대로 죽으면 안 되는데, 이대로 죽을 순 없는데, 죽음이란 이렇게 고통스러운 것인가? 나는 아직, 아직 못다 한 일이 있는데…. 정신이 점점 흐려져 갔다.

시간이 좀 지났을까, 한 제사장이 내 쪽으로 다가왔다. 분명 그와 눈이 마주쳤다. 그래서 나를 살려줄 줄 알았다. 하지만 그는 빠른 걸음으로 나를 외면한 채 달아났다. 나는 이곳에서 속절없이 죽겠구나 싶었다. 잠시 후, 한 레위인이 내 옆을 지나가는 걸 보았다. 아, 이제 살 수 있겠구나 싶어서 나 좀 살려달라고 말해야 하는데 목소리가 전혀 나오지 않았다. 나는 레위인이 내게 다가오는 것까지만 보고 정신을 잃어버렸다.

얼마나 지났을까, 정신이 들어 눈을 떠보니 웬 주막에 내가 누워 있었다. 온몸에는 붕대가 칭칭 감겨 있었고.

"누가 나를 살려준 건가요? 레위인?"

"아니오. 한 사마리아인이 지나가다 발견하고는 자기 짐승에 태워왔습니다. 당신을 치료해달라며 돈까지 주고 갔어요. 모자란 돈은 나중에 준답디다. 당신, 그 사마리아인이 아니었다면 아마 죽었을지도 몰라요."

나는 당연히 레위인이 나를 살려준 줄 알았다. 그런데 이게 무슨 소리인가? 다른 사람도 아니고 사마리아인이 나를 살려줬다고? 다른 이방인도 아니고 하필이면 사마리아인이?

나는 사마리아 사람들을 굉장히 싫어했다. 그들은 더러운 피를 가진 존재라며 극도로 혐오했었다. 그런 사람이 나를 구했다니, 갑자기 이런 생각이 들었다. '정말 더러운 피를 가진 존재는 누구지? 더러운 피를 가진 존재는 오히려 내가 아닌가? 나는 유대인이면서 유대인의 왕을 죽이러 가고 있고, 내가, 유대인인 우리가 그토록 싫어하던 사마리아인이 그런 나를 살려줬다. 정말 더러운 피를 가진 건 누구인가?'

마음이 흔들렸다. '내가 지금 하고 있는 게 옳은가? 지금 도대체 무엇을 하려고 한 거지? 다시 애굽으로 돌아갈까? 그러면 여고냐와 라헬의 억울함은 누가 풀어주는 거지?' 내 안에 두 개의 자아가 서로 싸우는 듯했다. 나는 내 안에서 싸우고 있는 그 둘을 바라보면서 아무것도 할 수 없었다. 그저 이리저리 휘둘리고만 있을 뿐이었다.

· 엘르아살의 증언 ·

한참 혼란 속에 빠져 있을 때, 옆방에서 아기의 목소리가 들려왔다.

"압바, 압바!"

"오구, 아빠 보고 싶어? 아빠 조금 있다가 오신대."

이제 말문이 막 트인 아기였는지, 어눌한 발음으로 아빠를 부르는 순간 여고냐와 라헬의 목소리가 들리는 듯했다. 아빠…. 그렇다, 그날, 나를 나락으로 추락시켰던 그날에도 나는 전날 들었던 여고냐의 아빠 소리 때문에 한껏 들떠 있었다. 만약 그때 여고냐가 살았더라면 아빠 소리는 지겹도록 들었을 텐데, 어눌한 발음이 아니라 정확한 발음으로 아빠를 찾는 것도 들을 수 있었을 텐데, 하루하루가 다르게 커가는 모습을 바라보면서 라헬과 함께 기뻐할 수 있었을 텐데! 나는 그런 미래만을 꿈꿔왔었는데, 나는 내 새끼한테서 아빠 소리를 한 번밖에 들어보지 못한 채 여고냐를 멀리 떠나보내고 말았다.

나는 그 아기의 목소리가 마치 아빠가 지금 흔들릴 때냐며 여고냐가 내게 따지는 것 같았다. 맞다. 지금 나는 고작 그런 생각에 휘둘려서는 안 된다. '그놈' 하나 때문에 내 모든 게 망가졌다. 그는 라헬과 여고냐와 함께 행복한 가정을 꿈꾸던 나를 처참하게, 갈기갈기 찢어버렸다. 이 모든 게 오로지 그놈 때문이다. 그놈이 태어나지만 않았더라면 나와 라헬, 그리고 여고냐는 충분히 행

· 전하영 소설 ·

복할 수 있었을 텐데.

✣

　일단 그놈을 죽이기 위해서는 몸이 좀 더 회복되어야만 했다. 아직 아물지 않은 상처들 때문에 주막에 며칠 더 머물기로 했다. 그러던 어느 날, 나는 주막에 들른 두 여인의 대화 속에서 충격적인 소식을 들었다.

　"얘, 며칠 전에 나사로라는 사람이 죽었다가 사흘 만에 살아났데."

　"에이, 말도 안 되는 소리 하지 마. 그럴 리가 없잖아."

　"아, 진짜래도! 너 예수라고 알지?"

　"알지, 그 왜 자기가 하나님의 아들이라고 말하고 다니는."

　"나사로가 그 사람이랑 친분이 있었나 보더라고. 그 사람이 살렸대. 죽은 나사로의 무덤 앞에서 예수가 나사로의 이름을 부르자 나사로가 걸어 나왔다던데."

　"그럼 예수가 진짜로 뭐 메시아라도 된다는 말이야?"

　"응, 그런가 봐."

　듣는 순간, 또 화가 솟구쳤다. 그러니까 내가 찾는 유대인의 왕이 하나님의 아들 예수라는 사람이고, 나사로는 죽었다가 예수로 인해 다시 살아났다는 것인가? 이 무슨 불공평한 일이 다 있느냐는 말이다. 여고냐와 라헬은 예수로 인해 처참한 죽음을 맞이했는데, 나사로라는 인간은 또 도대체 뭐 하는 인간이기에 예수와 친분이 있다는 이유만으로 부활한 것인지, 정말 화가 나 미쳐버릴 지경이었다. 그럼 라헬과 여고냐는 예수와 친분이 없었기에 죽었다는 말인가? 이제 내 머릿속에는 오로지 예수를 죽이고 말겠다는 생각밖엔 남지 않았다.

며칠 후, 나는 몸을 움직일 수 있을 만큼 회복되었다. 주막을 나서려고 하는데, 주막 주인이 내게 몇 푼의 돈을 쥐어주었다.

"이거, 저번에 사마리아인이 내게 준 돈인데 조금 남아서. 내가 쓸까 싶기도 했는데, 아무리 생각해도 그건 아닌 것 같더라고. 가진 돈이라곤 하나도 없을 것 같은데 이거라도 가져가서 써요."

내 손에 쥐어진 돈을 바라보면서 잠시 마음이 흔들렸지만, 나는 마음을 굳게 먹었다. 기필코 예수를 죽이고 말리라. 내 모든 걸 앗아간 예수를, 기필코 내 눈앞에서 죽음을 맞이하게 하리라. 나는 돈을 주머니에 욱여넣고 예루살렘으로 향했다.

⚜

"그거 알아? 예수님께서 이번에 눈먼 자를 고치셨다는구만!"

"저번에 그거 봤어? 예수님께서 나사로를 살리신 거? 그 일에 비하면야."

"예수님께서 또 귀신을 내쫓으셨다대. 정말 대단하신 분이야."

예루살렘에 도착하자, 예루살렘은 이미 예수의 소문이 쫙 퍼져 모두가 예수 이야기를 하고 있었다. 여길 가도 예수, 저길 가도 온통 예수뿐이었다. 그렇게 계속 돌아다니며 내가 얻은 정보들은 눈먼 자를 눈 뜨게 했다는 것과 귀신들린 자를 고친 것, 떡 다섯 개와 생선 두 마리로 오천 명을 먹였다는 것, 그리고 예수가 살린 자가 나사로만 있는 것이 아니라 야이로라는 회당장의 딸도 있다는 것 등, 모두 믿을 수 없는 이야기들뿐이었다. 또한 믿고 싶지도 않은 이야기들이었다.

여고냐는 예수 때문에 죽었는데, 라헬도 예수 때문에 죽었는데, 다른 사람들은 예수 덕분에 산다는 게 말이 되는가. 세상이 이렇게 불공평해도 된다는 말인가. 원통해 속에서 울화통이 치밀어 올랐다. 그렇게 잘나신 인간이라면 그때 당신은 도대체 뭘 했는지, 사실은 모든 걸 알고 있었던 것은 아닌지 따져 묻고 싶었다.

귀를 막아버리고 싶었다. 나는 그에 대한 소식이라면 그가 죽었다는 소식만 듣고 싶은데, 사람들은 모두가 예수를 찬양했다. 간혹 비난하는 자들도 있었지만, 대부분은 그를 칭찬했다. 그를 하나님께서 보내신 선지자라고 불렀다. 이들은 정녕 모른다는 것인

가. 오래전 베들레헴 곳곳에서 터져 나온 절규를 못 들은 것인가? 그때 그 사람들에게 그 일은 죽어서도 잊을 수 없는 일인데, 이들은 전혀 모르고 있는 것 같다. 본인들이 입을 모아 찬양하는 그 예수라는 인간 때문에 얼마나 많은 죄 없는 아기들이 죽어나갔는지, 얼마나 많은 사람들이 울부짖었는지 정말 하나도 모르고 있다.

다행히 그 예수를 나만 싫어하는 건 아닌 듯했다. 소문에 의하면 그런 예수가 대제사장에게 잡혀 재판을 받고 내일 새벽에 빌라도의 법정에 선다고 한다. 나 말고도 예수를 죽이고 싶어 한 자들이 많았던 모양이다. 나도 내일 새벽에 빌라도의 법정으로 가 볼 참이다. 운 좋으면 그가 사형선고를 받는 모습을 내 눈으로 지켜볼 수 있다는 것 아닌가! 아니, 그냥 감옥에만 갈지도 모르지만, 일단 내 눈으로 그를 볼 수 있다는 것 자체로도 내겐 그곳에 갈 이유가 충분했다. 내일이 기대돼 잠자리에 들 수도 없었다.

⚜

새벽 일찍 빌라도의 재판정으로 갔다. 꽤 일찍 나왔다고 생각했는데, 그곳에는 이미 사람들로 가득 들어차 있었다. 뭐, 아무렴 상관없었다. 내가 지금 이곳에 와서 예수의 재판을 보고 있다는 것만으로도 충분했으니까.

한참 뒤 재판이 시작되었고, 빌라도가 발코니에 서서 외쳤다.

"그대들의 민족 명절인 유월절이 다가오고 있는 관계로, 두 죄인 중 한 명을 풀어주도록 하겠다. 바라바를 풀어주는 게 좋은가, 예수를 풀어주는 게 좋은가?"

바라바와 예수. 나는 바라바가 누구인지 그땐 전혀 알지 못했다. 알고 싶지도 않았다. 설령 그가 정말 엄청난 범죄를 저질렀다고 해도, 내게는 바라바보다 예수가 몇 배는 더 큰 죄인이었다. 나중에 알고 보니 그는 로마에 반란을 일으킨 무리의 두목으로 꽤 유명한 정치범이었다.

심장이 빠르게 뛰었다. 내가 지금 여기서 아무것도 외치지 않고 있다가 예수가 풀려나게 되면 그거야말로 내가 정말로 용납할 수 없는 일이었다. 잠시 머뭇거리다 큰소리로 외쳤다.

"예수를 십자가에 못 박게 하소서!!!"

"예수를 십자가에 못 박아라!! 못 박아라!!"

내가 큰 소리로 예수를 십자가에 못 박으라고 외치자 주변 사람들은 내 소리에 깜짝 놀라는 눈치였다. 그들은 잠시 주저하더니, 곧 한 목소리로 예수를 십자가에 못 박으라고 외치기 시작했다. 이내 예수를 십자가에 못 박으라는 함성이 재판정을 가득 메웠다. 결국, 빌라도는 예수에게 사형선고를 내렸다.

예수는 빌라도에게 사형 선고를 받고 십자가를 진 채 골고다 언덕으로 향했다. 골고다로 올라가는 예수를 많은 사람들이 뒤따랐다. 나도 그 사람들 틈에 끼었다. 그들 중에는 울고 있는 여인들도 있었고, 예수에게 침을 뱉거나 돌을 던지는 사람들도 있었다. 나는… 아무것도 하지 않았다. 따르는 사람들이 너무 많았기 때문에 그에게 돌을 던지기가 좋지 않기도 했으며, 또한 곧 있으면 내가 한평생을 바라던 예수의 죽음, 내 아들과 아내를 뺏어간 그 유대인의 왕이 죽는다는 생각에 아무것도 할 수 없었기 때문이다.

✢

콱! 콱! 콱! 콱! 예수의 두 손과 발에 못이 박혔다. 순간, 한평생 막혀 있던 속이 뻥 뚫리는 기분이 들고 울컥 울음이 쏟아졌다. 이유를 알 수 없는 헛구역질도 계속 올라와 견딜 수 없어 사람들 틈을 뚫고 구석으로 가서 껑껑거렸다. 두 눈에서는 뜨거운 눈물이 계속 흘러내렸다. 다 끝났다는 생각 때문이었을까, 아니면 인생의 목표를 다 이루고 난 허무함이었을까? 아니면 내가 누군가를 죽였다는 생각에서 오는 죄책감이었을까. 이유는 알 수 없었다. 그냥 눈물만 하염없이 흘러내릴 뿐이었다.

어느 정도 진정이 되자, 나는 고개를 들어 예수가 달린 십자가를 올려다보았다. 나는 그대로 다시 주저앉을 수밖에 없었다. 내가 고개를 들어 예수의 얼굴을 올려다보자, 고통으로 일그러진 예수의 얼굴에 여고냐의 얼굴이 겹쳐 보였기 때문이다. 저건 여고냐의 얼굴이 틀림없었다. 내가 잘못 본 건가 싶어 눈을 비비고 다시 올려다보았다. 그러자 이번에는 예수의 얼굴에 보인 여고냐의 얼굴에 라헬이 겹쳐 보였다. 겨우 진정됐던 눈물이 속 깊은 곳에서 다시금 솟구쳤다. 가슴에 불이라도 붙은 듯 너무 뜨겁고 너무 아팠다. 아픈 가슴을 내려치기도 하고 애꿎은 바닥을 내려치기도 하면서, 아까보다 더 많은 눈물을 쏟아냈다.

하늘도 내 슬픔을 알았는지, 내 마음을 읽은 것인지 잘 모르겠지만, 많은 사람들 속에서 마음 편히 울라는 듯, 태양이 점점 빛을 잃더니 온 세상이 캄캄해져갔다. 정말 한 치 앞도 보이지 않을 만큼, 한밤중 같은 암흑이 되고 말았다. 덕분에 나는 많은 사람들 틈에서도 눈치 보지 않고 마음 편히 울 수 있었다. 태양이 빛을 잃고 세상이 컴컴해졌음에도 불구하고, 오히려 그 어둠이 이제는 아무것도 남은 게 없는 내게 큰 위로로 다가왔다.

너무 많은 눈물을 흘린 탓일까, 잠시 정신을 잃고 쓰러졌다. 다시 눈을 뜨자 그토록 보고 싶었던 라헬의 얼굴이 보였다. 라헬이 나를 향해 태양처럼 환하게 웃어 보였다. 꿈속에서도 단 한 번을 보이지 않던 라헬이 행복한 표정으로 내 눈앞에 서 있었다. 내가 그토록 좋아하던 그녀의 웃음을 실로 오랜만에 보았다. 그녀의 품에는 행복한 표정을 한 채 평안히 잠들어 있는 여고냐가 있었다. 두 사람 모두 몸에 상처 하나 없었다. 내가 마지막으로 기억하는 그 끔찍한 모습이 아닌, 그 일이 있기 전 평소의 온전하던 그 모습이었다.

라헬은 떠나려는 듯, 내게 환하게 웃으며 손을 흔들었다.

"가지 마, 가지 마! 라헬, 날, 날 두고 가지 마!"

그녀를 향해 손을 뻗으려는데, 거짓말처럼 환상에서 깨어나고 말았다. 깨고 나서도 한참을 환상에서 벗어날 수 없었다. 정말, 내가 얼마나 보고 싶었는데, 손 한 번 잡아보지 못하고 깼다.

정신을 차리고 일어나 주위를 둘러보니 이미 십자가 처형은 모두 끝나고 예수의 시신을 수습하고 있었다. 그의 옆구리에서 피가 흐르는 것으로 보아 이제 정말로 죽은 것이 분명했다. 다 끝났다. 이젠 정말 다 끝났다. 나는 여고냐와 라헬을 먼저 떠나보내고 한평생을 이걸 보기 위해 살았다. 다시 눈물이 차오르려는 것을 소매로 벅벅 닦고 하늘을 보며 말했다.

"다 끝났어, 라헬. 이젠 정말 다 끝났어. 곧 그쪽으로 갈게."

나는 베들레헴으로 돌아가 라헬과 여고냐의 유골 옆에서 자살할 생각이다. 이젠 정말로 삶에 미련이 하나도 남지 않았다. 오래 전 라헬과 여고냐를 모두 떠나보내고 절벽에서 다짐했던 일은 다

이뤘다. 오늘따라 라헬이 몇 배는 더 보고 싶다. 사무치도록 그녀가 그립다.

✤

터벅터벅 골고다 언덕을 내려가는데, 병정 몇 사람이 투덜대는 소리가 귀에 들렸다.

"야, 예수가 오늘 죽고 사흘 후에 부활할 거라고 했대."

"야, 그게 뭔 헛소리야, 말이 되는 소릴 해야지."

"내 말이! 그것 때문에 예수 무덤 앞에서 우리가 사흘간 꼼짝없이 보초 서야 하잖아. 터무니없는 거짓말 하나 때문에 이게 뭔 고생인지 모르겠다 정말."

예수 본인이 사흘 후에 부활할 것이라고 말했다고 한다. 저번에 주막에서 들었던 나사로라는 이의 부활이 정말 있었던 일이라면, 내가 예루살렘에서 들은 말이 전부 사실이라면, 뭐 그렇게 터무니없는 말도 아니다. 아무래도 베들레헴으로 돌아가기 전, 예루살렘에 며칠 더 머물러야 할 이유가 생긴 듯했다. 다른 이유는 아니고, 여태 내가 들은 예수에 대한 이야기가 다 사실인지 그냥 궁금했다. 어쨌든 나는 그가 확실히 죽은 것을 내 두 눈으로 똑똑히 보았고, 부활 같은 일은 결코 일어나지 않겠지만 말이다.

예수가 골고다 언덕에서 십자가형으로 죽은 지 사흘째 되는 안식일 다음날은 금세 다가왔다. 동이 튼 후, 묵고 있던 여관을 나서자 예루살렘에 작은 소란이 일고 있었다. 예수의 시신을 누군가 훔쳐갔다는 소문 탓이었다. 그럼 그렇지. 도대체 사람이 어떻게 죽었다가 다시 살아난다는 말인가. 사람이 죽었다가 다시 살아나는 게 가능하다면 라헬과 여고냐도 다시 살아났어야 하는 게 맞다. 그렇지만 라헬과 여고냐는 부활하지 않았는걸.

괜히 사흘 더 머물렀다는 생각이 들어 허탈했지만, 이젠 정말로 라헬에게 가야겠다고 다짐하며 베들레헴으로 발걸음을 재촉했다. 예전에는 예루살렘에서 베들레헴까지 눈 감고도 찾아갈 수 있을 것만 같았는데, 시간이 너무 오래 지나버린 탓일까? 내 젊었을 적 추억이 담겨 있는 고향으로 가는 길이 이제는 헷갈릴 지경이었다. 이 길이 이토록 먼 길이었나?

가만히 생각해보니, 나는 삶에서 단 하나 남은 목표를 이루기까지 그토록 오랜 시간을 허비했다. 허무하게 느껴졌다. 아니, 허무했다고 표현하는 게 과연 맞을까? 마음 한구석 어딘가가 텅 비어버린 느낌이었다.

나는 내가 가던 길이 베들레헴과 반대 방향인 엠마오로 가는 길인 줄도 모르고 있었다. 어디로 가고 있는지도 모른 채, 그저 길이 나 있는 대로 걸었을 뿐이다.

한참 길을 걷다가, 의도치 않게 앞서 가는 두 남자가 하는 이야기를 듣게 되었다. 아니, 사실은 세 남자의 대화를 엿듣게 된 셈이었다. 그들 사이로 어디서 언제 나타났는지, 어느 틈에 한 남자가 끼어 있었기 때문이다. 뒤에 나타난 남자가 말했다.

"너희가 길을 가면서 무슨 이야기를 하고 있느냐?"

"당신은 예루살렘에 있으면서 최근에 일어난 일을 혼자만 모르고 계십니까?"

"무슨 일이냐?"

"나사렛 예수님에 대한 일입니다. 그분은 하나님과 모든 백성 앞에서 행동이나 말씀에 능력 있는 예언자였습니다. 그런데 대제사장들과 우리 지도자들이 그분을 넘겨주어 사형선고를 받게 하고 십자가에 못 박았습니다. 우리는 그분이 이스라엘을 구해주실 분이라고 잔뜩 기대했었는데 말입니다. 어디 이뿐이겠습니까? 이런 일이 일어난 지 사흘이나 되었는데, 우리 가운데 어떤 여자들이 우리를 깜짝 놀라게 했습니다. 그들은 새벽에 무덤에 갔다가 예수님의 시체는 보지 못하고 돌아와서 천사가 나타나 그분이 살아나셨다고 말하더라는 이야기를 해주었습니다. 우리와 함께 있던 몇 사람도 무덤에 가보고 여자들이 말한 것이 사실임을 확인했으나 예수님은 보지 못했습니다."

"너희는 정말 미련하고 예언자들이 말한 모든 것을 더디 믿는구나! 그리스도가 이런 고난을 받고 자기 영광에 들어가야 하지 않느냐?"

그들의 이야기를 듣던 나는 놀라지 않을 수 없었다. 분명 내가 간신히 엿들을 수 있을 정도의 거리였음에도, 도중에 끼어든 남성의 목소리는 마치 내 옆에서 말하고 있는 듯 또렷했다. 또한 그의 음성에는 힘이 있으나 엄하지 않고 따듯했고, 강한 확신에 차 있었다. 그는 모세와 모든 예언자로부터 시작하여 예수에 관해 성경에 기록된 모든 것을 자세히 설명해주고 있었는데, 그 이야기를 듣고 있자니 이상하게도 내 가슴이 뜨거워지는 것 같았다. 결국 내 마음을 가로막고 있던 돌덩이가 저 멀리 치워지는 느낌마저 들었다.

그의 이야기를 듣고서 나는 예수의 부활에 대해 다시 생각하게 되었다. 예수가 정말로 유대인의 왕일까? 그러니까 그가 하나님께서 보내신 메시아라면, 그가 정말로 우리의 구원자였다면, 그의 시체가 사라진 것이 아니라 정말로 부활했을 수도 있겠구나 싶은 생각이 들었다. 그리고 그가 부활한 것이 맞다면, 라헬과 여고냐도 내가 모르는 어딘가에서 부활하여 행복한 삶을 살고 있을 수도 있는 것이었다. 비록 내가 살아서 찾을 수는 없지만, 부활한 이들이 살아가는 그곳에서 말이다. 내가 볼 수는 없지만, 그들이 어딘가에서 행복하게 살아가고만 있다면 내가 슬퍼할 일이 뭐가 있겠는가? 내가 예수의 십자가에서 본 라헬과 여고냐의 환상이 단순한 환상이 아니라, 예수가 내게 현실을 보여준 것일 수도 있는 것이었다. 그런 생각이 들자 가슴속에서 벅찬 감격이 복받쳐 올라왔다.

⚜

가던 길을 멈추고 발길을 돌려 다시 예루살렘으로 향했다. 어차피 베들레헴으로 가려면 돌아가기도 해야 한다. 나는 예루살렘에 도착하자마자 평소 그를 따랐을 제자들을 찾기 시작했다. 그에 대한 소문을 들어보니 그에게 제자가 없을 리 없었다.

나는 그를 따랐을 제자들을 찾으러 다니다가, 우연찮게 골고다 언덕으로 예수가 십자가를 지고 올라갈 때 따라가며 울던 여인들을 보게 되었다. 그들을 따라가니 제자들이 모여 있는 곳으로 갈 수 있었다.

제자들을 만나 내가 겪은 모든 이야기를 들려주었다. 내 마음속 깊은 곳에 자물쇠를 달아 꼭꼭 숨겨두었던 이야기를 그날 드디어 푼 것이다. 내가 라헬과 결혼했는데 아이가 생기지 않은 것부터, 5년 만에 여고냐라는 아기가 우리를 찾아온 것과, 사실 예수는 나사렛 사람이 아닌 베들레헴 사람이라는 것, 그리고 헤롯이 미쳐버려서 두 살 이내의 사내아이를 모두 죽이라고 명령한 것, 여고냐를 잃은 사건과 라헬을 잃은 사건, 그게 다 예수의 탄생 때문이었다는 것과, 그 뒤로 애굽으로 가서 살았던 이야기와, 돌아오다가 강도를 만난 것, 그리고 내가 예수를 죽이려 했다는 것과 빌라도의 재판정에서 예수를 십자가에 못 박으라고 외쳤던 사람이 나라는 것, 예수가 죽고 난 뒤 내가 본 환상과, 지금은 예수가 부활했다는 것을 믿으며 내 아내와 아들도 어딘가에서 살아 있을 수도 있을 것 같다는 생각까지, 모든 것을 다 이야기했다.

누구에게도, 단 한 번도 해본 적이 없는 이야기라서 어떻게 전해야 하는지 도무지 감이 잡히지 않아, 내 기억에는 그날 그들에게 숨도 쉬지 않고 아주 빠르게 말했던 것 같다. 이야기를 전하며 언제부터 울었는지는 모르겠는데, 다 말하고 나서야 울고 있는 나를 발견했다. 주위를 둘러보니 어떤 이들은 나처럼 울고 있었고, 내 이야기를 받아 적고 있는 제자들도 보였다. 그곳에 있는 제자들은 모두 내 이야기를 끝까지 경청해주었다. 그 뒤로도 나는 예수의 제자들과 함께 많은 이야기를 나누었다.

✤

제자들과 벅찬 만남을 뒤로 하고, 나는 베들레헴으로 향했다. 그곳은 너무나도 많은 것이 바뀌어 있었다. 오랫동안 가지 않았으니 당연한 일이었다. 내가 불과 며칠 전에 이곳에 와서 바뀐 베들레헴을 목격했다면 나는 분명 무너지고 말았을 테지만, 지금의 나는 그렇지 않다. 변화를 그저 그대로 받아들일 수 있게 되었다. 내게는 슬픔이란 감정일랑 사라져버린 듯했다.

　먼저 내가 살던 집을 찾아갔다. 이곳이 내가 살던 집이 분명하지만, 이제는 다른 가정이 살고 있었다. 젊은 부부와 사내아기가 있는 가정이었는데, 마치 행복했던 내 과거를 보는 듯했다. 나는 진심으로 저들에게는 우리에게 오지 않았던 축복이 깃들길 바랐다. 그리고는 집을 지나쳐, 여고냐와 라헬의 뼈가 보관돼 있는 친척 집으로 갔다. 유대인은 사람이 죽으면 동굴 무덤에 1년쯤 보관했다가 살이 썩고 뼈만 남으면 그것을 수습해 항아리에 담아 집에 보관하곤 하는데, 내가 라헬과 여고냐의 장례를 치른 뒤 바로 애굽으로 예수를 찾으러 떠났기 때문에 친척이 뒷수습을 해둔 것이었다.

　"라헬 안녕, 나 왔어. 여고냐도 안녕, 아빠 오랜만이지? 미안, 내가 계속 이곳에 남아 있었더라면 자주 왔을 텐데, 솔직히 나는 아직도 내가 한 일이 뭐였는지 잘 모르겠어. 지금 생각해보면 딱히 잘한 일도 아니었던 것 같아. 그래도 날 너무 책망하진 말아줘. 비록 방법은 잘못됐지만, 라헬 널 위한 일이었으니까. 근데, 그런 모든 걸 다 떠나서, 애굽으로 간 건 꽤 괜찮았던 일 같아. 그곳으로 가지 않았더라면, 정말 아무것도 하지 않은 채 오로지 이 자리에서 슬퍼만 했을지도 몰라. 거기서 좋은 사람들을 많이 만났어. 나는 이제 다시 애굽으로 가려고 해. 애굽으로 가서, 그들에게 메시아에 관한 이야기를 해주고 싶어. 내가 지금부터 얼마나 더 살 수 있을지는 잘 모르겠지만, 앞으로는 정말 열심히 살아볼게. 그래서 아마 이곳에 자주 못 올지도 몰라. 그래도 날 이해해줄 수 있지? 너를 만난 지 한참 지났지만, 이제야 말하네. 내게 찾아와줘서 고마웠어, 라헬. 여고냐도 아빠한테 와줘서 너무 고마웠어. 안녕, 난 이만 가볼게. 잘 있어."

　라헬과 여고냐에게 진심 어린 작별인사를 하고 애굽으로 떠났다. 예수의 제자들과 이야기를 나누는 동안 애굽에서 만난 많은 친구들이 떠올랐다. 그들이 예수의 이야기를 듣게 된다면 분명히 좋아할 게 뻔했기 때문이다. 무엇보다 이 모든 이야기를 내 친구 아볼로에게 말해주고 싶었다. 그와 나눈 약속대로 말이다. 이 이야기를 듣고 좋아할 아볼로의 얼굴이 눈앞에 그려지는 듯했다.

모든 사람들이 내 말을 믿지 않더라도 아마 아볼로만큼은 믿어줄 것이 분명했다. 애굽에서 나는 그와 같은 친구들 말고도, 더 많은 사람들에게 내 이야기를 통해서 예수를 전하고 싶었다.

이제 나는 전혀 다른 사람으로 다시 태어났다. 여고냐와 라헬을 잃은 뒤로 한 번도 갠 적 없이 강한 소나기만 쏟아내던 머릿속의 먹구름이 완전히 사라졌고, 수십 년 만에 구름 걷힌 푸른 하늘처럼 화창했다. 내가 살았던 이스라엘도 이제는 로마가 다스리는 나라가 아니라 부활하신 예수님이 다스리시는 나라가 될 것이므로 죽음 앞에서도 두려워하지 않는 나라가 되어가고 있었다. 나 또한 부활하신 예수님을 통해, 내가 언젠가 죽음을 맞게 되더라도 두려워하지 않을 수 있게 되었다.

이 땅의 왕은 내게서 모든 것을 앗아갔지만, 진정한 왕이신 예수님은 내가 빼앗겼던 모든 것을 다시 되돌려줄 수 있는 분이심을 나는 믿는다. 나는 더 이상 예수를 내게서 아들과 아내를 빼앗아간 원수로 여기지 않게 되었다. 지난 세월, 슬픔에 사로잡혀 항상 엇나간 생각을 하고 살았지만, 이제는 삶의 이유와 함께 잃어버렸던 웃음을 되찾게 되었다.

4부 ─────────────────

— 그러할지라도 오히려 위로

15

울더라도 오늘은 3백 원어치만 울어

저와 아내는 이십대 초반에 교회 청년부에서 만났습니다. 당시 저는 어머니의 교통사고로 인해 학교와 교회를 떠나 살다가 예배에 대한 갈증으로 안산에 있는 대형교회를 다니게 되었습니다. 아내는 그때 교회에서 청년 새가족 담당을 맡고 있었습니다. 아내는 제게 매우 친절했습니다. 서로가 왠지 낯이 익었고, 대화를 하던 도중 우리는 같은 중학교 동문임을 알게 되었습니다. 제가 식당에서 아르바이트를 할 때 아내는 같은 건물 한의원에서 간호사로 일하면서 밥 먹으러 오기도 했었다는 것도 알게 되었지요.

제가 한참 힘들고 외로울 때 아내는 광야에서 만나는 엘림 같은 존재였습니다. 제가 청년부 활동에 잘 적응할 수 있게 도와주었고 좋은 친구들을 만나 신앙의 교제를 나눌 수 있게 해주었습니다. 아내는 시각장애인인 저희 부모님께도 거부감 없이 대했으며 저희 아버지는 아내를 딸같이 여겨주셨습니다. 저는 천사 같은 아내를 만나 다시 신학공부를 하게 되었으며, 헌신적인 뒷바라지로 목사가 되었고 개척교회도 하게 되었습니다.

●

겁 많은 아내의 '김 여사' 극복기

아내는 겁이 많은 사람이었습니다. 제가 학부 4학년 때 졸업준비위원장을 맡아 졸업여행을 제주도로 다녀온 일이 있었습니다. 저녁에 제주공항에 도착했을 때 아내가 다급하게 저를 찾았습니다. 장인어른이 담석증에 걸려 급하게 병원에 입원하셨다는 것입니다. 단 한 번도 병원에 입원한 적이 없던 아내는 아버지가 입원하신 일이 겁이 나자 저에게 빨리 집에 와주길 원했습니다. 어쩔 수 없이 다음날 오전 첫 비행기로 돌아와 병원으로 달려갔습니다. 그 사이 아버지는 소변으로 돌이 빠졌고 많이 회복된 상태셨습니다. 장모님께서 저를 보시더니 놀라셔서 졸업여행은 어쩌고 돌아왔냐며, 아내에게는 담석증으로 입원한 것이 뭐 그리 대단한 일이라고 제주도까지 간 남편을 불렀냐고 야단하셨지요.

아내는 이런 성격 탓에 운전면허를 따지 못했습니다. 핸들만 잡아도 덜덜 떨었습니다. 광활한 주차장에서 아내에게 운전을 조금 가르쳐주었습니다. 그냥 약간의 전진과 후진만 몇 번 하게 했지만, 무서워하던 아내는 중간에 포기하고 기어를 D에 두고 내려버렸습니다. 이 일로 저는 아내가 평생 면허를 따지 못할 줄 알았습니다. 하지만 인생의 크고 작은 파도들을 경험하면서 아내도 겁 많은 아가씨에서 생활력 강한 아줌마로 변해갔습니다. 결혼 전에는 천사 같았던 아내도 결혼 후 아이들을 키우면서 빨간 모자에 선글라스 긴 무서운 조교로 변해가더니, 학원 다니며 당당하게 운전면허도 따왔습니다.

주행연습을 위한 예비면허증을 받아온 날 아내는 저를 조수석에 태우고 운전연습을 하러 나갔습니다. 이럴 때 보통 부부 사이가 틀어지게 되지요. 저희 부부도 비슷했습니다. 아내는 왕복 2차선에서 차가 다가오니까 비켜선다며 인도 위로 올라가더군요. 제가 이러면 안 된다고 주의를 주었습니다. 그냥 살짝만 비켜줘도 상관없다고 했지요. 인도 위로 올라가면 더 큰 사고를 일으킬 수 있다고 했습니다. 그랬더니 아내는 저더러 잔소리하지 말고 그냥 있으라고 합니다. 그럴 거면 뭐 하러 저를 옆에 태웠냐니까 자기 혼자 죽을 수 없어서 태운 거라고 합니다. 그 뒤로 저는 아내가 운전할 때는 얌전히 안전벨트만 붙들고 있습니다.

아내의 운전 실력은 하루가 다르게 늘었습니다. 혼자서 아이들을 태우고 치료실도 다녀오고 주일에 교인들을 태우는 차량 운행도 할 수 있게 되었지요. 덕분에 지방으로 집회하러 갈 때는 아내와 함께 갔습니다. 피곤하면 아내에게 운전을 맡기고 편하게 다녀오고 싶어서요. 아내는 첫 고속도로 운전을 하게 되었습니다. 시내 도로와 달리 고속도로는 폭이 넓다보니 아내는 어떻게 해야 차선 중앙으로 가는지 몰랐습니다. 제가 졸다가 차가 흔들리는 것을 느끼고 일어나보니 아내는 차를 지그재그로 몰고 있었습니다. 오른쪽 차선으로 붙었다가 왼쪽 차선으로 붙이기를 반복하면서 운전하고 있었지요. 다른 날은 집회에서 돌아오는 길에 야간 운전을 맡겼습니다. 아내는 자신 있다면서 자기만 믿고 자고 있으라고 했습니다. 아내는 매우 편안하게 운전을 했고 덕분에 저는 잘 잘 수 있었습니다. 푹 자고 일어났더니 생각보다 많이 가지 못했고 아내는 그 넓고 텅 빈 고속도로에서 느린 속도로 트럭 뒤를 따라가고 있었습니다. 왜 추월하지 않고 트럭 뒤를 따라 가냐고 물었더니 아내는 추월하려고 1차선에 들어가려고만 하면 뒤에서 차들이 쌍라이트를 키며 날아오더랍니다. 그게 무서워서 한 시간째 트럭 뒤를 따라가고 있는 중이랍니다.

이런 저런 시행착오를 하던 아내는 고속도로 운전에 익숙해졌습니다. 제게 자랑하고 싶었던 아내는 저를 태우고 고속도로에 올라갔습니다. 제법 과속도 하고 추월도 하면서 김 여사 티는 확실하게 벗었습니다. 휴게소에 들어가서도 단 한 번에 완벽주차까지 깔끔하게 클리어 하더니 시동을 끄고 "여보 나 어때? 이제 운전 잘 하지?" 하면서 차를 잠그는 것입니다. "그래 여보, 잘하긴 했는데 문을 잠가버리면 우린 어떻게 내려?" 했더니 그제야 아내는 한참을 웃으면서 "맞다. 내린 다음 잠가야지!" 합니다.

가족들이 오랜만에 외식을 하게 된 날 아내는 아이들을 태우러 가고 저는 음식들을 주문한 뒤 기다리고 있었습니다. 음식이 다 세팅이 되었는데도 오지 않던 아내가 제게 전화를 했습니다. "여보, 차가 후진이 안 돼. 고장났나 봐. 기어를 R에 뒀는데도 자꾸만 앞으로 밀려가. 여보, 무서워. 당신이 와서 차 좀 빼줘" 하는 것입니다. 음식점 사장님께 양해를 구하고 택시를 타고 아내에게 가봤습니다. 차는 약간 기울어진 주차장에서 아파트를 바라보고 정면 주차가 되어 있었습니다. 그 상태에서 차를 뒤로 빼야 하는데 차가 자꾸만 앞으로 가니 아내는 아파트를 들이받을까 걱정하고 있었습니다. 제가 차를 타 봤더니 키는 꽂혀 있는데 시동은 걸려 있지 않았습니다. "여보. 시동은 걸고 했겠지?" 하고 물으니 "어머! 시동 안 걸려 있어?" 합니다. 아내가 키를 돌리자 이전에 켜두었던 에어컨 스위치가 송풍기를 작동시켰고, 그 소리를 엔진소리로 착각하고 시동이 걸린 줄 알았다고 합니다. 그날 저는 퉁퉁 불은 짜장면을 먹어야 했습니다.

●

대장부 같던 아내의 위기

아내가 아이들을 태우고 집에 오던 중에 고급 외제차를 들이받는 사고가 났습니다. 신호대기 중이던 아내가 딴 짓 하느라 브레이크에서 발이 떨어졌고 차는 그대로 앞차를 퉁 하고 박았습니다. 아주 경미한 사고였지만 앞 차 오너가 범퍼를 교환하겠다고 하는 바람에 수리비로 3백만 원이 넘게 나왔습니다. 아내는 운전하기 시작한 후 첫 사고이기도 했고 하필 고급 외제차를 박은 일로 매우 소심해져 있었습니다. 밤에 아이들을 재우고 제 옆에서 훌쩍거리며 울었습니다. 저는 아내를 달래기 위해 이렇게 말해주었습니다.

"여보. 오늘 사고로 많이 나와 봐야 3백만 원이고 보험처리하면 돼. 보험료가 인상되기는 하겠지만 끽해야 일 년에 10만 원 오를 거고 한 달로 나누면 만 원도 채 되지 않아. 다시 30일로 나누면 3백 원 정도 나올 거야. 그러니 울더라도 오늘은 3백 원어치만 울어."

아내는 제 말이 위로가 되었는지 울음을 그치고 다시 운전대를 잡을 수 있었습니다. 그런데 제가 너무 과하게 위로를 했는지 며칠 후 저랑 같이 가면서 주차한답시고 브레이크 대신 액셀러레이터를 밟는 바람에 차가 주차 턱을 발판 삼아 공중부양을 하더니 그대로 화단을 들이박는 사고가 났습니다. 저는 아내가 다시 소심해져서 울까 봐 걱정하며 쳐다봤더니 여장부마냥 웃고 있습니다. 어이없어진 제가 웃음이 나오냐고 물었더니, 아내님께서 "그럼 웃지. 이만한 일로 울까?" 합니다. 도리어 제가 울고 싶었습니다.

그 뒤로도 아내는 크고 작은 사고들을 겪을 때마다 대장부처럼 버텨주면서 우리 가정의 든든한 기둥이 되어주었습니다. 그런 아내가 어느 날 갑상선암을 선고 받는 일이 생겼습니다. 아이를 갖기 위해 산부인과를 다니면서 갑상선에 문제가 있는 것을 알았고 꾸준히 약 먹으면서 관리하고 있었는데, 정기점진을 받는 날 암이 발견된 것입니다. 대장부 같던 아내는 이 일로 급격히 무너지고 말았습니다. 아내의 절친이었던 친구의 어머님이 갑상선암으로 돌아가신 일이 있어 아내의 공포는 극심했습니다.

정기검진을 받던 날 갑상선에 이상 소견이 보인다고 해서 정밀검사를 받고 결과를 기다리고 있었는데, 병원에서 나와 보라는 전화를 받고 그 자리에서 울기 시작하더니 몇 날 며칠을 계속 울기만 했습니다. 인터넷을 뒤져 갑상선암을 연구했고 갑상선암 치료로 이름이 난 병원들을 돌아다녔습니다. 갑상선암이 종류도 다양하고 그에 따른 수술과 치료도 다양하지만 사망률이 높은 병은 아니었음에도, 아내의 공포는 좀처럼 식을 줄 몰랐습니다. 결국 안산 고대병원에서 수술 받기로 했는데 또 다른 문제가 생겼습니다. 아내가 든 건강보험에 갑상선에 대한 부분이 빠져 있었던 것입니다. 아내가 벌어오는 돈으로 먹고 살던 우리 가정에 빨간 불이 켜지고 말았습니다. 설상가상으로 직장에서마저 고용보험의 혜택을 받을 수 없게 되었습니다. 개인 사정에 의한 퇴사는 실업급여 대상이 아니라고 합니다.

아내는 수술도 걱정이고 병원비도 걱정이 되었으며, 수술 후 4개월 간 쉬어야 한다는데 어떻게 먹고 살아야 할지 암담하게만 느

· 오히려 위로 ·

껐습니다. 저 역시 걱정하지 않을 수 없었습니다. 여기 저기 대출도 알아보긴 했지만 우리가 놓치고 있는 부분이 있었습니다. 바로 우리 가정을 아끼고 사랑해주는 많은 사람들이 있었다는 것입니다. 아내의 소식을 들은 많은 분들이 찾아와 위로해주셨고 그 분들이 주신 돈은 수술하고도 한두 달 더 버틸 만큼의 큰돈이 되었습니다. 그런데다가 실업급여가 안 된다던 회사는 고용보험공단과 이야기가 잘 돼 4개월간 실업급여를 받을 수 있게 해주었습니다. 수술도 깔끔하게 잘 되었고 이후 회복도 잘 되면서 저희 가정은 다시 안정을 찾게 되었습니다.

●

이래저래 아내님 덕분에

4개월 간 특별 휴가를 받은 아내는 아이들의 엄마로 돌아왔습니다. 그동안은 아침 일찍 출근하고 야근에 특근까지 하느라 아이들하고 놀아줄 시간이 없어 아이들 케어는 항상 제가 했습니다. 보통 아이들이 엄마에게 하는 말은 "밥 줘, 아파, 심심해, 놀아줘" 등등 많은 편이지만, 아빠에게 하는 말은 늘 "엄마는?"이라고 합니다. 하지만 저희 집은 아내가 직장에 다니고 제가 가정을 돌보면서 반대가 되었습니다. 아이들이 엄마에게 하는 말이 "아빠는?"이 되어버렸지요. 저는 아이들에게서 엄마를 빼앗은 것 같은 불편한 마음이 늘 있었는데 갑상선암 덕분에 아이들에게 잠시나마 엄마를 되찾아 줄 수 있게 되었지요.

저에게도 이 기간이 특별했던 것은 어느 출판사로부터 집필의 뢰를 받았기 때문입니다. 제가 조카의 죽음과 어머니의 장례 이후 한참 힘든 시기에 《팀 켈러의 센터처치》라는 책을 접하게 되었고 그가 전하는 복음 메시지에 위로받으며 완전히 매료되었습니다. 이후 팀 켈러의 모든 책을 출판되는 동시에 사서 읽었고 그렇게 몇 년을 팀 켈러의 책에서 위안을 찾으며 팀 켈러만 파고들었습니다. 한국에서 열리는 팀 켈러 세미나도 열심히 찾아다녔고 팀 켈러의 CITY TO CITY 한국 지부인 CTC KOREA(CTCK)에도 가입하게 되었습니다. CTCK에서 저를 귀하게 여겨주셔서 이사로 받아주시고 강사로도 세워주셨습니다. 그러는 사이 팀 켈러 책을 출판하는 출판사에서 CTCK에 팀 켈러의 책을 안내해줄 책을 만들자며 제안했고, 본부에서는 3명을 선정해 함께 팀을 이뤄 책을 집필하는 집필진(고상섭, 박두진, 전재훈)에 저도 포함시켜 주셨습니다. 저와 함께 작업하신 고상섭 목사님은 팀 켈러 연구가로 활동하며 많은 강의를 하고 계시는 분이셨고, 박두진 목사님은 팀 켈러의 설교로 박사학위를 받으신 팀 켈러 박사님이셨습니다. 잘 알려진 고수들 사이에서 저는 그야말로 듣보잡 목사에 불과했습니다. 어느 출판사 사장님이 "그 나머지 공저자 두 분 중 한 분은 안 지 꽤 오래고 다른 한 분도 저명하시고 한두 번 뵌 적이 있지만, 정작 이분은 그야말로 금시초문"이라고 할 정도로 저는 검증되지 않은 사람이었습니다. 그런 제게 집필의뢰가 들어왔으니 너무 감사하고 또 감사할 수밖에 없는 하나님의 은혜였지요.

만약 아내가 갑상선암으로 4개월을 쉬지 않았더라면 저는 집필하기 어려웠을 것입니다. 아내가 아이들을 전담해서 돌봐주었기에 저는 교회에 틀어박혀 팀 켈러의 책들을 다시 공부하고 온전히 집필에만 열중할 수 있었습니다. 제가 써야 할 파트가 서론을 시작으로 복음 파트와 도시 파트이다 보니 책의 앞부분에 모두 편집될 예정이었습니다. 저의 목표는 사람들이 책을 읽다가 제 파트에서 지루해져서 덮어버리지 않기를 바라며, 그로 인해 다른 두 분의 명예에 누가 되지 않는 것이었습니다. 한 여름에 에어컨도 없는 사무실에 앉아 땀을 삘삘 흘리며 글을 쓰고 지우고를 수차례 반복한 끝에 《팀 켈러를 읽는 중입니다》가 만들어질 수 있었습니다.

결국 제가 목사가 될 수 있었던 것도 아내의 헌신적인 수고 덕분이었고 또 제가 《팀 켈러를 읽는 중입니다》의 공저자 중 한 명이 될 수 있었던 것도 아내의 희생이 뒤에 있었기에 가능했습니다.

●

갑상선암이 남긴 두 가지

아내는 갑상선암을 잘 이겨내고 다시 직장을 다닐 수 있게 되었습니다. 그러나 갑상선암이 아내에게 두 가지 흉터를 남기고 말았습니다. 하나는 말 그대로 목 부위에 큰 수술자국이었고 또 하나는 다른 사람들의 목을 유난히 쳐다보는 갑상선 추적자가 된 것입니다. 아내는 제 목도 이상한 눈으로 쳐다보았습니다. 아무래도 목의 생김새가 갑상선이 의심된다며 저를 독촉해서 갑상선 검사를 받게 했습니다. 병원에 갑상선 검사를 의뢰하고 초음파 검사를 시작하는데 의사 선생님이 "왜 갑상선 검사를 하고 싶으셨나요?" 하고 물으셨습니다. 자신이 보기에 별 이상한 것이 없어 보이는데 40대 남자가 검사를 받겠다고 누워 있으니 이상하게 보이셨나 봅니다. 저는 아내 이야기를 주절주절 하기 싫어서 그냥 궁금해서 왔다고 둘러대고 검사를 받았습니다. 검사하는 내내 의사 선생님은 "음…, 여기도 아무렇지도 않고…. 음…, 여기도 별 이상이 없고…. 음…, 그냥 깨끗하기만 한데…" 하시며 제 심기를 불편하게 하시더군요. 옆에 있던 간호사도 의사 선생님의 말씀에 웃고 있었습니다. 그렇게 해서 아내에게 저는 별 이상이 없다는 사실을 알려주었습니다.

그러나 아내의 집착은 좀처럼 사라지지 않았습니다. 심지어 TV를 보면서도 저 연예인은 목의 생김새가 이상하다는 둥 왠지 갑상선이 안 좋은 것 같다는 둥 하면서 갑상선을 이 땅에서 몰아내기 위한 투사의 조짐을 보여주었지요. 실제로 아내 때문에 검사를 받고 치료받은 사람들도 생겨났습니다. 그러다가 이제는 아들의 목에 집착하기 시작했습니다. 제게 계속 동의하기를 강요하며 "아들 목이 이상하지 않아? 갑상선 부위가 좀 부은 것 같지 않아? 여보가 보기엔 어때?"라고 했습니다. 제 눈에는 별로 이상한 것이 없어 보였습니다. 하지만 아내는 아들이 쉽게 피곤을 느끼고 어지럽다고 했던 것이 갑상선 때문이라고 주장하고, 살이 찌지 않고 삐쩍 마른 것도 아마도 갑상선 영향이 있을 것 같다며 끝내 아들을 자신이 치료받고 있던 병원에 보내버렸습니다. 검사 결과 아들의 갑상선이 건강하지 못했습니다. 약을 먹어야 할 정도까지는 아니었지만 조금만 더 나빠지면 약을 먹어야 할 만큼 좋은 상태는 아니었지요. 뿐만 아니라 비타민 D가 심각하게 부족하다는 결과까지 나왔습니다. 비타민 D 수치가 30 이상이 되어야 하는데 아들은 12 정도가 나온 것입니다. 아내 덕분에 아들의 건강문제를 알게 되었고 주기적으로 비타민 주사와 함께 갑상선 추적 검사를 받을 수 있게 되었습니다.

●

빨간 모자 쓴 아내도 사랑합니다

바울은 에베소교회에 편지하면서 아내와 남편의 도리를 가르쳐 주었습니다.

> 아내들이여 자기 남편에 복종하기를 주께 하듯 하라 _엡 5:22
> 남편들아 아내 사랑하기를 그리스도께서 교회를 사랑하시고
> 그 교회를 위하여 자신을 주심 같이 하라 _엡 5:25

바울의 명령은 아내가 지키기 어려울까요? 남편이 지키기 어려울까요? 제 경험에 비추어보면 둘 다 거의 불가능에 가까운 것 같습니다. 하지만 바울의 명령은 우리 부부가 어느 방향으로 성장해 가야 하는지 보여주는 이정표인 것은 분명합니다. 이 방향을 잘 따라가기 위해서는 아내가 주께 복종하는 여종이 되어야 할 것이고 저 역시 그리스도께서 교회를 위해 자신을 희생하신 일에 대한 깊은 묵상이 필요할 것입니다. 하지만 아이러니하게도 저는 아내의 모습 속에서 그리스도가 교회를 위해 자신을 주셨던 사랑과 희생의 모습을 발견하곤 합니다.

저는 예전의 날개 없는 천사 같았던 아내를 사랑했지만 지금의 빨간 모자 쓴 조교 같고 대장부 같은 아내도 사랑하지 않을 수 없습니다. 저는 그저 아내가 아프지 않고 건강하기만 했으면 좋겠습니다.

16

심장병 환자의 군필 우격다짐

제가 신학대학교 1학년 때 어머니가 교통사고를 당하시자 학업
을 중단하고 어머니 병간호를 해야 했습니다. 시각장애인이신 아
버지를 돌보는 것과 교통사고를 내고 복역중이던 형님의 옥바라
지까지 전부 제가 감당하는 것은 쉬운 일이 아니었습니다. 남자인
제가 어머니의 대소변을 받아내고 미음을 만들어 매 끼니 어머니
의 코로 밀어 넣는 일은 고통스러웠습니다. 밤마다 몸부림치는 어
머니를 붙들고 잠 못 자기 일쑤였고, 견디다 못해 어머니의 손발을
침대에 묶어두고는 내가 정말 아들이라고 할 수 있을까 하는 자괴
감에 빠져 지낼 때도 많았었지요.

어머니가 석 달 만에 깨어나신 후 스스로 생활이 가능해지시자

저는 아르바이트를 하러 다녔습니다. 하루 종일 일해봐야 한 달에 50만 원 조금 넘는 돈으로 생활하기에는 턱없이 부족했습니다. 10시가 넘어 퇴근하고 집에 오면 밀려 있는 빨래와 설거지를 해야 했고 어머니 목욕과 집 청소를 하고 나면 그대로 지쳐서 잠이 들곤 했습니다.

어머니가 몸부림치시거나 이상한 고집을 부리시면 아버지가 "사고 났을 때 죽어버리지 왜 살아서 가족들을 고생 시키냐!"고 하실 때마다 제 마음은 점점 피폐해져만 갔습니다. 하나님에 대한 원망도 극에 달했고 아무 일 없이 예배드리고 놀러다니는 교인들도 미워졌습니다. 급기야 제 마음은 어머니를 원망하기에 이르렀습니다.

제가 어릴 적 심장병에 걸려 병원에서 살아야 했을 때 어머니는 제 옆에서 간호해주지 않으셨습니다. 어머니는 제 병원비를 벌어야 하기도 했지만 시각장애인이 병원에서 하실 수 있는 일도 없었습니다. 아무도 간호해주는 사람이 없어서, 혼자 병원 침대에 누워 옆에 있는 다른 환자의 보호자에게 대소변을 부탁드리기도 하고 간호사님들에게 무리한 요구까지 하며 병원생활을 했던 것이 억울하게만 느껴졌습니다. 어머니는 나를 간호도 안 해주셨으면서 왜 지금은 내가 어머니를 간호해야 하는지 모르겠다며, 이럴 바엔 차라리 군대나 가버리고 싶었습니다.

신병교육대 두 번 입소한 남자

심장병을 오래 앓아왔었기 때문에 저는 친구들에게 '신의 아들'(군 면제자)이라고 자랑하곤 했습니다. 하지만 군대가 아무리 힘들어도 어머니 병간호 하는 것보다는 훨씬 쉬울 것 같았습니다. 최소한 군대에서는 잠이라도 편하게 잘 수 있을 테니까요. 저는 부모님 몰래 군입대를 자원했고 신병교육대에 들어가게 되었습니다. 하지만 제가 생각했던 것보다 군대는 힘들었습니다. 자꾸만 쓰러지는 바람에 군대에서 재검판정을 받고 사회로 돌아왔습니다. 다시 군대 들어가기 싫었던 저는 병원진단서를 제출하고 면제 판정을 받으려 했습니다. 제가 다니던 안산 고대병원에 진단서를 떼러 갔더니 그 병원이 하루 전날 군 지정병원에서 해제가 돼 버려서 신병검사용 진단서를 줄 수 없다고 했습니다. 어쩔 수 없이 7년어치 진료기록부를 복사해서 재검받을 때 제출했더니 그 자료만으로 군대 면제를 해줄 수는 없다고 했습니다. 유일하게 가능한 것은 군대에 입대해서 의가사제대하는 길밖에 없다고 알려주셨습니다.

그렇게 다시 신병교육대를 거쳐 훈련소에 입대했더니 제 관련 기록이 함께 올라와 있었습니다. 군대에서는 사병의 의가사제대가 부대장 진급에 걸림돌이 되는 것 같았습니다. 훈련소에서는 제가 쓰러지기라도 할까 봐 특별대우를 해주었습니다. 아침에 구보를 열외하고 유격훈련은 참관만 하고 화생방은 면제시켜주었습니다.

제가 받은 훈련이라고는 제식훈련과 사격훈련이 전부였습니다.

훈련소를 마치고 자대배치를 받아 포병대에 들어갔습니다. 저의 심장병을 고려해서 제 보직은 상황실에서 근무하는 계산병으로 정해졌습니다. 계산병은 주로 실내에 머무르며 포를 쏘는 각도와 작약의 양을 계산하는 일이 주 업무였습니다. 야외 진지훈련을 나가도 계산병은 상황실로 운영되는 탑차로 이동하고 그 안에서만 근무했기에 심장병이 있어도 군 생활에 큰 문제는 없었습니다.

저는 신학생이라는 이유로 저희 중대 군종병이 되었습니다. 대대 군종병은 군종병 임무만 감당하면 되지만 중대 군종병은 군종병 임무와 개인 보직 임무를 함께 감당해야 했습니다. 군대에서 야간 보초는 대부분 야외 보초와 내무반 보초로 나눠져 있어서 둘 다 1시간 간격으로 교대근무를 하게 됩니다. 하지만 행정병과 상황병은 인원수 부족으로 기본 2시간 간격으로 근무를 서게 됩니다. 거기에 고참이 휴가를 갔거나 교대를 안 해주면 3시간 이상 근무를 서야 하는 날도 많았습니다. 저는 군종병 업무를 같이 보고 있었기에 겨울에 사랑의 커피 배달 임무까지 겹치는 기간에는 하루 3시간 이상 잘 수가 없었습니다. 행정병 탈영의 가장 큰 이유가 잠을 자고 싶다는 것이었는데 상황병도 같은 고충이 있었습니다. 생각보다 군대가 잠만큼이라도 편하게 잘 수 있는 곳은 아니었습니다.

군기교육대 두 번 들어간 남자

군 생활 기간 중 2번 군기교육대에 들어갔습니다. 한 번은 상병 정기 휴가를 끝내고 군대 복귀하자마자 사격훈련을 받다가 문제가 터졌습니다. 저는 부대에서 총을 제일 잘 쏘는 일등 사격수였습니다. 포병부대 특성상 일등 사격수는 별 의미가 없긴 했지만 사격 훈련 때마다 만발을 맞춰 포상 외박을 나가곤 했었기에 나름 저의 자부심이었습니다. 그날도 별 긴장 없이 사격장에 들어섰습니다. '준비된 사수로부터 일제 사격' 명령과 함께 방아쇠를 당겼으나 총은 발사되지 않았습니다. 제가 '격발 불량'을 외치자 조교가 '총구를 머리 위로 들고 무릎 앉아' 하더니 제 총의 노리쇠 부위를 툭 쳤습니다. 그 순간 10발의 총알이 연발되는 사고가 터졌습니다. 중대장을 비롯한 사격장 내의 모든 부대원이 놀라서 전부 바닥에 바짝 엎드렸고 사격장 천장은 열개의 구멍이 나 버리고 말았습니다.

저는 원인규명을 위해 사격장 밑에 있는 PRI 훈련장으로 내려왔습니다. 거기에는 다른 고참 한 명도 총기 불량으로 와 있었습니다. 저와 달리 그의 총은 전혀 발사가 되지 않았습니다. 그가 총기를 분해해놓고 원인을 못 찾고 있을 때 제가 총기 오발로 내려온 것입니다. 저는 고참의 총과 제 총을 분해하고 보니 원인이 무엇인지 금세 알 수 있었습니다. 고참의 총은 K2 소총으로 총구가 길고 개머리판을 접는 형태의 총이었고, 제 총은 K1 소총으로 총구가 짧으며 개머리판 없이 어깨 견착판을 밀어넣는 형태의 총이었습니다. 이외에도 두 총은 총을 발사하는 노리쇠 뭉치도 조금 다릅니다. K1 소총만 사용하던 군인들은 둘의 차이점을 모르지만, 저는 K2 소총도 사용했고 K1 소총도 사용했기에 노리쇠 뭉치 가운데 공이라고 불리는 쇠막대기가 서로 바뀐 것을 알았습니다. K2 소총은 K1 소총에 비해 공이가 약간 더 길었습니다. 그 결과 고참은 아무리 방아쇠를 당겨도 공이가 총알을 때리지 못했기에 발사가 이뤄지지 않았고 제 총은 살짝 튀어나온 공이로 인해 10발이 모두 연발이 되어버린 것입니다.

공이가 바뀐 원인은 제가 상병 휴가를 가 있는 동안 K1 소총을 사용해보고 싶었던 고참이 제 총을 무단 반출해서 사용하다가, 사격훈련이 잡히자 총기소제를 하던 중에 그만 실수로 자신의 총과 제 총의 공이를 바꿔 조립하고 말았습니다. 저는 휴가에서 복귀하자마자 사격훈련을 실시하는 바람에 총을 들여다볼 시간이 없었습니다. 어찌 되었건 총기 불량 사건이 해결되자 고참과 저는 군기교육대 1일 입소를 명령받고 완전 군장으로 연병장을 하루 종일 돌아야만 했습니다. 고참은 연신 미안하다 했고 군종병이던 저는 이미지 관리 차원에서 괜찮다고 하긴 했지만 꽤나 억울했습니다.

두 번째는 제가 상병 4호봉이던 시절 나름 군대에서 짬 좀 먹었다는 계급이 되었을 때 터졌습니다. 포병부대는 다른 부대와 달리 포차를 다루는 부대이기에 얼차려와 구타가 심했습니다. 매일 밤이면 구타 없이 하루가 끝나지 않는 게 다반사였습니다. 후임병 하나가 구타를 당하고 가슴 통증을 느껴 휴가를 신청하고 외래 진료를 다녀왔습니다. 거기서 갈비뼈 골절을 진단받았지요. 이를 알게 된 부모님이 신고하는 바람에 부대원 전체가 기무사의 수사를 받아야 했습니다. 갈비뼈 골절상을 입힌 가해자와 상습 구타자 몇 명은 영창을 가고 단순 가담자들 전원은 군기교육대 1개월 입소를 명령받았습니다. 저는 군종병임에도 불구하고 구타를 묵인하고 신고하지 않은 죄로 같이 입소하게 되었습니다.

중대원의 3분의 2가 군기교육대에 들어가는 바람에 중대 운영에 차질이 생기자 군기교육은 부대 내 운영으로 진행됐습니다. 일과시간에는 보직근무를 하고 일과 후 시간과 토요일 일요일은 군기교육을 받아야 했지요. 고참들은 한결같이 제가 쓰러지기만을 원했습니다. 그렇게 되면 군기교육 기간을 단축할 수 있다고 여겼습니다. 저는 군기교육도 힘들었지만 무엇보다 예배를 드릴 수 없는 것을 가장 큰 고통으로 느꼈습니다. 하나님께 예배만은 드릴 수 있게 해달라고 밤마다 기도했습니다. 군기교육을 받던 도중 저는 결국 쓰러졌고 일어나보니 입이 벌어지지 않았습니다. 숟가락도 입에 들어가지 않을 정도로 입이 벌어지지 않자 덕정군인병원에 입원했다가 창동군인병원으로 옮겨졌고 결국에는 국군수도통합병원에까지 가게 되었습니다.

제 병명은 류머티스성 악관절 내장증이었습니다. 말은 어렵지만 류머티스라는 말은 원인을 모른다는 말이고 악관절이란 턱관절을 의미했으며 내장증은 턱관절 안에 통증이 있다는 말이었습니다. 결국 원인을 모르는 채 입이 벌어지지 않는다는 거였습니다. 원인을 모르니 치료법도 없었습니다. 그저 빨대로 죽만 먹으면서 6개월 동안 병원신세를 져야 했습니다. 저와 같은 환자가 창동병원에는 한 명도 없었는데 수도통합병원에 가니 30명 쯤 있는 게 신기했습니다.

저는 류머티스성 악관절 내장증을 하나님이 제 기도에 응답하신 것이라고 여겼습니다. 그래서 6개월 동안 병원 내 기독신우회 활동을 맘껏 할 수 있었습니다. 6개월의 병원생활은 매우 편하고 행복한 시간이었습니다. 오직 단 하나 죽을 죽도록 먹어야 하는 것만 빼고 말입니다. 6개월간 인간이 먹을 수 있는 죽은 다 먹은 것 같았습니다. 이후 10년이 넘도록 저는 좋아하던 호박죽조차 오직 죽이라는 이유만으로 먹지 않았습니다. 지금은 없어서 못 먹지만요.

6개월의 병원생활을 마치면 부대복귀를 할 건지 의가사제대를 할 건지를 정해야 했습니다. 그때가 병장 2호봉이었고 3-4개월만 더 복무하면 군필자가 될 수 있는데 의가사제대할 순 없었습니다. 더욱이 병장 2호봉이면 군 생활을 별로 어렵지 않게 할 수 있었고 온갖 권세를 다 누려볼 수 있는 시기였으니 저는 부대복귀를 희망했습니다. 그렇게 해서 군대를 만기제대하게 되었습니다.

군대를 가기 전에는 심장병 환자이면서 시각장애인 부모님을 모셨고 식물인간이 되신 어머니까지 보살펴야 했는데 군대까지 가게 됐다며 신세 한탄과 하나님 원망을 참 많이 했었습니다. 하지만 군대를 다녀온 후에는 군필자라는 자부심에 젖어 군대 이야기만 나오면 어깨에 잔뜩 힘을 주곤 했습니다.

제가 군대를 다녀오기 참 잘했다고 느낀 건 아이들을 키우면서였습니다. TV에서 '진짜 사나이'가 한참 인기를 끌 무렵 군대를 다녀온 저는 아이들의 우상이었습니다. 아이들은 군대 이야기를 몹시 듣고 싶어했고 총기 오발 사건은 아이들이 가장 좋아하는 이야기가 되기도 했습니다. 딸아이가 인터넷 웹툰 '뷰티풀 군바리'에 푹 빠져 지낼 때는 자기도 군인이 되겠다며 아빠인 저를 우러러 보기도 했었습니다.

●

권세의 의미를 알게 된 군필자

성경을 볼 때도 군대를 다녀오기 전에는 권세에 대한 개념이 희박했다면 군대를 다녀온 후에는 권세가 가지는 말의 무게와 의미를 보다 더 정확하게 알 수 있었습니다.

예수님이 백부장의 하인을 고쳐주실 때 백부장이 다음과 같이 말합니다.

[8]백부장이 대답하여 이르되 주여 내 집에 들어오심을 나는 감

당하지 못하겠사오니 다만 말씀으로만 하옵소서 그러면 내
하인이 낫겠사옵나이다 9나도 남의 수하에 있는 사람이요 내
아래에도 군사가 있으니 이더러 가라 하면 가고 저더러 오라
하면 오고 내 종더러 이것을 하라 하면 하나이다 _마8:8-9

이때 주님은 이렇게 말씀하셨습니다.

예수께서 들으시고 놀랍게 여겨 따르는 자들에게 이르시되
내가 진실로 너희에게 이르노니 이스라엘 중 아무에게서도
이만한 믿음을 보지 못하였노라 _마8:10

백부장이 예수님의 칭찬을 받을 수 있었던 이유는 그가 백 명의
부하를 거느린 군대 장교였기 때문입니다. 신앙의 세계에도 군대
를 다녀오지 않으면 미처 깨닫지 못하는 진리가 있고 이를 수 없
는 믿음의 세계가 있습니다. 예수님의 말씀 한 마디에 풍랑이 잔잔
해지고 군대 귀신이 쫓겨나가며 죽은 자가 살아나는 원리에도 상
명하복에 근거한 권세의 힘이 자리잡고 있습니다. 신앙생활하면
서 하나님의 말씀에 순종하는 것에도 이런 권세의 힘을 이해하고
있는 사람과 그렇지 않은 사람들의 차이가 나타납니다. 군대에서
만 유일하게 자신의 머리로 이해되지 않아도 무조건 '까라면 까'라
는 식의 복종을 경험할 수 있습니다. 군대는 도저히 불가능한 일도

고참의 명령 한 마디면 불가능한 일이 가능한 일로 바뀌곤 합니다. 요나가 군필자였으면 어쩌면 하나님의 명령을 어기고 다시스로 도망가지 않았을지도 모릅니다.

요한은 "영접하는 자 곧 그 이름을 믿는 자들에게는 하나님의 자녀가 되는 권세를 주셨다"(요 1:12)고 기록합니다. 그 권세는 우리들의 힘이나 지혜가 아닙니다. 오직 하나님이 선택한 자에게 주셔서 모든 만물이 그 권세 아래 복종하게 하시는 힘입니다. 아무리 고참이 나보다 어리고 무식하고 연약해 보인다고 해도 계급장이 높은 이상 그 권세를 무시할 순 없습니다. 하나님은 우리에게 가장 높은 계급장인 자녀가 되는 권세를 달아주신 것입니다. 이러한 권세를 이해하고 있는 사람과 그렇지 못한 사람이 세상을 살아갈 때 가지는 담대함의 크기가 달라지는 것은 당연한 일입니다. "하늘과 땅의 모든 권세"(마 28:18)를 가지신 주님이 "볼지어다 내가 세상 끝날까지 너희와 항상 함께 있으리라"(마 28:20)고 말씀하실 때 그 말의 진정한 힘은 아마도 군필자만 알 수 있을 것입니다.

군대를 다녀오기 전에는 군대까지 가게 하시느냐고 원망했지만, 이 모든 것을 깨닫고 보니 자칫 군대 면제를 받았다면 그 모든 고난에도 불구하고 군대까지 면제받게 하냐고 따졌을 것 같습니다. 군대는 제 인생의 여러 가지 축복 중 하나가 되었습니다.

17

제가 목사처럼 보이지 않나요?

저는 어릴 때 심장병에 걸려서 오랫동안 병원 치료를 받아야 했습니다. 정확한 병명은 류머티스 피버였지만 딱히 치료법이 있는 것이 아니라서 더 나빠지지 않도록 벤자틴 페니실린(benzathine penicillin)이라는 주사를 4주에 한 번씩 맞아야 했습니다. 페니실린 주사액은 입자가 매우 커서 가장 큰 바늘로 주사를 놓는데, 그마저도 어떨 때는 잘 안 들어가서 주사 놓는 도중 주사기가 빠지기도 했습니다. 페니실린 주사를 맞고 나면 엉덩이가 너무 아파서 일주일 정도는 의자에 앉는 것조차 매우 힘들었습니다.

초등학교 6학년 때 처음으로 롤러장에 갔을 때 엉덩방아를 하도 찧어서 엉덩이가 얼얼했던 적이 있습니다. 집에 오던 중 버스 안에서 친구를 무릎에 앉힌 채 맨 뒷자리에 앉아 있었는데, 버스가 급정거를 하는 바람에 붕 날아서 바닥으로 떨어진 일이 있었지요. 안그래도 엉덩이가 아픈데 설상가상으로 친구까지 무릎에 앉힌 채 바닥으로 떨어져서 꼬리뼈가 부서지는 줄 알았습니다. 그때 일주일가량 의자에 엉거주춤 앉아서 수업을 들었던 기억이 있는데, 페니실린 주사를 맞으면 마치 그때처럼 엉거주춤한 일상이 반복되곤 했습니다.

●

인상 안 좋은 견변철학자

심장병으로 인해 친구들이랑 어울려 노는 일이 제게는 쉽지 않았습니다. 몸으로 하는 운동은 영 젬병이었지요. 체육시간에는 늘 관전만 하다가 어쩌다 달리기 시험을 보면 반 친구들이 뒤로 뛰면서 자기보다 느리다고 놀리기도 했습니다. 한때는 시각장애인의 자녀라고 제 앞에서 맹인 흉내 내는 친구들도 있었으며 장님새끼라는 놀림도 많이 받았습니다. 그로 인해 저는 밖에서 친구들과 뛰노는 시간보다 집 안에서 틀어박혀 보내는 시간이 많았습니다.

당시에는 저녁 5시 반이 되어야 애국가와 함께 TV를 볼 수 있었고 집이 가난해서 장난감이나 오락기도 없었습니다. 하지만 다행스럽게 제게는 활자 중독증이 있어서 책을 좋아했습니다. 책을 읽다가 혼자 사색하기를 좋아했던 탓에 애 늙은이라는 소리도 자주 듣곤 했었지요.

　한참 사춘기 시절에 《여자의 남자》라는 소설책을 읽은 적이 있었는데 여주인공의 친구가 류머티스 피버라는 병에 걸렸습니다. 마침 저와 같은 병이라서 더 몰입하여 읽었는데 이 친구가 미국으로 가서 수술을 받지만 끝내 죽고 말았습니다. 그 영향으로 저는 죽음에 대한 공포가 생겨 신앙에 더 깊이 매달리게 되었으며 철학에도 많은 관심을 갖게 되었지요. 고등학생 시절에는 공부하다가 기절하는 일이 가끔 생기면서 두려움 마음에 유서를 써서 품에 넣고 다니기도 했습니다. 그 당시에 자식이 죽은 것과 실종된 것 중 어떤 것이 더 힘들까 생각하다가, 실종되는 편이 낫겠다 싶어 유서에 제가 죽은 것을 보거든 부모님께 알리지 말고 실종 처리해달라고 썼었습니다. 안 그래도 애 늙은이 소리를 듣고 자랐는데 생각하는 것도 죽음과 관련된 것이 많다보니 늘 인상이 부드럽지 못했고 견변(犬便)철학자(개똥철학자)라는 놀림도 많이 받았습니다.

　저는 류머티스 피버의 합병증으로 왼쪽 귀가 조금 어둡습니다. 좋은 점이라면 집중력이 높고 단점이라면 말귀를 한 번에 못 알아듣는 것이지요. 의자에 나란히 앉을 때면 왼쪽에 앉아야 그나마 대화가 편하고 어쩌다가 식사자리에서 오른쪽 맨 끝자리에 앉게 되는 날이면 대화에 참여하지 못하곤 합니다. 공부에 열중하고 있으면 친구들이 불러도 몰랐고, 들었을 때도 무슨 말을 하는지 집중해서 들으려다보니 다소 인상을 찡그리는 버릇 때문에 친구들이 제 모습에 흠칫 놀라곤 했습니다. 그래서 친구들 사이에서는 '모범수'라는 별명을 가진 적도 있었지요.

당시는 버스를 탈 때 학생들은 토큰이 아닌 버스표를 내던 시절이었습니다. 저 역시 교복을 입고 버스표를 내고 탔었지요. 그런데 어느 날 기사 아저씨가 짜증을 내면서 "다 큰 어른이 교복 입고 장난질 하냐"며 화를 내신 적도 있었습니다. 길을 몰라서 지나가는 사람에게 물어보면 겁을 먹고 피하는 사람도 있었을 정도로 제 인상은 매우 안 좋았습니다.

●

"목사가 인상 더러우면 안 돼!"

저는 목사가 꿈이었는데 인상이 너무 험해서 늘 불만이었습니다. 하나님께 좋은 인상을 갖게 해달라고 많이 기도했었습니다. 그러나 그 기도는 좀처럼 응답되지 않았습니다. 청년부 활동을 하던 시절에 임원이던 한 자매(지금의 제 아내)가 후배 자매에게 이 오빠랑 같은 방향이니까 차 같이 타고 가라고 권하자 저를 살짝 쳐다보고는 굳이 버스 타고 집에 가겠다고 한 일도 있었습니다. 나중에 친해지고 나서 그때 많이 무서웠다고 하더군요.

이미 목사가 된 후에도 제가 속한 노회의 한 목사님께서 목사가 인상이 더러우면 안 된다면서 안경을 사 주시기도 하셨습니다. 그 때 비로소 안경이 눈 나쁜 사람들만 쓰는 것이 아니라 얼굴 나쁜 사람들도 쓰는 것임을 알았습니다.

고등학교 2학년 가을에 교회 5학년 부서를 맡아달라는 요청을 받은 일이 있었습니다. 담당 선생님께서 군대를 가시게 되어 후임이 필요했는데 저밖에 부탁할 사람이 없었다고 합니다. 저는 갈등이 되었습니다. 고3이 되기도 하고 건강에도 자신이 없어서 쉽사리 맡겠다고 할 수 없었습니다. 그렇다고 목사가 되겠다는 사람이 쉽게 거절할 일도 아니라고 생각했습니다.

당시 이 문제가 제게는 너무나 부담이 되어서 고2 겨울방학 때 금식기도원을 찾아갔습니다. 하나님께 학업도 교사일도 모두 잘 감당할 수 있게 해달라고 기도하고 싶었습니다.

그 기도원은 규모가 작았습니다. 서울의 흔한 단독주택 같은 곳이었는데, 제가 금식기도 하러 들어갔을 때 함께 있던 사람들이 대략 15명이 안 되는 작은 곳이었지요. 집회는 주로 설교 영상을 틀고 진행했지만, 간혹 기도하러 들어오신 분들 중에 목사님들이 돌아가면서 설교하시기도 했습니다. 어느 날은 설교하시던 목사님이 제게 "가정에 무슨 문제가 있어서 기도하러 오신 건가요?" 하고 물으셨습니다.

"아니요, 저는 아직 학생입니다."

"아…, 그러세요. 혹시 졸업반이신가요?"

"네, 올해 졸업반입니다."

"그럼 어느 대학원이신가요?"

"네…?"

목사님은 제 나이를 너무 높이 잡으신 듯 했습니다. 고3이라고 말씀드리니 주변에서 성도님들이 웅성웅성하시더군요.

●

고난 없이 하나님도 경험하지 못하면

사도행전 16장을 보면 바울과 실라가 빌립보 지하 감옥에 갇힌 일이 나옵니다. 바울이 빌립보에 갔을 때 여러 날 따라다니며 소리 지르던 귀신 들린 여종을 고쳐준 일로 그 여종의 주인들이 바울 일행을 매질하고 깊은 옥에 가두었던 것입니다. 바울과 실라는 손과 발을 차꼬에 매인 채로 한밤중에 기도하고 찬양하자 감옥에서는 놀라운 일이 벌어졌습니다. 큰 지진이 나서 옥터가 움직였고 문이 열리며 모든 사람의 매인 것이 다 벗겨졌지요. 자다가 깨어 이를 본 간수는 자살하려고 했으나 바울이 크게 소리 질러 만류했습니다. 간수는 바울 앞에 엎드려 "어떻게 하여야 구원을 받으리이까?" 물었고 바울은 이 시대에도 많은 이들이 사랑하는 놀라운 대답을 해주었습니다.

주 예수를 믿으라 그리하면 너와 네 집이 구원을 받으리라

_행 16:31

바울의 대답은 시골의 간이 버스정류장에 많이 써 붙어 있는 단골 말씀이 되었고 지금은 교회 전자 광고판에서 가장 흔하게 볼 수 있는 성경 구절이 되었지요. 바울이 이 시대 한국에 온다면 자신이 했던 말이 얼마나 많은 이들에게 사랑받고 있는지 알고 놀라게 될 것입니다.

그런데 빌립보 감옥의 사건은 한 가지 이해하기 어려운 점이 있었습니다. 바울이 빌립보에 도착했을 때 바울의 일행은 모두 네 명이었습니다. 바울과 실라 외에도 디모데와 누가가 함께 있었지요. 그러나 정작 감옥에 갇힌 것은 바울과 실라뿐이었습니다. 그 이유를 가만히 생각해보면 한 가지 짐작해볼 만한 점이 하나 있습니다. 바울과 실라는 골수 유대인들이었습니다. 바울은 자신이 친히 고백하기를 "나는 팔일 만에 할례를 받고 이스라엘 족속이요 베냐민 지파요 히브리인 중의 히브리인이요 율법으로는 바리새인"(빌 3:5)이라고 했었지요. 그리고 실라 역시 사도행전 15장에 나오는 역사적인 예루살렘 공의회의 결정문을 전달할 믿을만한 유대인이었습니다. 심지어 15장 32절에서는 "실라도 선지자라"고 소개합니다.

그러나 디모데와 누가는 조금 달랐습니다. 누가는 전형적인 헬라인이었고 의사 출신이었습니다. 그리고 디모데는 루스드라에서 헬라인 아버지 밑에서 자란 사람이었습니다. 비록 어머니가 유대인이어서 유대인으로 분류되기는 하지만 그의 외모나 말투, 옷 입은 모습까지 영락없는 헬라인이었습니다. 하지만 바울이 귀신들린 여종을 고칠 때 사람들은 유대인이었던 실라는 바울의 일행이라고 확신했지만 디모데와 누가는 조금 헷갈릴 수도 있었을 것 같습니다. 이에 실라는 바울과 함께 매 맞고 옥에 갇혔지만 디모데와 누가는 그 화를 면할 수 있었지요.

실라는 자신이 귀신을 쫓아낸 것도 아닌데 바울과 비슷한 외모를 가지고 있다는 이유만으로 같이 옥에 갇힌 것을 불행이라고 생각했을까요, 다행이라고 생각했을까요? 반대로 디모데는 바울과 같이 유대인으로 보이지 않아서 잡혀 가지 않았던 것을 다행이라고 생각했을까요, 불행이라고 생각했을까요? 제가 만약 실라였으면 억울했을 것 같고 디모데였으면 다행이라고 생각했을 것 같습니다.

실라는 옥에서 하나님의 임재를 경험하며 바울이 했던 "주 예수를 믿으라 그리하면 너와 네 집이 구원을 받으리라"는 말씀을 현장에서 직접 들었고 디모데는 나중에 전해 들었습니다. 어쩌면 실라는 바울과 함께 옥에 갇히게 된 것을 감사하게 여길 수 있고, 디모데는 오히려 아쉬워했을 수도 있을 것 같습니다.

우리가 살면서 특별한 어려움과 고난 없이 하나님의 임재를 경험하고 살아갈 수만 있다면 가장 큰 복이겠지만, 만약 고난과 함께 하나님을 경험하는 것과 아무런 고난 없이 하나님도 경험하지 못하고 살아간다면, 어느 것이 더 나은 일일까요? 평신도라면 갈등

· 그리할지라도 오히려 위로 ·

할 수 있겠으나 목회자라면 아무리 편한 삶을 산다고 해도 하나님의 임재를 한 번도 경험하지 못하는 것을 좋다고 말할 사람은 없을 것 같습니다.

저는 바울이 되기는 힘든 사람입니다. 하지만 실라나 디모데쯤은 될 수 있지 않을까요? 그러나 어쩌면 우리는 귀신 들린 여종이거나 먹고 살기 위해 깊은 옥에서 죄수들의 신음소리나 들으며 살아가는 간수일지도 모릅니다. 그런 우리에게 예수님이 찾아오셨습니다. 위기 앞에 칼을 빼들고 자살하고 싶은 충동을 매일 느끼며 살아가는 우리에게 예수님은 매 맞고 피 흘리는 모습으로 가장 치욕스런 십자가 위의 죄수처럼 다가와주셨습니다. 그리고 내 안에 억눌린 감정들을 해결해주시고, 나대신 모든 질고와 아픔을 담당해주시며 그리스도의 사람이 되게 해주셨습니다.

●

딱 두 번 들은 "혹시 목사님이세요?"

저는 제 외모가 목회자로서는 아주 큰 단점이라고 생각했습니다. 그래서 부드럽고 선한 인상을 갖게 해달라고 기도하곤 했었지요. 살면서 "혹시 목사님이세요?"라는 말을 딱 두 번 들어봤는데, 한번은 제 컴퓨터를 고치러 온 기사에게서 들었고, 또 한번은 목욕탕에서 계산할 때 들었습니다. 제가 왜 그렇게 생각하시냐고 물었을 때 컴퓨터 기사는 제 책꽂이에 있던 주석들을 보면서 혹시나 했던 것이고 목욕탕 주인은 제 지갑에 붙어있던 교회 마크를 보고 물어봤다고 하더군요.

저는 CCM 찬양 사역자들을 보면서 부러워했던 것이 그들의 화려한 외모와 멋진 목소리였습니다. 똑같이 청소년부 전도사를 할 때도 CCM 사역자들은 찬양 한 번에 청소년들의 마음을 휘어잡았지만 저는 몇 달을 함께 놀아주고 밥도 사주고 해야 비로소 친해질 수 있었습니다. 하지만 제게도 장점이 있었으니, 집회 강사로 가서 말씀을 전할 때 청중들이 오로지 하나님의 말씀에만 집중해서 들을 수 있다는 것입니다. 제 외모가 만약 장동건처럼 잘 생겼다면 오히려 '일부 성도들'이 제 외모에 빠져 하나님의 말씀이 귀에 잘 들어오지 않았을 것 같습니다. 어쨌거나 저는 제 외모나 목소리로 성도의 마음을 1도 훔치지 못하기에 하나님의 말씀만 오롯이 전달될 수 있는, 설교자에게 특화된 외모를 가지게 된 것이지요.

어떤 성도님이 예수님 닮은 손자를 보고 싶다고 기도했다가 정말 못생긴 아이가 태어나자 목사님에게 따졌다고 합니다. 그때 목사님이 보여 주신 말씀이 이사야 53장 2절 말씀이었습니다.

"그는 주 앞에서 자라나기를 연한 순 같고 마른 땅에서 나온 뿌리 같아서 고운 모양도 없고 풍채도 없은즉 우리가 보기에 흠모할 만한 아름다운 것이 없도다."

닮을 것은 외모가 아니라 그리스도의 마음

성경을 아무리 읽어도 예수님의 외모에 대해 묘사된 것이 거의 없습니다. 키가 큰지 작은지, 뚱뚱한지 마른지, 머리는 곱슬인지 아닌지에 대해서도 전혀 언급하지 않습니다. 예수님의 매력은 외모에 있는 것이 아님이 분명합니다. 《답이 되는 기독교》의 저자 팀 켈러는 예수님을 다음과 같이 묘사합니다.

"예수님은 위엄이 높으시면서도 지극히 겸손하시고, 정의에 온 마음을 다 쏟으면서도 놀라운 자비와 은혜를 베푸시며, 스스로 초월적으로 충분하면서도 하늘 아버지를 전적으로 신뢰하고 의지하신다. 연약하지 않은 부드러움, 매정하지 않은 담대함, 불안하기는커녕 당당한 확신에 찬 겸손 등은 보기만 해도 놀랍다. 그분은 소신을 굽히지 않되 붙임성이 더없이 좋으시고, 진리를 고수하되 늘 사랑을 물씬 풍기시고, 강하되 둔감하지 않으시고, 정직하시되 완고하지 않으시며, 열정적이되 편견이 없으시다. 진리와 사랑이 찬란하게 공존하고, 정의를 향한 열정과 자비에 대한 헌신이 공존한다. 과연 예수님은 은혜와 진리가 충만하신 분이다."

바울도 빌립보서 2장에서 "그리스도 예수의 마음을 품으라"고

하였습니다. 제가 기도해야 할 것은 저의 외모가 아닌 그리스도를 닮은 마음이었습니다. 그리고 외모에 대해 원망하고 불평하기보다 이렇게 못난 사람도 사랑하여주시고 자녀로 삼아주셨으며 지금은 설교자로 살아가게 하신 것에 대해 날마다 감사와 찬양을 드려도 부족한 뿐임을 고백하게 되었습니다.

그러고 보니 제가 외모 덕에 학창 시절 학교 폭력으로부터 자유로웠음을 감사하게 되네요.

· 그러할지라도 오히려 위로 ·

18

내가 세 개적인 부흥사가 되다니!

제가 고등학교 3학년일 때 과천 정부청사에서 저희 학교 두 개 반을 초대해 세미나를 한 적이 있었습니다. 그 세미나는 2부로 나뉘어져 있었고 1부에는 레크리에이션을 진행했습니다. 저는 그날 처음으로 레크리에이션을 보게 되었습니다. 강사의 실력은 학생들에게 야유를 받을 만큼 재미가 없었지만 제게는 특별한 경험을 하게 해주었습니다. 암기력이 좋은 편이 아니었음에도 그날 레크리에이션 강사가 했던 모든 말과 행동, 그리고 표정까지 전부 복기할 수 있을 정도로 머릿속에 박혔습니다. 저는 그 강사의 게임들과 멘트들을 조금만 수정하면 교회에서 할 수 있는 레크리에이션을 만들 수 있을 것 같았습니다. 당시 주일학교 교사였던 저는 바로 실행에 옮겼습니다. 교회에서의 반응은 폭발적이었습니다. 저의 레크리에이션은 다른 교회에까지 소문이 났고 고3 학생이었음에도 레크리에이션 강사 대접을 받으며 여러 교회에서 레크리에이션을 인도할 수 있었습니다.

●

'레크부흥사'로 유명해지다

신학대학교에 입학한 후 자격증도 없이 스스로 교회 레크리에이션 강사라고 떠들고 다녔습니다. 동기 엠티 때에도 대활약을 하며 여름이면 동기들 교회 아동부 수련회에 레크리에이션 전문 강사로 활동할 수 있었습니다. 어느 순간 레크리에이션 강사 자격증을 요구하는 교회들이 나타나면서 전문 강사 자격증을 따기도 하고 웃음치료사 1급 강사 자격까지 갖추며 손색없는 전문 사역자가 되었습니다.

저는 교회 레크리에이션은 단순히 재미만 추구해서는 안 된다고 생각했고 게임 중간 중간에 저의 간증도 하면서 복음을 전하려 애쓰게 되었습니다. 이것은 효과가 좋았습니다. 교인들께서 저의 레크리에이션을 웃기기도 하고 은혜스럽기까지 하다며 대만족을 표해주셨습니다. 이런 저의 사역을 같은 동기들은 레크부흥회라고 불러주었고, 그렇게 저는 한국 최초의 자칭 레크부흥사가 되었습니다.

· 그리할지라도 오히려 위로 ·

신학대학교를 졸업하고 장신대신대원을 다니면서 레크부흥사로서의 저의 유명세는 점점 더 커져갔습니다. 여름방학과 겨울방학이면 연예인 부럽지 않은 스케줄을 소화하며 학비와 생활비를 벌 수 있었습니다. 단순히 레크리에이션만 하는 것이 아니라 강습회를 통해 교회 레크리에이션을 가르칠 수 있는 경지에 이르렀고, 여러 교회에서 자격증 반을 운영하기도 하며 저의 지경을 넓혀갔습니다.

교회 개척을 하고 목사 안수를 받은 후에는 레크리에이션 활동이 점점 줄어들었습니다. 동기들이 교육 부서를 떠나 교구를 맡게 되면서 불러주는 곳이 줄어들기도 했고, 후배들이 교육 부서를 맡게 되면서 선배 목사를 레크리에이션 강사로 모시는 것을 부담스러워했습니다. 대신에 저는 집회 강사로 조금씩 영역을 옮겨가게 되었습니다. 레크리에이션을 할 때보다 일감은 절반 이하로 줄어들고 수입도 별로 없었습니다. 하지만 학생부조차 없는 개척교회 목사가 학생들 수련회 강사로 설 수 있다는 것은 제게 큰 기쁨이었습니다.

제가 집회 강사로 조금씩 알려지면서 주안장로교회 십대비전캠프 주강사를 한 적이 있었습니다. 그때 저는 하나님께서 제가 개척 후 4년 뒤에 십대비전캠프 주강사로 세워주겠다고 하셨다면 그 4년을 수일같이 여기며 보다 쉽게 견딜 수 있었을 것 같은 느낌이 들 정도로 행복했습니다. 저는 십대비전캠프에서 제가 좋아하던 장경철 목사님을 만날 수 있었습니다. 제가 청소년 시절 연합수련회에서 많은 은혜를 받았던 목사님으로 저에게는 연예인 같은 분이셨습니다. 강사 대기실에서 만난 그 분은 저를 십대비전캠프 담당교역자로 착각하시고 대화를 나누셨습니다. 잠시 뒤에 담당 전도사님이 오셔서 저를 장경철 목사님에게 이번 캠프 주강사라고 소개해주셨습니다. 그러자 장경철 목사님은 저를 자기만 모르고 모두가 다 아는 유명한 목사냐고 물으셨습니다. 자신이 17년째 비전캠프 파트강사로 섬기면서 주강사는 처음 본다고 하셨습니다. 담당 전도사님의 설명은 주안교회가 비전캠프를 진행하면서 3박 4일간 아홉 명의 강사들을 모시고 진행했는데, 저에게만은 저녁집회를 모두 맡기기로 결정하면서 비전캠프 이래 첫 주강사가 되었다고 합니다. 그후로 저는 주안장로교회 다른 부서까지 주강사를 하게 되는 영광을 누렸습니다.

●

설교하러 외국에 가게 되다니!

교구 부서를 섬기는 동기들 중 친한 친구목사들이 제게 책을 써 보는 것이 어떻겠냐고 권유해주었습니다. 저를 강사로 부르고 싶어도 딱히 담임목사님에게 설명할만한 스펙이 없다는 것이 문제라고 합니다. 큰 교회를 하는 것도 아니고, 특정 단체의 감투를 가지고 있지도 않아서 담임목사님에게 강사로 추천하기 애매하니까 책이라도 써서 저자라는 타이틀이라도 가지고 있으라고 충고해주었지요. 그렇다고 해서 책이 하루아침에 써지는 것도 아니고 책을 썼다고 해서 출판해주는 것도 아니지요. 자비량으로 출판하기에는 가난한 목사에 불과했습니다.

점점 강사로서의 이미지도 잊히면서 외부 수입이 거의 끊어져 갔습니다. 그럴 무렵 인도에 있는 선교사님으로부터 연락을 한 통 받았습니다. 인도 선교사님과 주재원 자녀들을 대상으로 하는 수련회에 주강사로 섭외하고 싶다는 연락이었습니다. 제가 알기로 이런 수련회 주강사는 돈이 많아야 갈 수 있습니다. 보통의 경우 큰 교회 목사님이 선교사님들을 위한 선교비를 들고 가서 자비량으로 섬기는 것이 일반적이었습니다. 그러나 제게는 인도 선교사 협회에서 예외적으로 강사의 왕복 비행기표와 체류비를 지원하기로 했으니 염려하지 말고 오라고 하셨습니다.

인도에 가서 알게 된 전후 사정은 이랬습니다. 매년 청소년 집회를 하면서 큰 교회 목사님들을 모시곤 했는데 그러다보니 청소년들과 코드가 맞지 않아 아이들이 별로 수련회를 오고 싶어하지 않았다고 합니다. 그래서 큰 맘 먹고 선교사협회에서 돈을 모아 청소년 전문 강사를 모시기로 하고, 한국에 있는 하늘꿈연동교회 장동학 목사님에게 연락을 해서 청소년 전문 강사 한 분을 소개해달라고 했습니다. 장동학 목사님과 저는 같은 시찰에 있으면서 걷기명상을 통해 가깝게 교제하는 사이였습니다. 장동학 목사님은 저를 아껴주셨고 본인 교회에도 여러 번 강사로 불러주곤 하셨습니다. 제게 어려운 일이 생길 때마다 재정적으로도 큰 도움을 주시는 분이셨지요. 뿐만 아니라 인천에 있는 효성중앙교회에서 하는 '2013 PEDKOREA #2 세미나'에 레크부흥사로 소개해주셔서 멋진 영상을 찍을 수 있게 해주셨고, 현재 유튜브에서 조회수 2천 회가 넘는 영상이 되게 해주셨습니다.

저는 설교하러 가기 위해 인천공항에 간다는 것이 믿겨지지 않았습니다. 제주도에 처음 설교하러 갈 때도 내가 설교하러 가기 위해 비행기를 타게 된다는 것이 꿈만 같았는데 외국에까지 나가서 설교하게 되는 날이 이렇게 일찍 올 줄은 몰랐습니다. 게다가 저는 작은 개척교회 목사였고 책도 한 권 없는 무명의 목사였기에 도무지 실감이 나질 않았습니다. 수련회 준비하는 일로 선교사님으로부터 연락이 올 때마다 가슴이 철렁 내려앉곤 했습니다. 문제가 생겨서 취소가 된다거나 선교사연합회에서 강사 승인이 나지 않아 강사를 변경하기로 했다는 연락이 올 것만 같았습니다.

막상 인천공항에 도착하고 보니 문제가 발생했습니다. 출국하기 위해 체크인을 하고 출국장에 갔다가 여권과 항공권 영문 이름이 다르다는 사실이 발견되어 출국 거부가 되고 말았습니다. 출국하기 위해서는 항공사로부터 확인도장을 받아야만 한다고 했습니다. 급하게 항공사 카운터로 갔더니 도장은 찍어줄 수 있으나 중국 광저우에서 환승이 거절될 수 있다고 합니다. 책임을 항공사에 묻지 않겠다는 서류에 사인을 해줘야만 도장을 받을 수 있었습니다. 그때부터 전속력으로 뛰기 시작했습니다. 하필 탑승구도 전철을 타고 이동해야 하는 먼 곳에 있었습니다. 델리를 가고 못 가고는 광저우에서 결정하기로 하고, 일단 가는 데까지는 가자는 마음으로 뛰어서 탑승 종료 버저가 울리기 바로 직전 비행기에 올라타는 데 성공했습니다.

광저우까지 비행시간이 3시간 반이었습니다. 그 시간 동안 별의별 생각이 다 들었습니다. 가장 강하게 제 마음을 붙든 것은 '그럼 그렇지, 내가 무슨 수로 인도를 가겠냐?' 하는 생각이었지요. 그러나 인천공항만 철저하게 여권의 이름과 티켓의 이름을 확인할 뿐 광저우나 델리에서는 그냥 요식행위만 하고 있었습니다. 아무런 문제없이 광저우에 도착해서 델리행으로 갈아타고 인도에 도착할 수 있었습니다.

인도에서의 집회는 대성공이었습니다. 집회를 거듭할수록 사람들이 더 많이 몰렸고 마지막 날에는 어른들까지 참여하며 넓은 세미나실이 가득 차게 되었습니다. 하나님은 청소년들과 부모님들에게 은혜를 베푸셨고 성도님들은 따로 헌금을 통해 예정에 없던 강사비를 마련해주시고 선물도 한아름 안겨주셨습니다. 선교사님은 지금껏 왕복 비행기표에 강사 사례비까지 준 전례가 없었다고 말했습니다.

세 개 나라에 부흥사로 다녀왔으니

인도에 다녀온 후 2년 뒤인 2018년에는 독일에서 사역하고 있는 김종현 선교사님으로부터 연락을 받았습니다. 자신이 한 달간 안식년을 받아 한국에 가족이 함께 들어오게 되었는데 자신과 교환목회를 하지 않겠냐는 것이었습니다. 저는 어머니가 돌아가신 후 1년이 지난 시점이었고, 개척한 지 12년이나 지난 제게도 안식년이 필요했기에 기쁜 마음으로 응했습니다. 다만 가족이 다 가지는 못하고 저 혼자 다녀오기로 하고 독일로 향했습니다. 독일에서의 한 달은 제게 큰 기쁨의 시간이었습니다. 독일 유학의 꿈을 어머니의 교통사고와 함께 날려 먹고 아쉬움이 무척 컸었지만, 사는 동안 잊고 있었던 꿈을 이렇게 하나님이 이뤄주신다고 여겼습니다.

프라이부르크 한인교회는 유학생들이 많은 교회였습니다. 다행히 교인들 모두 제 설교에 깊은 관심과 애정을 보여주셨고 그 분들의 섬김으로 프랑스와 스위스에 잠깐 다녀오기도 했습니다. 또한 제가 독일 선교사님 댁에 도착한 날 우연히 같은 시간에 오신 체코 프라하의 선교사님 초청으로 프라하에서도 2박 3일 체류할 수 있었고, 제가 독일 간다는 소식을 듣고 베네치아를 다녀올 수 있게 밀라노 호텔의 2박 3일간 숙박권을 선물해주신 분이 계셔서 이탈리아의 베네치아도 다녀왔습니다.

그렇게 꿈같은 여행을 마치고 한국에 돌아온 지 얼마 안 되어 이번에는 베트남에서 연락이 왔습니다. 호치민에 있는 한우리교회에서 부흥회 강사로 불러주신 것입니다. 한우리교회는 성결교회였지만 저희 교단 목사님이 담임이 되시면서 첫 번째 부흥회를 준비하고 계셨습니다. 교회 분위기상 성결교 목사님을 모셔야 했지만 강사 섭외 과정에서 혼선이 빚어졌고, 목사님은 기도 중에 제 생각이 많이 나셨다고 합니다. 이를 하나님의 뜻으로 여기신 목사님은 성결교 선교사님들의 반대에도 불구하고 저를 부르기로 하셨다는 것입니다. 놀랍게도 호치민 한우리교회 부흥회는 왕복 비행기 표에 숙박과 관광도 시켜주시고 강사 사례비까지 넉넉히 준비해놓으셨습니다. 그곳 안수집사님은 제게 큰 은혜를 받으셨다며 본인 집에 초대해 식사를 대접해주시고 저를 천재목사라고 추켜세워주셨습니다.

저는 어릴 적부터 목사가 되겠다고 했었고 당시 부흥사는 제게 선망의 대상이었습니다. 특히나 '세계적인 부흥강사'라는 이름이 최고의 호칭이던 시절이라 저도 세계적인 부흥강사가 되게 해달라고 기도하던 시절이 있었습니다. 하지만 삶에 치여 이리 저리 쓸려 다니다 보니 부흥강사는커녕 작은 교회 감당하는 것조차 버거운 목사가 되었습니다. 개척하고 지금까지 15년이 흘렀지만 여전히 교회는 20여 명 성도들이 모이는 시골의 작은 교회에 불과합니다. 하지만 이런 저를 하나님은 세계적인 부흥강사의 짝퉁으로 '세개(인도, 독일, 베트남)적인 부흥강사'가 되게 해주셨습니다.

19

팀 켈러 형님에게 얻은 기쁨

제가 팀 켈러에게 푹 빠져 지내면서 함께 스터디하시는 목사님들로부터 전 켈러라는 별명을 얻었습니다. 그만큼 팀 켈러를 좋아했고 그의 책이라면 10번이라도 읽을 수 있었습니다. 제 사무실에 30여권이 넘는 팀 켈러 책이 있는 걸 본 어느 목사님은 제 아내에게 "전 목사 요즘 팀 켈러 관련 논문 쓰나요?" 하고 물어볼 정도였습니다. 하지만 팀 켈러에 대해 호감을 갖고 있는 목사님들이 제 주변에 별로 안 계셨습니다. 팀 켈러 책을 한두 권 읽으신 목사님들 중에는 팀 켈러에 대해 알 만큼은 다 안다는 분도 계셨습니다. 더러는 "팀 켈러가 하도 유명하기에 한 번 읽어봤더니 별 내용 없더만" 하시는 분도 계셨습니다. 그 분들은 제가 팀 켈러에 빠져 있는 것이 이해되지 않는다는 듯이 여기셨습니다. 그러면서 제게 "팀 켈러를 통해서 도움을 받은 것이 무엇이냐?"고 묻곤 하셨습니다. 진지하게 제 대답을 원하셨던 분도 계셨지만 거의 비아냥거리는 분들이 많으셨지요. 질문에 담긴 속뜻은 '팀 켈러를 통해서 교회가 부흥이라도 좀 됐냐?'였습니다.

팀 켈러에 대해 공부하다 보면 만나게 되는 목사님들 중 교회 부흥에 도움이 될까 싶어 시작했다가 포기하시는 분들이 많았습니다. 끝까지 함께 공부하시는 분들은 주로 개척에 관심이 많은 분들이셨습니다. 팀 켈러가 CITY TO CITY 운동을 통해 도시교회개척 지원을 강조하기 때문이지요.

●

부흥이 아닌 복음에 관한

개척에는 두 종류가 있습니다. 대교회에서 분립개척을 하는 것과 MH개척이라고 불리는 '맨 땅에 헤딩'하는 개척이지요. 분립개척은 처음에는 교회 10주년이나 20주년 기념사업처럼 시작했었는데, 주로 본 교회에서 멀리 떨어진 곳에 개척하는 조건으로 개척 지원금을 주는 방식이었습니다. 그 후 그것만으로는 교회가 세워지기 어렵다고 여기며 점점 교인을 일부 떼어주는 형태의 개척으로 변해갔습니다. 그러나 이렇게 해서 개척된 교회의 자립률이 현저히 떨어진다는 것이 문제가 되었습니다. 이런 한국적 상황에서 팀 켈러가 주장한 개척자 훈련이 매우 중요하다는 인식을 공유하게 되었고 CITY TO CITY에서 해법을 찾으려는 목사님들의 참여도가 높아졌습니다. 주로 분립개척을 준비하는 교회의 담임목사님들과 부교역자들이 전통적 교회를 갱신하고 분립개척을 하시게 될 목사님의 훈련과정으로 삼을 목적으로 참여하는 경우였습니다. 그 외에 MH개척을 하신 분들이나 머지않아 MH개척을 하시려는 분들이 참여하는 사례도 많았습니다. 그런 분들의 주 관심사는 도시 사역의 노하우와 개척 매뉴얼을 배우는 것입니다.

팀 켈러가 뉴욕 맨해튼에서 젊은 전문직 종사자들을 대상으로 6천 명이 넘는 대형교회를 이루자 이것이 도시 개척을 꿈꾸는 사역자들의 롤 모델이 되었고, 자연스럽게 팀 켈러에게서 그 노하우를 배우고 싶은 목회자들이 모여들었습니다. 팀 켈러는 이런 관심을 가지고 교회를 방문하는 목회자들에게 도시 교회 부흥에 대한 방법론적 접근보다 복음에 대한 확고한 믿음이 더욱 중요하다는 것을 주로 강조하셨습니다. 그래서 자신의 목회 경험을 《팀 켈러의 센터처치》라는 책에 모두 녹여내셨지요.

《팀 켈러의 센터처치》는 '복음, 도시, 운동'으로 구성되어 있습니다. 책 전체를 관통하는 주된 중심사상이 복음입니다. 이것을 '신학적 비전'으로 부르며, '상황화된 신학적 비전'이 교회를 개척하는 동기가 되고, 도시를 섬기고 여러 교회들과의 연합을 이끄는 중심이 되어야 한다고 강조하고 있습니다. 저는 이미 교회를 개척한 후 10년이 지났고 교회 갱신이나 분립개척의 필요도 전혀 없었기에 오직 '복음'에만 큰 관심을 갖고 팀 켈러를 파고들었습니다.

제가 처음 《팀 켈러의 센터처치》를 함께 공부하자는 제의를 받았을 때는 단순히 이 책이 교회부흥에 관한 책일 것이라는 생각으로 마음이 무척 불편했습니다. 그동안 많은 부흥 관련 세미나와 책들을 통해 실망하기도 했고 '부흥하지 못하면 죄인'이라는 도식이 너무 싫었던 탓에 다소 부정적인 감정으로 참여하게 되었습니다. 그러나 막상 책을 사서 읽어가는 동안 이 책이 결코 부흥에 관한 책이 아니라 복음에 관한 책이라는 점에서 완전히 매료되었습니다. 제가 복음에 대해 설교하는 것과 방향이 같다고 여기면서 스스로에게 위로가 되었습니다.

팀 켈러는 《팀 켈러의 센터처치》 프롤로그에서 성공신화와 충성신화에 빠진 목회자의 문제점을 분석하고, 그 대안으로 열매 맺는 사역을 강조합니다. 저는 자립하지 못한 교회의 목회자로서 성공신화의 관점에서는 실패자였고, 삶에 치여 살다보니 충성신화의 관점에서는 지극히 게으른 목회자라는 죄책감이 있었습니다. 그런 저에게 하나님이 원하시는 열매가 다를 수 있다는 사실이 목회를 포기하지 않고 계속할 수 있게 하는 힘이 되었습니다. 뿐만 아니라 이 시대 언어와 다양하게 소통하면서 복음을 제시하는 팀 켈러의 능력에 감탄하였으며, 문화와 교회가 어떤 관계를 유지해야 하는지를 통찰력 있게 제시하는 부분에서는 저의 문제를 확인하고 어떤 자세와 몸짓으로 세상을 대해야 하는지에 대한 지혜를 얻을 수 있었습니다.

●

사랑의 춤에서 벗어난 것

팀 켈러는 《하나님을 말하다》에서 복음을 '하나님의 사랑의 춤'으로 설명하고 있습니다. 천지를 창조하시기 전부터 삼위일체로 계셨던 하나님은 그 안에서 서로 사랑의 관계를 충만히 누리시며 무한한 기쁨과 만족을 향유하고 계셨습니다. 그러기에 창조는 하나님의 필요를 채우는 수단이 아니라 그 사랑과 기쁨을 나누시기 위한 목적이었습니다. 아담과 하와가 하나님과의 깊은 교제를 통해 완벽한 사랑과 기쁨 안에서 만족해야 했으나 하나님 아닌 다른 것에서 만족을 찾으려다가 범죄하고 말았지요. 팀 켈러는 이를 사랑의 춤에서 벗어난 것이라고 설명합니다. 하지만 예수님이 이 땅에 임하셔서 우리의 모든 죄를 짊어지고 십자가에 죽으시고 부활하심을 통해 우리는 다시 하나님의 깊은 사랑의 관계 속으로 들어갈 수 있게 되었지요. 삼위일체 하나님의 사랑의 춤이 다시 우리에게 임하신 사건이 바로 구속사였습니다. 더 나아가 하나님의 사랑의 춤의 미래를 통해 우리가 온전히 회복되어 영원한 기쁨과 만족을 누리게 될 그날을 기대하게 합니다.

이런 팀 켈러의 복음은 제가 무엇을 잘못 이해하고 목회하고 있는지를 볼 수 있게 해주었습니다. 주님이 행하신 일들로 인해 저는 하나님의 삼위일체 사랑의 춤 안에서 깊은 만족을 누리고 있어야 했습니다. 그리고 그 기쁨과 만족이 교인들에게 흘러가는 방식으로 목회를 해야 했던 것이지요. 그러나 제 목회는 하나님이 아닌 다른 무엇으로부터 만족을 찾는, 다소 만족스럽지 못한 상태에서 목회하고 있었습니다. 예를 들어 교인이 조금 더 늘면 만족할 것 같았고, 외부집회가 조금 더 많아지면 만족할 수 있을 것 같은 느낌이었지요. CTCKOREA의 이사장을 맡고 계시는 예수향남교회 정갑신 목사님은 이를 "하나님이 주시는 깊은 만족으로 목회를 하고 있는가, 아니면 목회를 통해 무엇을 이뤄야만 비로소 만족할 수 있는, 불만족스런 상태로 목회하고 있는가?"라고 물으셨습니다. 저는 목회의 관점이 새롭게 조정되는 것을 느끼며 제가 먼저 하나님 안에서 깊은 만족을 누려야 한다는 사실에 눈을 뜨게 되었습니다. 그동안 제가 하나님 아닌 선악과를 바라보며 살고 있었음을 깨닫게 된 것이지요.

●

내 안의 '인정의 우상'을 보게 되다

팀 켈러는 예수 그리스도를 드러내는 방법으로 우리의 죄의 문제를 행동의 문제가 아니라 마음속에 깊숙이 숨겨진 근원적 우상의 문제로 보게 했습니다. 그로 인해 도저히 인간의 행위로는 구원 얻을 길이 없는 절박한 심정을 갖게 하고, 그 모든 문제를 해결하여 우리를 구원하신 예수님을 바라보게 함으로 복음을 선명하게 드러냅니다. 대표적인 근원적 우상으로는 안정의 우상, 인정의 우상, 통제의 우상, 권력의 우상이 있습니다. 이 모든 우상이 제 안에도 있었는데, 그 중에 '인정의 우상'이 제 마음을 사로잡고 있음을 보게 되었습니다.

어머니에게 해서는 안 되는 일을 했다고 여겨 스스로 불효자로 여기고 있었던 것은 반대로 어머니에게 착한 아들이라는 소리를 듣고 싶어하는 깊은 갈망의 다른 표현이었습니다. 이런 인정의 우상은 아내에게는 좋은 남편으로, 아이들에게는 훌륭한 아빠로 인정받기를 원했으나 실제로는 그렇지 못한 것에 대한 자책이 되어 제 안에 강하게 자리잡고 있었습니다. 교회 안에서도 훌륭한 목회자가 아니라는 생각이 들었던 이유이기도 합니다. 팀 켈러는 복음을 통해 저의 이런 우상을 들춰내어 예수 그리스도로 대체해야 한다고 알려 주었습니다.

예수님은 저를 너무나 사랑하셔서 내 모든 죄를 대신 지시고 십자가에 죽으심으로 제가 하나님의 가장 큰 사랑을 받는 존재임을 확인시켜주었습니다. 이미 저는 주님 안에서 거룩한 나라요 왕 같은 제사장이며 하나님의 소유된 백성이었습니다. 저는 하나님께서 주님을 통해 저를 가장 존귀하고 보배로운 자녀로 여기고 계심을 다시 고백할 수 있게 되었습니다. 이런 하나님의 인정과 사랑

앞에 제 마음의 짐들이 서서히 무너져 내렸습니다. 주님 안에서 참된 만족과 쉼을 맛볼 수 있었던 것이지요. 비로소 저 자신을 바라보는 관점의 변화가 생겼습니다. 하나님과 예수님, 그리고 성령님은 서로 간에 깊은 사랑을 나누는 타자 지향적 사랑의 관계 속에 저를 불러주시고 제게 전폭적인 사랑을 부어주셨지요. 저는 하나님의 형상으로 창조된 백성이며, 예수 그리스도의 피로 구원받은 존재가 되었고, 성령님께서 내주하시는 하나님의 전이 되었습니다. 삼위일체 하나님이 마치 나 하나를 위해 존재하고 계시는 듯한 깊은 감격을 누리며 변할 수 없는 깊은 정체성을 갖게 되었습니다.

하나님이 이 땅에 이미 시작하셨고 결국에는 온전히 이루실 그 나라는 모든 아픔과 눈물이 씻겨 나가고 모든 악과 거짓이 사라지며 죽음이 없어진 나라입니다. 먼저 하나님 품에 안긴 저희 부모님도 그렇고, 죽은 조카까지도 하나님이 세우실 나라에서 다시 만나게 될 것이라는 소망이 생겼습니다. 부모님도 건강한 모습으로 저를 온전히 사랑해주실 것이며, 저 역시 이 땅에서는 해보지 못한 효도를 그 나라에서는 아무런 삶의 장애 없이 충분히 만족스럽게 할 수 있는 날이 올 것이라는 믿음이 상실의 아픔을 이기게 해주었습니다.

팀 켈러는 예수 그리스도께서 사셨던 선한 삶의 열매를 우리에게 주셨고, 우리가 악하게 살았던 삶의 결과인 십자가를 대신 지셨다고 강조합니다. 조금은 어려운 표현으로 '이중전가의 교리'라고

322

· 오히려 위로 ·

부르는데, 이를 통해 우리가 비록 하나님 앞에서 거룩한 삶을 살지 못했다 하더라도 우리에게는 하늘의 상급이 있음을 기대하게 해 주었습니다. 팀 켈러를 통해 복음을 다시 배우기 전까지 저는 우리의 지은 죄만 십자가로 용서받고 구원에 이르는 것이라고 생각했고 우리가 살아온 삶의 결과들로 하늘의 상급이 결정된다고 믿고 있었습니다. 그런 저에게 이중전가의 교리는 부모님은 물론이고 어린 조카까지도 제가 결코 상상하지도 못할 큰 하늘의 상급을 누리고 있을 것이라는 확신을 심어주었습니다. 저 역시 이 땅에서 실패자로 살았다 하더라도 제게는 이미 주님께서 예비하신 큰 상급이 있음을 믿게 되었으며, 이로 인해 제 안에 이루 말할 수 없는 감사와 깊은 안도감이 생겼습니다.

●

이젠 힘들고 아파하더라도 하나님 안에서 울고

비록 제가 팀 켈러가 말하는 복음을 다 아는 것은 아니지만, 조금씩 새롭게 이해되고 정리되는 것들만으로도 제 삶의 태도와 자세가 변하고 있는 것을 느낍니다. 이를 두고 팀 켈러는 복음의 능력이라고 부릅니다. 저 자신은 제가 생각하는 것보다 훨씬 더 큰 죄인이고, 제가 기대하는 것보다 훨씬 큰 사랑을 받는 존재라는 것이 복음 안에서 누리는 가장 큰 기쁨입니다. 이런 복음의 능력 앞에 겸손함과 동시에 담대함이 생겼으니까요. 아주 기쁜 마음으로 "저는 사랑받는 죄인입니다"라고 말할 수 있다는 것이 얼마나 감사한지 모릅니다.

　많은 분들이 이제는 제가 더 이상 죄책감에 빠지거나 인정에 목말라 하며 우울증에 빠지는 일은 없겠다고 여기시지만, 반드시 그런 것만은 아닙니다. 물론 하나님이 온전히 이루실 그 나라에서는 저도 완전한 기쁨과 만족 가운데 살아가게 될 것입니다. 하지만 이 땅에 사는 동안은 냉탕과 온탕을 오가듯 기쁨과 만족을 누리기도 하고, 반대로 깊은 슬픔과 우울증에도 빠질 수도 있습니다. 그러나 제가 팀 켈러를 통해 복음을 이해하고 알게 된 이상 슬픔과 우울증이 저를 사로잡지는 못할 것입니다. 비유를 들자면, 리프트를 타고 가는 동안 불안에 떨고 있을 때 옆 사람이 다리 밑에 안전망이 있음을 알려준 정도의 효과는 누리고 있습니다. 떨어져도 다치지 않을 것임을 알게 되어 맘이 한결 편하긴 하지만 두려움이 온전히 사라진 것은 아닙니다. 여전히 인정에 목말라 하고 무엇인가 이뤄야만 비로소 만족할 수 있을 것 같지만, 이제는 더 이상 그것이 제 인생의 목표는 아닙니다. 복음 안에서 하나님의 사랑의 춤을 함께 추게 되는 것이 제 인생 최고의 목표가 되었습니다. 이것이 제게는 엄청난 변화이고 기쁨입니다.

　팀 켈러를 만나 고난을 바라보는 눈도 바뀌고 목회에 대한 생각과 죽음 너머의 새로운 세상을 이해하는 힘이 생겼다고는 하지만, 매번 매 순간이 그런 복음의 능력으로만 살아지는 것이 아님을 느낍니다. 팀 켈러가 최근 췌장암에 걸리셨다는 소식을 듣고 마음이 무너지기도 했습니다. 제가 생각하기로는 췌장암에 걸린 수많은 환자들 중에 팀 켈러만큼 마음의 평안을 유지할 수 있는 사람이 없을 것이라 여기지만, 고난은 그렇게 만만한 것이 아닙니다. 분명 팀 켈러도 마음이 흔들리고 불안도 느끼며 눈물도 흘리실 것입니다. 제게는 팀 켈러가 부디 췌장암을 이기고 다시 일어나 복음을 위해 더 많은 일들을 감당해주시기를 바라는 마음이 간절합니다. 그러나 팀 켈러가 하나님의 부르심을 받아 안식하시게 된다고 하더라도, 제가 이전에 하나님을 향해 원망하고 분노하던 비참한 지경에까지 이르진 않을 것입니다. 힘들고 아파하더라도 하나님 안에서 울고, 하나님 안에서 위로받고, 하나님 안에서 다시 일어서게 될 것을 믿습니다.

"그러면 팀 켈러를 통해 전 목사가 얻은 것이 뭐야?"

"복음에 대한 새로운 이해, 하나님 안에서 누리는 깊은 평강, 변할 수 없는 안정된 정체성, 완전한 하나님 나라에 대한 소망, 예수 그리스도의 아름다움, 삼위일체 사랑의 춤 안에서 누리는 깊은 만족감, 언제든 넘어져도 다시 일어날 수 있을 것 같은 자신감, 복음을 전하는 다양한 방법들, 내 안에 감춰진 우상의 실체를 깨닫고 복음으로 회복됨, 더 이상 성공과 충성에 사로잡혀 긴장 속에서 주눅 들지 않을 수 있는 자유함, 세상을 바라보는 눈이 생긴 것, 변증의 방식을 이해하게 된 것, 포스트모더니즘 시대의 젊은 친구들에

게도 복음이 주는 희망이 있음을 알게 된 것, 고통의 한 복판에서
도 딛고 일어설 발판을 찾은 것, 내 자신에게 긍휼을 품을 수 있게
된 것, 다른 사람들을 부러워하지 않고 반대로 무시하지 않으면서
겸손과 담대함을 흉내낼 수 있는 것 등등 수없이 많습니다. 그러나
그 중에 하나만 꼽으라면 이 시대에 팀 켈러와 함께 살았다는 기쁨
입니다."

같이 울고
웃으시면 됩니다

제가 어머니의 교통사고로 하나님을 떠나 방황할 때 저를 붙들어주고 다시 신학을 할 수 있도록 도와준 사람이 지금의 제 아내입니다. 아내는 고난의 깊은 수렁에 있던 저를 다시 세상에 나올 수 있게 해준 하나님이 보낸 천사였지요. 그런데 아주 상냥하고 예쁜 천사는 아니었습니다. 다소 카리스마 있고 강단 있는 조교 스타일의 천사였습니다.

아내와 결혼했을 당시 저희 교단은 전과자와 이혼자는 목사 안수를 받을 수 없었습니다. 아내는 제게 "나한테 잘해라. 안 그러면 확 이혼해서 목사 못하게 만든다"며 협박하곤 했습니다. 지금도 주변 목사님들이 전 목사 잡을 사람은 사모님밖에 없다며 아내를 응원하시곤 합니다.

제가 다시 한 번 깊은 수렁에 빠져 헤맬 때는 개척했을 때였습니다.

형편상 가족들과 따로 떨어져 지내야 했던 시기였고, 아내 역시 쌍둥이 아이들을 돌봐야 할 때라 제게 신경 쓸 겨를이 별로 없었습니다. 저는 개척 후 오래지 않아 깊은 우울증이 찾아왔고 많은 시간 자살을 생각하며 지내고 있었습니다. 그때 저와 비슷하게 개척을 시작한 '풍성한교회'가 있었습니다. 땅을 사서 예쁘게 전원교회를 짓고 전도사님 부부와 함께 개척을 시작한 교회였지요. 풍성한교회 목사님과 노인급식소에서 자원봉사자로 만났다가 그 전도사님을 소개받았습니다. 저와 연배가 비슷할 거라며 둘이 가까이 지내면 좋겠다고 하셨지요. 그렇게 해서 알게 된 전도사님이 현재 이영국 목사님이십니다. 연배가 비슷할 거라 하셨지만 저와는 5년 이상 차이가 나는 형님이셨습니다.

풍성한 도움의 지지대

이영국 전도사님은 합신 출신이셨고 인문학에 깊은 관심을 가진 분이셨습니다. 이분과 만나면서 저도 인문학을 배우게 되었고 서서히 우울증에서 벗어날 수 있었습니다. 이영국 전도사님은 5살이나 어린 저를 깍듯이 대하셨고 항상 목사님이라 부르며 존대해주셨습니다. 그러면서도 한편으로는 유머를 잃지 않으시고 늘 저를 격려해주셨지요. 합신 출신인 자신을 원동기면허 소지자라고 하시면서 장신대를 나온 저에게 대형면허를 가진 것이니 주눅들지 말라고 하셨습니다. 자기는 사람을 보면 대충 견적을 낼 수 있는데, 자신의 눈에 저는 하나님이 쓰실 큰 목사가 될 것이라고 하셨습니다.

이영국 전도사님이 목사 안수를 받으시고 담임목사님으로부터 풍성한교회를 인수하셔서 새론교회로 이름을 바꾸시고 단독목회를 시작하셨습니다. 그리고 지역 목사님들과도 넓은 교제를 이어가셨지요. 이영국 목사님은 특유의 친화력으로 많은 목사님들과 형님 동생하며 지내셨습니다. 이영국 목사님을 통해 저를 알게 되신 목사님들은 처음에 저를 무척 어려워하셨습니다. 이영국 목사님의 매력적인 눈웃음에 비해 저는 범접하기 어려운 인상을 가지고 있었기 때문이지요. 뿐만 아니라 천하의 이영국 목사가 말을 놓지 못할 정도면 나이도 많고 어려운 목사일 거라는 편견을 가지게 했습니다. 지금은 제게 전 목사 혹은 동생으로 부르며 가까이 지내시지만, 여전히 이영국 목사님만은 15년이나 지난 현재까지도 존대하십니다.

저는 아내 말도 잘 들으려 하지만 이영국 목사님의 말도 잘 들으려고 합니다. 자살하려는 생각에 빠져 있을 때 붙들어주셨고, 인문학의 세계로 이끌어주셨던 목사님을 멘토로 여기고 있기 때문입니다. 이영국 목사님은 제게 글을 써볼 것을 권해주셨고 그 덕분에 어설프게나마 글을 쓰기 시작했습니다. 이 책에 나오는 벤허 이야기에서 "예수는 왜 못 때려요?" 하셨던 전도사님이 바로 이영국 목사님이셨습니다.

저는 목사님의 격려와 응원 속에서 글을 쓰기 시작한 후 두 권의 책을 내게 되었습니다. 처음 내려던 책을 저의 절친인 이양수 목사가 꼼꼼히 읽어보더니 "전 목사, 이 책은 묵혀두었다가 두 번째 책이나 세 번째 책으로 내는 것이 좋겠어"라고 조언해주어 출판은 하지 않고 가제본만 30권 정도 만들어서 지인들에게 선물했습니다. 그리고 실제 출판까지 한 책이《목사도 사람입니다》가 된 것이지요. 이 책을 쓰기까지 제 옆에서 열심히 동기부여를 해주신 이영국 목사님에게도 책임이 있다고 여긴 저는 그 책의 추천사를 이영국 목사님에게 부탁했습니다. 목사님은 제게 애정이 깊으신 만큼 구구절절이 정성을 다해 4페이지에 달하는 긴 추천사를 써주셨습니다. 이후 제가 《팀 켈러를 읽는 중입니다》를 공저로 출판하게 되니까 너무나 기쁘신 나머지 자신의 돈으로 성대한 출판기념회를 열어주기도 하셨습니다.

이영국 목사님은 새론교회를 하시다가 목회를 접으시고 교회 자리에서 새론사회서비스센터를 운영하시게 되었습니다. 전원교회로 지은 예쁜 교회가 주일에 비게 되자 주변의 많은 목사님들이 교회 임대를 요청하셨지만, 교회 바로 옆 사택에 사시는 목사님 부부는 한사코 거절하셨습니다. 새론교회를 하는 동안 사모님께서 받은 스트레스가 너무 크셨던 것입니다. 그렇게 교회가 비어 있던 시기에 저희 장모님이 고관절이 부러지는 사고가 났습니다. 당시 저희 교회가 아파트 상가 3층에 있던 시절이라 장모님은 예배를 드리러 오실 수가 없으셨습니다. 이를 안타깝게 여긴 이영국 목사님 내외분이 새론교회를 저희에게 내주셨습니다. 임대료도 밀려 어려웠던 시기에 이영국 목사님의 도움으로 교회를 옮기게 되었고, 저와 같은 시기에 개척한 예쁜 전원교회를 저희 교회가 사용하게 되었습니다. 이미 교회를 하던 곳이라서 방송장비에서 인테리어까지 모두 다 잘 갖춰진 교회였습니다.

이영국 목사님의 사모님은 저희 부부와 동갑내기여서 제 아내와 친구처럼 지내고 있습니다. 사모님 덕분에 제 아내도 미자립교회 사모의 고단함을 조금은 덜 수 있었습니다. 이래저래 이영국 목사님과 김지은 사모님은 저희 부부에게 큰 지지대가 되어주셨고 현재까지도 곁에서 응원해주시고 함께 놀아도 주시며 가족 같은 사이가 되었습니다. 이영국 목사님은 15년간 함께 하면서 '목사 가면' 뒤에 숨은 허물까지도 다 알고 계심에도, 지금도 제가 한국교회의 큰 일꾼이 될 거라 믿고 계십니다. 그러면서 자기에게 잘하지 않으면 한국교계의 어른이 되었을 때 다 까발릴 거라고 협박하시지요. 예전에 제 아내에게서 들은 말이 메아리가 되는 기분입니다.

글 쓰고 책 낼 때가 왔다!

제 인생의 세 번째 위기는 조카와 어머니의 연이은 죽음과 큰조카가 암이 걸렸을 때였습니다. 이때 제 삶을 지탱해준 분은 팀 켈러였습니다. 그 분이 쓰신 책들을 통해 큰 위로를 얻었고 제 삶의 물줄기가 한 번 새롭게 변하는 계기가 되었습니다. CTCKOREA의 이사로 선임되기도 했으며 TGCK 작가로 선정 받는 축복도 누렸습니다. CTCK 이사님들의 도움으로 기독교 잡지에 글도 쓰면서 처음으로 글을 쓰고 돈을 받아보기도 했습니다. TGCK에서도 원고료가 책정되면서 명실상부한 유료작가가 되었습니다. 돈을 받지 않으면 아마추어고 돈 받으면 프로라고 하죠. 전 프로작가가 되었습니다. 동네 개가 웃고 소가 웃을 일이 제 인생에서 벌어진 것입니다.

저희 교단지인 한국기독공보에 글을 기고하던 CTCK 이사님이 저를 추천해주시면서 저도 목양칼럼을 4주에 걸쳐 연재할 수 있는 기회가 생겼습니다. 시골 작은 교회에서 적은 교인들과 이름도 없이 지내던 목사가 목양칼럼에 쓸 만한 내용이 없었습니다. 다른 분들이 쓰신 목양칼럼을 보니 교회에서 하는 사역들을 소개하는 내용이 많았습니다. 그러나 저는 자랑할 만한 것이 없다보니 제가 목회하면서 실수했던 것들을 중심으로 다소 유머러스하게 써 보냈습니다. 반응은 폭발

적이었습니다. 전 NCCK 상임총무를 지내신 목사님이 이런 엉뚱한 목사는 처음 보신다며 기독공보를 통해 연락처를 아시고 제게 전화를 주셨습니다. 제 글이 무척 재밌고 인상 깊었다며 좋은 글 써 줘서 고맙다는 인사를 해주셨지요.

저와 함께 팀 켈러 공부를 하시는 목사님들도 한국기독공보에 실린 글을 알게 되셨고, 저희 스터디 멤버 중에 출판사에서 일한 경력을 가지고 있던 김현아 전도사님이 평소 친분이 있던 아르카 출판사의 이한민 대표님에게 저를 소개하시면서 한국기독공보의 글을 보여드렸습니다. 대표님은 NCCK 상임총무를 지내신 목사님만큼이나 제 글에 깊은 관심을 가져주셨고 그 짧은 글에서 제 인생의 굴곡을 읽어내셨습니다. 그리곤 함께 책을 만들자며 제게 찾아오셨지요. 《목사도 사람입니다》를 출판하려고 했을 때 겪었던 어려움이 떠오르며 '세상에 출판사 대표님이 책을 내고 싶다고 이 먼 곳으로 나를 찾아오시다니' 좀처럼 믿기 어려운 일이 벌어진 것입니다. 저는 대표님에게 네임 밸류가 없는 제가 책을 내면 출판사가 큰 타격을 입을 것이 걱정된다고 했습니다. 대표님도 동의하시더군요. 잘못하면 출판사가 망할 수도 있다고 하시네요. 하지만 대표님은 《내려놓음》이라는 책을 기획 출판한 경험이 있으셨습니다. 제가 쓴 기독공보의 글을 보는 순간 제2의 《내려놓음》 같은 책이 나올 수도 있겠다고 하셨습니다. 워낙 칭찬에 귀가 얇았던 저는 대표님의 제의를 받으면서도 불안했지만, 제 옆에서 늘 군불 때며 밀어붙이는 이영국 목사님이 "이제 올 것이 온 것이다"라며 격려해주셔서 원고를 쓰게 되었습니다.

코로나로 인해 인천에서 진행 중이던 팀 켈러 세미나가 연기되면서

2주간의 시간이 생긴 것도 큰 도움이 되었습니다. 뿐만 아니라 제가 처음으로 썼다가 이양수 목사의 조언으로 출판을 미룬 책이 떠올라 그때 하고 싶었던 말들을 매일 두 꼭지씩 쓸 수 있게 되었지요. 매일 쏟아지는 생각들을 글로 정리하기 바빴습니다. 이한민 대표님이 속도와 강약 조절을 요구하셨을 때도 일단 머릿속에 생각들을 다 쏟은 다음에 논의하고 싶다고 부탁드렸고 대표님이 수용해주셔서 일단 글은 모두 마치게 되었습니다. 이렇게 해서 초고를 작성하는 데 불과 10일밖에 걸리지 않았습니다.

같이 울고 웃으시면 충분합니다

다 쓰고 나니 후련하기도 하지만 글을 쓰면서 느낀 것은 제가 아직 고통의 문제에 있어 정리되지 못한 부분이 너무 많다는 것입니다. 괜찮아진 줄 알았는데 쓰다 말고 펑펑 울기도 했고, 하나님이 그때 제게 원하셨던 것들이 무엇이었는지 새롭게 발견한 것들도 있어서 회개하며 기도하기도 했습니다. 그러나 무엇보다도 10년 전 썼던 책과 비교해 너무 많은 점들이 달라져 있었음을 보게 되었습니다. 그동안 여러 아픔과 고난의 시간을 더 견디면서 제 안의 생각들과 관점들이 변하고 있음을 깨달은 것이지요. 이양수 목사의 조언이 아니었으면 전 크게 후회할 책을 쓸 뻔한 것이지요. 그러나 이런 생각은 또 다른 측면에서 문제가 되었습니다. 저의 생각과 관점은 분명 완성된 것이 아닐 테니 앞으로 10년 후가 되면 또 다른 시각과 생각들을 가지고 오늘 쓴 책을 후회하게 될지도 모르겠다는 생각이 들었습니다.

또 다른 한 편으로는 40대 중반을 갓 지난 목사가 고통에 대해 쓴 글이 얼마나 많은 이들의 공감을 얻을 수 있을까 하는 생각이 들었습니다. 제가 속한 노회에서 저는 아직 막내이고 어린 목사로 분류됩니다. 적어도 50대 초반은 넘어가야 젊은 목사라는 소리를 듣지요. 더구나 이 바닥에서는 건축을 해보지 않으면 목회자의 고충을 논할 자격이 없다는 말도 합니다. 이런 것들은 둘째 치더라도 교회를 부흥시켜보지도 못한 실패한 목사의 이야기에 누가 관심이나 가져줄지에 대한 염려도 생겼습니다. 이런 고민은 저만 하는 것이 아니었나 봅니다. 제게 출판하자고 막상 제안은 했지만 대표님도 비슷한 생각이었나 봅니다. 하지만 저보다 인생의 굴곡을 더 오래 겪으셨고 더 큰 내공의 소유자이신 대표님이 응원의 메시지를 보내 주셨습니다.

"저나 목사님이나, 결과 연연하지 말고, 그냥 목사님과 저부터 울고 웃으면 그만이라 생각하시고 열심히 쓰세요. 그러면 충분합니다."

대표님의 응원에 힘을 얻어 배짱 한번 부려보려고 합니다. 망해봐야 대표님이 다 책임지실 것이고 이 또한 더 나은 미래를 향한 밑거름이 될 수도 있겠다 싶었습니다. 하나님의 선하심을 믿으며 돌멩이 골라 쥐고 골리앗 앞에 나가보는 것이지요. 어차피 누구나 처음 가는 길을 가는 것이 자신의 인생이지요. 저도 제 인생은 처음 살아보는 것이라 정답을 모르고 좌충우돌하며 실수도 하고 실패도 겪으며 사는 것이라고 생각하면 욕먹는 것쯤이야 뭐 그리 대수이겠습니까?

어느 목사님이 운전하시다가 무슨 영문인지도 모른 채 신호등 앞에서 옆 차 운전자에게 심한 욕설을 들으셨다고 합니다. 목사님도 같이 욕하고 싶으셨지만 욕도 해본 사람이 잘 한다고 목사님은 차마 욕을 하실 수 없으셨답니다. 잠시 후 신호등이 바뀌자 목사님은 얼른 액셀러레이터를 밟으시면서 딱 한 마디 하셨답니다. "반사!" 그러나 저는 제 얼굴이 이미 반쯤은 욕설로 도배되어 있어서 그저 창문을 열고 얼굴만 보여주면 하던 욕도 멈추게 만드는 힘이 있습니다. 하나님이 주신 이런 배짱 두둑한 인상 가지고도 주저하면 그것도 생긴 것과 다른 모습이 될 것 같기도 합니다.

제 설교시간에 주무시던 장모님이 설교 중에 잠깐 깨셨습니다. 그리곤 주변을 두리번거리시며 뭔가를 찾는 듯하셨습니다. 예배 후에 뭘 찾으신 것인지 물었습니다. 장모님은 주무시는데 전 목사가 하도 시끄럽게 설교하기에 볼륨 좀 줄이려고 리모컨을 찾으셨다고 하시네요.

장인장모님은 제가 개척한 이후 저희 가족을 지금까지 돌봐주시고 계십니다. 장모님이 아니셨다면 쌍둥이 아이들을 키우는 것도, 제가 목회를 하는 것도 모두 불가능했을 것 같습니다. 아내와 이영국 목사님, 그리고 팀 켈러가 제게는 너무나 큰 도움이었고 천사였지만 이 책의 출판과 함께 제가 받을 칭찬이 있다면 그건 모두 장모님 덕분입니다. 부디 장모님께서 건강하게 오래도록 사시며 제게 효도할 기회를 주셨으면 좋겠습니다.

"임경엽 권사님. 감사합니다. 항상 건강하게 오래 오래 저희 곁에 함께 해주셔서 저도 어머님에게 효도할 기회를 갖게 해주세요. 어머니 사랑합니다."